예술, 철학을 만나다

문학과 영화로 철학하기

예술, 철학을 만나다

문학과 영화로 철학하기

장병희

까치

저자 장병희(張炳熙)

장병희는 1996년부터 2007년까지 독일 본 대학교(Rheinische Friedrich-Wilhelms-Universität Bonn)에서 독일 문학과 철학, 언어학을 공부했다. 본 대학교에서 2003년에 독문학 학사 및 석사통합 학위를 취득한 후, 2007년에 "신화와 진리"라는 논문으로 인문학 박사학위를 취득했다. 저술로는 『독일어 문법의 이해와 응용』 및 문학과 예술에 관한 여러 편의 논문이 있다.

편집, 교정 _ 이인순(李仁順)

ⓒ 2014 장병희

예술, 철학을 만나다 : 문학과 영화로 철학하기

저자 / 장병희
발행처 / 까치글방
발행인 / 박종만
주소 / 서울시 마포구 월드컵로 31(합정동 426-7)
전화 / 02·735·8998, 736·7768
팩시밀리 / 02·723·4591
홈페이지 / www.kachibooks.co.kr
전자우편 / kachisa@unitel.co.kr
등록번호 / 1-528
등록일 / 1977. 8. 5
초판 1쇄 발행일 / 2014. 12. 5

값 / 뒤표지에 쓰여 있음

ISBN 978-89-7291-567-6 03100

이 도서의 국립중앙도서관 출판예정도서목록(CIP)은 서지정보유통지원시스템 홈페이지(http://seoji.nl.go.kr)와 국가자료공동목록시스템(http://www.nl.go.kr/kolisnet)에서 이용하실 수 있습니다.(CIP제어번호 : CIP 2014034172)

서문

   이 책의 의도는 예술 작품의 감상과 분석에 철학적 사고를 접목함으로써 작품 이해의 완성도를 높이는 동시에, 철학적 사고에 익숙해짐으로써 삶과 예술에 대한 사유의 능력을 확장시키는 데에 있다. 일반적으로 우리가 책을 읽거나 영화를 보거나 미술 작품을 감상할 때에는 인상주의적인 비평 방법을 사용한다. 즉 '좋다, 나쁘다, 마음에 든다, 별로이다, 감동적이다' 등의 단순한 주관적 감정에 의존하는 방법으로 예술 작품을 평가한다. 그렇지만 이러한 인상주의적 비평 방법은 수용할 수 있는 작품의 종류나 내용에 한계가 있으며, 작품 이해의 폭도 넓지 않다. 그렇지만 체계적이며 창의적인 사고는 다양한 예술 작품의 수용을 가능하게 하고, 개별 작품에 대한 이해와 통찰의 깊이를 증가시킨다. 논리적이고 체계적인 비판 능력은 철학적 사고에 대한 노력과 훈련에 의해 가능해진다. 이 책은 철학적 사고를 습관화시킴으로써 예술 작품을 다양한 시각에서 창의적으로 즐길 수 있게 하는 것을 목표로 한다. 나아가 이 책은 철학적, 미학적 사유가 삶과 현실에서 동떨어지지 않은 실질적이고 생산인 사고임을 입증할 것이다.

   이 책은 문학, 영화, 미술이라는 예술의 영역을 다양한 시각에서 창의적으로 이해하고자 하는 이들과, 철학적, 미학적 사유의 긴 여정에 동참하고 싶은 이들을 대상으로 한다. 예술을 좋아하거나 철학적, 인문학적 사유에 관심이 있는 이들에게는 흥미로운 도서가 될 것으로 생각한다.

이 책이 다루는 예술 작품은 영화, 문학, 미술의 영역이며, 각각의 예술 작품은 철학적, 미학적 사유에 의해 논리적이며 체계적으로 분석된다. 영화 분야에서는 현대의 작품들이, 문학의 3대 장르인 시, 소설, 드라마 분야에서는 고전과 현대를 아우르는 작품들이, 미술 분야에서는 근대와 현대의 주요한 예술가들이 다루어진다. 이 책이 다루는 철학자는 데카르트, 칸트, 헤겔, 니체, 하이데거, 비트겐슈타인, 프로이트, 사르트르, 카뮈, 아도르노, 데리다 등이며 합리주의, 경험주의, 관념주의, 실존주의, 해체주의 등과 같은 철학 사조들도 해당 철학자와 함께 다루어진다. 미학 (美學)은 감성적 인식에 의해 경험되는 아름다움에 관한 학문이라고 정의할 수 있는데 이 책에서는 예술 작품을 이해하고 수용하는 논리를 의미하며, 논리적이고 창의적인 사고라는 점에서 철학적 사유와 함께 다루어진다.

이 책의 구성을 살펴보면, 전반부에는 철학적, 예술적 사유에 접근하기 위한 기본적인 주제와 내용이 다루어지며 중반부에는 다소 까다롭지만 현대 철학의 핵심적인 개념들이 소개된다. 중반부를 지나면 비교적 흥미로운 주제와 내용들을 접하게 되며 이해에도 큰 어려움이 없을 것이다. 각 장은 내용적인 측면에서 독립적이며 완결성을 지닌다. 그렇지만 두 개의 장이 연관성 있는 주제나 동일한 작품을 다룰 경우 연속적으로 배치된다. 문학 작품을 다루는 장이 잇달아 나오는 경우는 거의 없는데, 이는 동일한 예술 영역의 반복이 야기하는 집중력 저하를 줄이기 위한 의도적인 배치이다. 미술에 관한 부분은 제10장 "파리와 예술"에서 중점적으로 다루어지며, 개별 장에서도 종종 미술 작품이 소개된다. 제6장 "현대 드라마와 부정 변증법"에서는 평소에 자주 접하지 못하는 문학 장르인 드라마(희곡)를 다루기 때문에 내용이 다소 생소하거나 지루하게 느껴질 수도 있다. 제8장 "패러디와 해체주의의 미학" 및 제9장 "현대의 주체와 자아"는 다소 집중력을 요구하는 장이며, 제11장 "해체주의와 진리인식" 및 제12장 "인식론"은 근대 및 현대 철학의 핵심적인 내용을 다루지만 이해에 조금 어려움이 있을 수도 있다. 그렇지만 그 외의 장들에서는 철학적이고 예술적이지만 일상적이기도 한 흥미로운 주제들이 다루어지며, 내용의 이해에도 큰 어려움이 없을 것이다. 특히 책의 마지막 부분인 제15장, 제16장, 제17장에서는 20세기 철학을 대표하는 위대한 철학자인 비트겐슈타인과 하이데거의 난해한 사고를 이해하기 쉽게 풀어놓았다. 현대 철학의 진수를 체험할 수 있는 좋은 기회가 될 것으로 생각한다.

아무쪼록 이 책이 진정한 예술적 체험과 철학적 사유의 생활화에 작은 도움이 되기를 바란다.

서울과 안성에서
장병희

차례

1 니체의 아폴로성과 디오니소스성
영화 「빌리 엘리어트」에 나타나는 삶과 세상

세상은 아폴로적 가상을 통하여 삶을 지속시키고
의미를 부여하려는 우리의 노력과, 이 모든 가상
의 세계를 끊임없이 파괴하고 통합시키려는 디오
니소스성과의 영원한 긴장 상태를 의미한다.

독일의 철학자 프리드리히 빌헬름 니체(Friedrich Wilhelm Nie-
tzsche, 1844-1900)는 대학에서 신학과 고전문헌학을 공부했으며,
그는 이성과 합리성에 근거한 기존의 철학과 도덕, 신과 기독교적 윤
리 등을 전적으로 부정하고 거부한다. 그가 기존의 인식론이나 진리
체계를 거부하고 인간의 삶과 현실, 나아가 인간 자체를 화두로 설정
한 것은 철학의 새로운 지평을 연 기념비적인 사건이다. 삶과 인간에
대한 니체의 사고는 20세기를 거쳐 현재에 이르기까지, 실존주의와
해체주의, 정신분석학 등 철학과 문학비평의 여러 영역에 깊은 영향
을 미쳤다.

이번 장에서는 삶과 인간, 세상에 대한 관계를 묘사하는 니체 미학
의 핵심 개념인 아폴로성과 디오니소스성에 관하여 알아보고, 이를
바탕으로 영화 「빌리 엘리어트(Billy Elliot)」에 나타나는 삶과 현실에
대해 관찰해보도록 하자.

1. 영화 「빌리 엘리어트」

2000년에 제작된 영화 「빌리 엘리어트」는 스티븐 달드리(Stephen Daldry) 감독의 작품으로서, 주연인 제이미 벨(Jamie Bell)은 어린 나이에 연기 경험이 없음에도 불구하고 주어진 배역을 훌륭히 소화함으로써 황폐한 삶 속에서의 꿈과 희망, 열정을 설득력 있게 표현하고 있다. 이 영화로 제이미 벨은 2001년 영국 아카데미 영화제에서 남우주연상을 수상한다. 여기에서는 니체의 미학을 본격적으로 다루기 전에 영화 「빌리 엘리어트」의 줄거리에 관해 알아보자.

영화는 1984년 파업에 돌입한 탄광 노동조합과 정부 간의 팽팽한 대립으로 마찰을 빚고 있는 영국 북부의 작은 마을에서 시작된다. 탄광노조위원장인 형과 평생 탄광촌을 한번도 벗어나본 적이 없는 고루한 아버지는 계속되는 파업에 지쳐 있고, 그들 대신 열한 살짜리 소년 빌리는 치매에 걸린 할머니를 돌봐야 하며 돌아가신 어머니를 그리워할 시간조차 주어지지 않는다. 어느 때인가부터 아버지의 권유에 의해 빌리는 권투를 배우게 된다. 그들의 삶에 있어 권투란 남성다움이 가장 잘 표출될 수 있는 운동임에 틀림없기 때문이다. 매번 끼니를 때우기도 힘든 상황이지만 빌리의 권투수업 때마다 수업료를 쥐어주는 아버지의 모습에서 빌리가 자라서 떠맡아야 할 성적 역할은 명백해진다. 하지만 우연한 기회에, 권투도장에 남아서 보충연습을 하고 있던 빌리는 도장 한쪽에서 진행되던 월킨슨 부인의 발레수업에 참여하게 되고, 참여횟수가 늘어날수록 점점 더 발레에 끌리게 되면서 자신이 재능이 있음을 알게 된다. 하지만 남자다움과 강인함만이 지배하는 탄광촌에서 평생을 일해온 아버지와 형에게 있어 발레란 여자들이나 호모들이 하는 수치스런 호사일 뿐이다. 빌리의 권투수업을 보러 갔던 아버지가 소녀들 틈에서 춤추고 있는 그를 발견하는 순간부터 예견되었던 갈등은 시작된다. 하지만 윌킨슨 부인의 도움으로 빌리는 개인 수업을 받게 되고 어느덧 발레에 매료된다. 윌킨슨 부인의 주선으로 런던의 왕립발레학교에 오디션을 보러 가기로 한 날, 빌리는 파업 도중 붙잡힌 형 때문에 경찰서로 가게 된다. 그 후 그들은 아무도 발레 이야기를 꺼내지 않는다.

눈 내리는 크리스마스이브, 빌리는 권투도장에서 자신을 진심으로 좋아하는 친구 마이클에게 발레를 가르쳐주는데, 우연히 그곳을 지나던 아버지와 동료들에게 그 모습이 발견된다. 서로가 대면한 긴장의 순간, 빌리는 갑자기 아버지 앞에서 춤을 추기 시작한다. 말로는 할 수 없는 빌리의 항변이자 자신의 의지와 분노를 표출할 유일한 통로였을 것이다. 춤이 끝났을 때, 빌리의 아버지는 거스를 수 없는 아들의 열정과 재능을 깨닫고, 이후 배신자의 오명을 쓰면서까지 탄광으로 일하러 가고 죽은 부인의 유품을 팔면서까지 빌리를 후원한다. 어느덧 아버지의 동료들과 마을 사람들도 빌리를 응원하기 시작하며, 왕립발레학교의 오디션을 본 그는 그토록 고대하던 입학 허가서를 받는다. 몇 년 후 빌리는 가족과 친구가 지켜보는 런던의 공연장에서 허공을 가르며 힘찬 도약을 한다.

2. 아폴로성과 디오니소스성

니체의 견해에 의하면 인간의 삶과 세상은 고뇌 자체이다. 그는 실레노스의 전설을 예로 들면서 인간의 근원적 고통에 대해 말한다. 실레노스는 주신 디오니소스의 스승이자 술친구이며 지혜로운 노인이다. 프리지아의 왕 미다스는 실레노스를 술에 취하게 하여 생포한 후, 인간에게 있어 최고의 행복은 무엇이냐고 묻는다. 이에 실레노스는 다음과 같이 대답한다: "너는 결코 최고의 행복에 이를 수 없다. 왜냐하면 최고의 행복은 태어나지 않는 것, 존재하지 않는 것이기 때문이다. 너에게 있어 차선의 행복은 빨리 죽는 것이다."

우화에서 나타나듯이 니체에게 있어 세상을 구성하는 본질적 요소는 고통과 고뇌이다. 나아가 니체는 세상이 인간의 지성으로 결코 파악할 수 없는 끔찍하고 무서운 힘들의 집합체라고 주장한다. 이러한 고뇌로 가득한 세상의 거대한 힘을 극복하기 위하여 니체는 아폴로성(das Apollinische)과 디오니소스성(das Dionysische)이라는 두 가지 수단을 제시하는데, 이는 니체 미학의 핵심적인 개념이다. 다음의 인용문에서 니체는 아폴로성과 디오니소스성을 함축적으로 표현하고 있다: "사방으로 끝없이 펼쳐져, 울부짖으며 산더미 같은 파도를 뿌려대는 그 거친 바다 위에 사공이 조그마한 조각배에 의지해 앉아 있는 것처럼, 인간은 개체화의 원리를 믿고 의지하면서 고통의 세계 한가운데에 평온히 앉아 있다."(니체, 『비극의 탄생[*Die Geburt der Tragödie*]』, 28쪽)

여기에서 거대하고 무서운 바다는 디오니소스성을 의미하며, 조각배는 아폴로성을, 뱃사공은 인간을 의미한다. 니체가 그의 저서『비극의 탄생』에서 말하고자 하는 것은 바로 이 세 가지 대상의 관계라고 할 수 있다. 디오니소스성은 우리 삶의 모태가 되는 태초의 근원적 세상을 의미하며, 그 세상은 또한 일체의 이성과 논리가 존재하지 않는 고뇌와 원초고통의 세상이다. 따라서 우리는 이러한 디오니소스적 원초세상의 잔혹함과 무서움에서 벗어나기 위하여, 달리 말하면 살 수 있기 위하여, 아폴로적 가상을 필요로 한다. 인용문의 조각배는 인간이 만들어낸 아름다운 가상으로서 의지와 위로의 대상, 즉 아폴로성을 대변한다. 이러한 아폴로적 가상은 그리스인들이 창조한 올림포스에서 가장 잘 나타나 있다고 니체는 말한다. 인용문에서 표현된 사공은 가상을 창조하여 의지하고 위로받는 존재, 즉 인간을 대변한다. 결국 우리가 창조하는 일체의 예술 행위는 아폴로성에 근거하며, 이에 의해 창조된 아름다운 예술의 세계는 디오니소스적인 고난의 세계에서 벗어나게 함으로써 우리의 삶을 영위시킨다. 따라서 세상은 아폴로적 가상을 통하여 삶을 지속시키고 의미를 부여하려는 우리의 노력과, 이 모든 가상의 세계를 끊임없이 파괴하고 통합시키려는 디오니소스성과의 영원한 긴장 상태를 의미한다. 위의 인용문에 사용된 개체화(個體化)의 원리란, 원래는 개체를 다른 것으로부터 구별하는 형이상학적 원리를 의미하지만, 니체에게 있어서는 고뇌의 세상을 아름다운 가상으로 극복하려는 원리를 뜻한다.

3. 영화 「빌리 엘리어트」에 나타나는 삶의 미학

여기에서는 영화 「빌리 엘리어트」에 나타나는 현실과 배경을 바탕으로 니체 미학의 핵심 개념인 디오니소스성과 아폴로성의 본질에 구체적으로 접근해보자. 평생을 탄광촌에서 살아가는 노동이 운명인 사람들, 파업으로 인해 생계마저 유지하기 어려운 가족의 현실, 치매에 걸린 할머니, 땔감이 없어 죽은 어머니의 피아노를 부숴야 하는 가난, 남자가 유일하게 할 수 있거나 해야 하는 운동은 권투. 빌리의 현실과 환경은 고뇌로 가득 찬 디오니소스적 세계 그 자체이다. 산더미 같은 파도를 뿌려대는 거친 바다처럼 디오니소스적 현실은 빌리와 그의 가족을 고난과 역경의 상황으로 몰아세운다. 그렇지만 권투를 배우던 체육관에서 우연히 발레 연습을 함께 하게 된 빌리는 순식간에 발레에 매료된다. 거센 파도를 막아주는 조각배처럼 그에게 발레는 삶의 위로이자 피난처가 된다. 즉 빌리에게 발레는 디오니소스적 세계의 고통을 치유하는 아름다운 아폴로적 가상이다. 그러나 발레를 반대하는 형과 아버지, 사람들의 마뜩하지 않은 시선, 발레학교 오디션 참가 불발 등 빌리의 현실은 여전히 디오니소스적이며 아폴로적 가상 세계와 팽팽하게 대립한다. 크리스마스이브, 체육관에서 친구 마이클에게 발레를 가르쳐주던 빌리는 우연히 길을 가던 아버지에게 발각된다. 그렇지만 빌리는 용기를 내어 처음으로 아버지 앞에서 춤을 춘다. 이로써 빌리는 디오니소스적 현실을 정면으로 마주하고 받아들이며 예술이라는 아름다운 아폴로적 가상을 향해 한 걸음 더 나아간다. 이후 가족과 마을 사람들은 빌리를 진심으로 응원하고, 빌리는 마침내 왕립발레학교의 오디션에 합격한다. 이제 빌리에게 발레는 삶의 위로일 뿐만 아니라 세상과의 화해를 의미하는 진정한 아폴로의 세계이다. 빌리의 아폴로적 가상이 아름답고 의미가 있는 것은, 그것이 행운도 아니고 누군가에 의해 주어진 것도 아니며 디오니소스적 현실을 피하지 않고 맞섬으로써 스스로 쟁취한 온전한 그만의 것이기 때문이다. 그렇지만 빌리에게 디오니소스적 고뇌의 세계가 사라진 것은 결코 아니다. 그것은 세계를 구성하는 근원적 요소이기 때문이다. 아폴로적 가상이 시들거나 소멸되는 순간, 또는 인간이 삶과 자신에 대한 도전과 노력을 멈추는 순간, 디오니소스의 세계는 바로 자신의 모습을 드러낸다. 인간의 삶은 의식하든 그렇지 않든 항상 디오니소스의 세계와 아폴로적 가상의 팽팽한 긴장 상태로 존재한다.

발레는 육체가 창조하는 가장 아름다운 아폴로적 가상이다. 빌리의 발레는 탄광에서 일하는 아버지의 노동과 같은 육체의 행위이지만 노동과 달리 디오니소스적 세계의 대척 지점에 있다. 즉 발레는 노동과 마찬가지로 육체를 사용하지만, 고통이 아닌 위로를 제공하며 아름다움을 창조한다. 구체적으로 말하자면, 노동이라는 디오니소스적 고뇌를 대변하는 육체는 발레라는 아폴로적 가상에 의해 스스로 위로와 화해의 대상이 된다. 그렇지만 인간의 육체가 갑자기 단순한 노동의 도구에서 예술의 대상으로 바뀔 수는 없다. 고대로부터 디오니소스적 혼돈의 세계에서 생존하기 위해 본능적으로 노동에 익숙한 육체가 위로와 화해의 대상으로 변모하기 위해서는 수많은 고통을 동반한다. 빌리는 연습과 훈련이 초래하는 육체적 고통을 감수하는 것뿐만 아니라 용기와 결단력으로 디오니소스적 현실을 마주하고 수용한다. 즉 아폴로적 가상은 위로와 화해를 제공하지만, 아름다운 예술의 창조 과정에는 필수적으로 정신과 육체의 고통이 수반된다. 그렇지만 디오니소스적 세계에서의 생존을 위한 아폴로적 가상의 창조는 인간 스스로 도전을 선택하고 고통을 감수하는 능동적 행위이므로, 아폴로성은 곧 삶에 대한 긍정이자 환호가 된다. 아폴로적 가상의 본질은 바로 여기에 있다. 인간의 삶에서 아폴로성은 가상인 동시에 본질이고, 고뇌의 자각인 동시에 고뇌의 수용이며, 삶에 대한 도전인 동시에 삶에 대한 긍정이다.

인간이 창조하는 아폴로적 가상으로서 예술이 지향하는 바는 빌리의 표현에서 잘 드러난다. 왕립발레학교의 오디션 면접에서 심사위원은 빌리에게 춤을 출 때 어떤 기분이냐고 질문한다. 빌리는 대답한다: "춤추기 시작하면 모든 걸 잊게 되고……사라져버리는 것 같아요. 몸 전체가 변하는 기분이죠. 나는 그저 한 마리 새가 돼요. 마치 전기처럼. 전기처럼 말이죠." 빌리는 아폴로적 가상의 창조를 통해 위로받고 삶과 화해할 뿐만 아니라, 자신의 예술 세계에 동화됨으로써 초월(超越)과 정화(淨化, catharsis)라는 궁극적 자기 이해의 상태에 도달한다. 결론적으로 빌리는 발레라는 아폴로적 가상을 통해 디오니소스적 세계에서 벗어나는 동시에, 디오니소스적 고뇌를 인정하고 수용함으로써 발레라는 아폴로적 가상을 완성한다. 이제 앞에서 다루어진 니체의 미학적 사고를 다시 한 번 상기하며 아폴로성과 디오니소스성의 개념에 대한 정리를 마무리하도록 하자: 우리가 창조하는 일체의 예술 행위는 아폴로성에 근거하며, 이에 의해 창조된 아

좌측은 1882년 니체의 모습이다. 우측은 표현주의를 대표하는 노르웨이의 화가 에드바르 뭉크(Edvard Munch)가 그린 니체의 초상화이다. 1906년 작품이다. 철학과 문학에도 관심이 많았던 뭉크는 니체의 사상을 존중하여 그의 초상화를 여러 점 그렸다. 이성이 아닌 본능, 감정, 의지를 삶의 주도적 요소로 간주하며 철학의 화두를 인간으로 전환시킨 니체는, 내면의 심리와 감정의 표현이 예술의 진정한 목적이라고 생각하는 표현주의 화가들에게 사상적으로 깊은 영향을 끼친다.

름다운 예술의 세계는 디오니소스적인 고난의 세계에서 벗어나게 함으로써 우리의 삶을 영위시킨다. 따라서 세상은 아폴로적 가상을 통하여 삶을 지속시키고 의미를 부여하려는 우리의 노력과, 이 모든 가상의 세계를 끊임없이 파괴하고 통합시키려는 디오니소스성과의 영원한 긴장 상태를 의미한다.

영화의 마지막, 오랫동안 보지 못한 형과 아버지를 초대한 런던의 공연에서 빌리는 무대 위로 힘차게 비상한다. 그 순간 가족과 빌리를 둘러싸던 디오니소스적 세계는 아폴로의 세계를 만나며 그들이 몸담고 있는 세상은 더 이상 분노의 대상이 아닌 화해의 세상이 된다.

4. 마무리하며

빌리가 비상하는 아폴로의 세계는 주어진 것이 아니라 빌리 자신과 가족, 윌킨슨 부인이 디오니소스적 세계를 직시하고 고뇌를 수용하며 의미 있는 삶을 살기 위한 도전과 노력의 결과물이다. 이와 함께 "최고의 행복은 태어나지 않는 것, 존재하지 않는 것이다"라는 실레노스의 대답은 거부된다. 최고의 행복은 우리가 존재함에, 즉 고뇌를 자각하고 이해하며 수용하고 극복하는 것에 그 본질이 있기 때문이다. 이로써 인간의 삶은 무의미함에서 최고의 가치로 변모한다.

언어가 다르고 양식이 다르고 시대적 감성이 다를지라도 삶이 주는 근원적 불합리성과 부조리함은 시간과 공간을 초월한다. 이러한 실존적 고뇌의 초월적 공통성은 과거와 현재 사이의 거리를 소멸시키고, 우리의 문제가 과거의 것일 수 있고, 과거의 해결책이 우리의 것일 수 있게 한다. 미학적 의미에서 영화 예술이란 존재와 시간의 초월적 공통성을 반추하면서 과거와 현재와 미래의 삶을, 즉 디오니소스성과 아폴로성의 긴장 관계 및 그 시간과 공간을 담아내는 진실한 허상이다. 영화는 삶과 세계 그 자체이다. 그래서 "영화는 위대하다."*

---

* "Kino ist das Größte(영화는 위대하다)"라는 문장은 독일의 극장에서 영화가 상영되기 직전에 자막으로 표시되는 구호이다.

2 디오니소스의 언어―음악

영화 「인사이드 르윈」에 나타나는 음악의 의미

> "음악은 모든 다른 예술로부터 구분되는 성격과
> 근원을 갖고 있는데, 이는 음악이 현상의 모방이
> 아니라 의지 자체의 직접적 모방이기 때문이다."

니체는, 음악은 디오니소스적 예술이며 그 힘은 세계의 고뇌와 고통을 정면으로 받아들임으로써 생겨난다고 말한다. 좀 더 자세히 말하자면, 음악을 통한 디오니소스적 현실의 대면은 절대적인 자기해체와 자기소멸의 과정이며, 동시에 무아와 원초쾌락의 상태에 도달하는 과정이다. 이는 디오니소스적 현실이 삶을 긍정하는 요소로 전환될 수 있음을 의미한다. 이러한 사실을 바탕으로 이번 장에서는 디오니소스의 언어이며 예술인 음악의 본질에 대해 알아보고, 나아가 영화 「인사이드 르윈(Inside Llewyn Davis)」에서 음악이 지니는 기능과 역할에 대해서도 살펴보도록 하자.

1. 영화 「인사이드 르윈」

2013년에 제작된 영화 「인사이드 르윈」은 독특한 발상과 창의적인 사고로 할리우드에서 특별한 위치를 차지하고 있는 코엔 형제(Joel Coen, Ethan Coen)의 작품이다. 주연인 오스카 아이삭(Oscar Isaac)은 줄리어드 대학에서 드라마를 전공하고 음악 활동을 병행한 경험을 바탕으로, 실제로 기타 연주와 노래가 필수적인 주연의 역할을 어느 누구와 비교할 수 없을 정도로 독창적이고 개성적으로 표현해낸다. 영화 「인사이드 르윈」은 듣는 영화라고 해도 무방할 만큼 음악이 중요한 비중을 차지한다. 그렇지만 음악은 홀로 도드라지지 않으며, 영화적 현실의 분위기와 주인공의 내면을 충실히 반영한다. 영화는 2013년 칸 국제영화제에서 심사위원 대상을 수상하고, 2014년 전미 비평가협회상에서 올해의 영화상, 감독상, 촬영상, 남우주연상을 수상하며, 유수의 영화제에서 최우수 음악상을 수상한다.

영화는 포크 음악이 유행하던 1961년 뉴욕의 거리를 배경으로, 주인공 르윈이 "가스등"이라는 클럽에서 기타를 치며 노래하는 장면으로 시작한다. 공연이 끝난 후 그는 카페 밖 어두운 골목에서 이름 모를 신사에게 얻어맞는 봉변을 당한다. 이후 영화는 르윈이 겪는 일주일간의 고통스런 여정을 담담히 보여준다. 르윈은 함께 듀엣으로 활동하던 마이크가 자살한 후, 음악에 대한 꿈과 정신적, 경제적으로 불안정한 삶 사이에서 힘든 날들을 보내고 있다. 공연이 끝나고 까닭 모를 폭행을 당한 후, 음악 애호가인 골파인 교수는 거처할 곳이 없는 르윈에게 하룻밤 잠자리를 내어준다. 골파인 교수 집에서 머무른 다음 날, 르윈은 그 집의 고양이를 잃어버리고 이를 찾으려는 여러 번의 시도는 무위로 돌아간다. 다시 머물 곳을 찾기 위해 그는 한 번 잠자리를 같이한 진의 집에 들르는데, 그녀는 아이를 가졌다며 그에게 분노한다. 진은 르윈의 친구이자 음악 동료인 짐의 여자 친구이다. 르윈의 아이일 수도 있으며 낙태를 할 것이라는 진의 말에, 르윈은 수술비를 마련하겠다고 대답한다. 상담을 위해 병원으로 간 그는 의사로부터, 2년 전 함께 낙태하러 간 예전 여자 친구가 자신 몰래 아이를 낳았다는 소식을 전해 듣는다.

저작권료를 받기 위해 음반사를 찾아간 르윈은 돈을 받기는커녕 사장과 언쟁만 벌이다가 나온다. 이후 르윈은 음반 취입을 위한 오디션을 보러 시카고로 향한다. 시카고 행에 동승한 낯선 일행들은 음악에 대한 괴변과 괴상한 행동들로 르윈의 심기를 어지럽힌다. 시카고의 오디션에서 그는 "The Death of Queen Jane"이라는 곡을 부르지만 듀엣을 계속하라는 음반 제작자의 조언에 낙담한다. 르윈은 현실적 문제를 해결하기 위해 음악에 대한 미련을 버리고 아버지의 직업이었던 선원의 길을 택하고자 한다. 진로를 결정한 르윈은 아버지에게 인사드리기 위해 요양병원을 찾는다. 말도 거동도 할 수 없는 아버지에게 예전에 좋아하던 노래를 들려주며 지금까지 불편했던 두 사람의 관계가 누그러질 즈음, 휠체어에 의지하고 있던 아버지는 생리현상을 통제하지 못하고 르윈은 이에 기겁한다. 선원자격증이 담긴 자신의 물품 상자를 보관하고 있는 누나 집에 들른 르윈은, 이미 그의 물건들을 버렸다는 말에 분노하고 낙담한다. 자신의 거리로 돌아온 르윈은 거처를 찾던 중 골파인 교수 부부의 집을 방문하는데, 그렇게 찾아 헤매던 고양이가 돌아왔고 이름이 율리시즈라는 것을 알게 된다. 다시 클럽으로 돌아온 르윈은 무대에서 노래하며 청중과 동화되고 이전에도 경험한 혹은 새로운 어떤 감정을 느낀다. 무대를 마친 후 그는 다시 카페 밖 어두운 골목에서 신사에게 폭행을 당한다. 영화의 마지막 부분인 무대에서 노래를 부르는 장면과 신사에게 봉변을 당하는 장면은 영화 도입부에 등장한 동일한 노래와 장면의 반복이다. 이렇게 르윈의 고단한 일주일간의 여정은 원점으로, 혹은 새로울지도 모르는 그 자리로 돌아온다.

2. 디오니소스성과 음악

니체의 저서에는 음악에 대한 깊은 통찰력이 나타나는데, 음악에 대한 그의 기본적 사고는 쇼펜하우어(Arthur Schopenhauer)의 견해에 바탕을 두고 있다. 쇼펜하우어는 음악을 다른 모든 예술과 구분하면서 특별한 의미를 부여한다: "음악은 다른 예술과는 반대로 현상세계 없이 존재할 수 있다. 왜냐하면 음악은 총체적 의지의 직접적인 모방이자 객관화이기 때문이다. 세상 자체도 의지의 모방이며, 다양한 모습으로 개별 세계를 존재하게 하는 관념 또한 의지의 모방이다.……음악은 관념의 모방이 아니라 의지 자체의 모방이며, 개별적 관념은 의지의 객관화된 표현이기도 하다."(쇼펜하우어, 『의지와 표상으로서의 세계[Die Welt als Wille und Vorstellung]』, 574-579쪽)

쇼펜하우어의 말을 요약하자면, 다른 예술이 단지 사물의 그림자를 묘사하는 반면 음악은 대상의 본질을 표현한다고 말할 수 있다. 이러한 음악적 견해에 대해 니체는 깊이 공감하며, 아폴로적 예술로서의 조형예술과 디오니소스적 예술로서의 음악에 대한 극명한 차이점을 다음과 같이 표현한다: "음악은 모든 다른 예술로부터 구분되는 성격과 근원을 갖고 있는데, 이는 음악이 현상의 모방이 아니라 의지 자체의 직접적 모방이기 때문이다. 따라서 음악은 모든 물리적 세계의 배후에 존재하는 형이상학적 본질을, 모든 현상의 배후에 존재하는 대상의 본질 자체를 표현한다."(니체, 『비극의 탄생』, 104쪽)

니체는 선배 철학자의 사고에서 한 걸음 더 나아가 음악이 지니는 근원성과 보편성을 예술뿐만 아니라 학문이나 문화와 같은 삶의 모든 영역에 적용하고자 한다. 의지 표출로서의 음악이 삶의 모든 분야에 기반을 두고 있다는 의미이다. 결국 니체에게 있어서 삶과 세상의 모든 영역에 내재하는 근원은 음악이며 세계는 '형상화된 음악' 또는 '형상화된 의지'이다.

앞 장에서 설명한 것처럼 니체에게 있어서 세상을 구성하는 본질은 디오니소스성이며, 이는 근원적 고통과 고뇌인 동시에 인간의 이성으로는 인식할 수도, 이해할 수도 없는 것이다. 음악 또한 원초적 본능과 감정의 표현인 동시에 삶의 근원인 의지 자체의 표현이며, 이는 세상의 본질이 된다. 따라서 디오니소스성과 음악은 양자 모두 원초적 감정에 근거하는 동시에 이성으로 설명할 수 없는 세상의 본질이라는 측면에서 동일하다. 그렇지만 형상화될 수 없는 디오니소스성과는 달리 음악은 표현될 수 있다. 이로 인해 니체는 형체가 없는 디오니소스성이 멜로디, 즉 음악을 통해 육체를 가지게 된다고 말한다. 따라서 음악은 디오니소스의 언어이자 디오니소스의 예술이며, 디오니소스적 세계를 표현한다. 이는 역설적으로 음악을 통해 삶의 본질인 디오니소스의 세계를 직면할 수 있다는 의미이기도 하다.

3. 영화 「인사이드 르윈」에 나타나는 음악의 의미

이제 영화 「인사이드 르윈」으로 돌아가 '음악의 의미'라는 우리의 주제에 접근해보자.

일주일간의 여정에서 나타나듯 르윈은 삶과 세상의 본질인 근원적 고통, 즉 디오니소스적 현실에서 한 치도 벗어날 수 없다. 그나마 경제적으로 안정적인 골파인 교수 부부나 그들의 집을 방문한 예술 애호가들, 클럽 주인, 음반회사의 제작자, 친구 짐 등의 인물들은 삶을 즐기고 이해하는 듯 보이나, 실제로는 타인과 세상에 동화되지 않는 이질감과 불안감이 느껴진다. 즉 그들 역시도 르윈과 마찬가지로 디오니소스적 고뇌의 세계에서 자유롭지는 않다.

음반 취입을 위한 오디션 자리에서 제작자는 '르윈의 내면(Inside Llewyn)'을 보여줄 수 있는 곡을 불러달라고 요구한다. 이에 르윈은 "The Death of Queen Jane"이라는 곡을 부른다. 이 곡에서 헨리 8세 (Henry VIII)의 세 번째 부인 제인(Jane Seymour)은 9일 이상 진통을 겪으며 자신은 상관없으니 배를 갈라 아이를 꺼내달라고 왕에게 부탁한다. 그렇지만 제인을 사랑하는 왕은 이를 거부한다. 아기가 태어난 날 모두가 춤을 추며 기뻐하지만 제인은 돌처럼 차갑게 식어 있다. 르윈의 노래는 아이를 살리고 죽음을 맞이한 왕비와 반대로 자신은 살고 아이는 죽여야 하는 상황에 대한 역설이다. 이제 디오니소스적 현실은 디오니소스의 예술인 음악을 만난다. 르윈은 담담하게 노래하며 고뇌를 마주하고 인정함으로써 마음의 평정을 유지한다. 그의 비애는 순화되며, 노래하는 모습과 목소리에서는 처연한 아름다움까지 느껴지기도 한다. 르윈의 노래는 '르윈의 내면' 그 자체이다. 그러나 눈앞의 현실은 아이러니하며 고통스럽다. 그런 노래로 돈을 벌기는 어렵다며 제작자는 거부 의사를 밝힌다.

영화의 마지막, 카페의 공연에서 르윈이 부르는 노래는 "Hang Me, Oh Hang Me"와 "Fare Thee Well"이다. 이 장면은 영화의 첫 장면과 동일하지만, 르윈의 고단한 여정을 함께 경험한 관객에게는 또다른 느낌으로 다가온다. "Hang Me, Oh Hang Me"는 세상의 수많은 곳을 다니며 고난과 역경을 경험한 사형수가 초연히 죽음을 기다리며 고백하는 내용의 노래이다. 노래의 첫 부분만 살펴보자.

Hang me, oh, hang me, I'll be dead and gone.
Hang me, oh, hang me, I'll be dead and gone.
I wouldn't mind the hanging but the laying in the grave so long
Poor boy, I've been all around this world.

날 매달아주오, 오 날 매달아주오. 난 죽어 사라지겠지.
날 매달아주오, 오 날 매달아주오. 난 죽어 사라지겠지.
삶에는 미련 없지만 무덤 속에 누워 지낼 긴 세월이 서럽소.
불쌍한 친구여, 나는 세상 구경 한번 잘했소.

산전수전을 겪은 사형수의 담담한 고백처럼, 고뇌와 고통의 시간을 체험한 르윈은 다시 선 무대에서 자신의 삶을 허공에 그려내듯 나지막이 노래한다. 기타와 목소리만으로 전달되는 르윈의 서정적이고 쓸쓸한 포크송은 디오니소스적 고뇌와 슬픔을 그대로 재현한다. 노래하는 그는 삶과 죽음을 초월한 구도자의 모습처럼 보이기도 하며, 그의 노래는 삶과 현실에 대한 성찰과 관조처럼 들리기도 한다. 무대에 다시 선 르윈은 디오니소스의 예술인 음악을 통해 디오니소스적 현실을 온전히 수용하는 동시에 고뇌를 초월함으로써 마음의 평온을 얻고 내면세계의 '정화(淨化, catharsis)'를 경험한다. 디오니소스적 예술의 본질은 바로 여기에 있다. 음악은 고뇌의 체험과 수용에 의한 존재의 자기소멸과 자기초월의 과정이다. 다시 말해 디오니소스의 언어인 음악은 스스로 디오니소스적 세계를 열어 보이고 디오니소스적 현실을 관조하게 하며, 이와 동시에 디오니소스적 예술의 주체는 고뇌를 응시하고 인정하고 극복함으로써 구원의 상황에 도달한다. 르윈은 노래를 통해 고뇌와 슬픔을 정화하며 초월한다. 이로써 영화는 디오니소스의 예술에 의해 디오니소스적 현실이 긍정될 수 있는 가능성을 남겨둔다.

니체의 저작 『비극의 탄생』에서는 멜로디라는 외형을 입은 디오니소스의 예술에 디오니소스적 세계의 구체적 내용이 더해져 신화가 되며, 신화는 예술로 승화되어 비극이 된다. 비극이 추구하는 목표는 관객의 카타르시스(내면의 정화)인데, 이는 비극이 음악의 정신을 그대로 물려받았음을 의미한다. 『비극의 탄생』의 원제는 『음악의 정신으로부터 비극의 탄생(Die Geburt der Tragödie aus dem Geiste der Musik)』이다.

이제 삶의 근원으로서 의지 자체의 표현인 디오니소스의 예술과 세계를 구성하는 근본 요소인 디오니소스적 고뇌 사이의 관계를 정리해보자. 디오니소스적 세계와의 화해는 그 근원적 고뇌와 대면하는 데 본질이 있다. 디오니소스적 현실을 정면으로 직시하게 하고 고뇌의 중심으로 데려다주는 수단은 디오니소스적 예술인 음악만이 가능하다. 음악에 의해 원초적 고뇌는 체험되고 수용되며, 동시에 삶은 화해하고 위로받으며 구원의 길에 이른다. 르윈에게 삶은 고뇌이며 세상은 고통이다. 한 치의 틈도 없어 보이는 디오니소스적 세계에서 유일한 출구는 아이러니하게도 디오니소스적 예술인 음악이다. 르윈은 음악을 통해 원초적 고뇌를 이해하고 수용하며 화해하는 동시에, 본질적 치유의 상태, 즉 무아(無我)의 상태에 도달한다. 이로써 삶과 세상과 르윈은 '하나'가 된다. 그렇지만 구원은 잠시일 뿐 무대에서 내려오는 순간 디오니소스적 현실은 다시 반복된다. 노래를 마친 후 그를 기다리는 것은 낯선 신사로부터의 폭행이다. 세상의 본질은 아폴로적 가상이 아니라 디오니소스적 현실이다. 다시 말해 세상의 본질은 고통과 시련이다. 그렇지만 이제 우리는 디오니소스적 예술을 통해 같은 듯 다른 자세로 고뇌에 찬 세상과 마주할 수 있다. 일주일간의 험난한 여정을 마치고 같은 자리에 선 르윈처럼. 그의 자리는 반복의 자리이지만 처음과는 같은 듯 다른 반복의 자리이다. 영화는 마지막 장면이 도입부와 같은 장면임에도 불구하고 의도적으로 카메라 앵글을 다르게 배치함으로써, 동일하게 반복되는 르윈의 무대와 노래에 새로운 의미를 부여한다. 노래하는 르윈과 평온하게 귀 기울이는 객석을 조명하며 영화는 디오니소스적 예술에 대한 관찰을 마무리한다.

4. 마무리하며

영화 「인사이드 르윈」에서는 「빌리 엘리어트」에 나타나는 위로와 화해의 아폴로적 가상이 존재하지 않는다. 영화는 오직 디오니소스적 현실만을 묘사한다. 그렇지만 그와 동시에 영화는 디오니소스의 예술을 통한 구원의 가능성을 암시한다. 음악은 디오니소스적 세계로 침잠하고 그에 동화됨으로써 스스로 고뇌가 되고 스스로 고뇌를 해체한다. 이로써 디오니소스적 예술은 삶에 대한 의지인 동시에 정화(淨化, catharsis)와 구원의 열쇠가 된다.

디오니소스적 예술로서 음악이 주는 가장 중요한 의미는, 삶의 위로와 구원이 고통과 시련의 세계 저편에 있는 것이 아니라 바로 고뇌의 세계 그 자체에 존재한다는 사실이다. 음악을 통해 디오니소스적 고뇌의 중심으로 이동하고, 고뇌와 하나가 되는 자기소멸의 과정을 거치면서 치유와 구원의 상태에 이르는 것은 참된 의미에서 디오니소스적 세계의 수용이자 극복이다. 이는 고뇌인식의 진정한 가치 전도이며, 디오니소스적 예술은 삶을 긍정하는 살아 있는 의지가 된다. 디오니소스적 예술로서 음악의 이상향은 고뇌의 저편이 아니라 존재하는 고뇌 그 자체이다.

니체의 견해에 의하면, 삶과 세상은 원초고통과 고뇌를 대변하는 디오니소스성으로 구성되어 있다. 그렇지만 니체는 디오니소스적 세계에 대한 두 가지 화해의 수단을 제시한다. 하나는 아폴로적 가상으로서 아름다운 예술의 세계이며, 다른 하나는 디오니소스적 예술인 음악이다. 전자는 디오니소스적 세계를 벗어남에, 후자는 디오니소스적 세계와 하나 됨에 그 본질이 있다. 삶은 고뇌이며 세상은 고통으로 가득하나 예술과 음악은 우리를 위로와 구원의 길로 인도한다. 이로써 니체의 미학은 고뇌의 미학에서 화해의 미학으로 변모한다.

3 고전주의와 낭만주의의 미학

리테와 아이헨도르프 시의 비교 분석 및 서양 예술사의 흐름

> 고전주의의 핵심은 형식과 내용의 조화, 감정과
> 이성의 조화, 시적 세계와 현실 세계의 조화에 있
> 으며……. 낭만주의는 현실 도피적 경향으로 인
> 해 시적, 예술적 세계에서 위안을 찾는데, 이는
> 불가능과 이상향에 대한 동경으로 이어지며…….

서양 예술사를 이해하기 위해서는 고전주의(古典主義)와 낭만주의(浪漫主義)의 특성에 대한 이해가 전제조건이 된다. 표현의 대상과 형식은 시대에 따라 변할지라도, 고전주의와 낭만주의 예술의 정신과 특성은 과거 어느 시기에도, 그리고 현재에도 여전히 유효하기 때문이다. 고전주의와 낭만주의는 음악과 미술을 비롯한 다양한 예술 영역에서 표현되고 있지만, 문학 특히 시 분야에서 그 특성이 가장 잘 나타난다. 따라서 이번 장에서는 고전주의와 낭만주의를 대표하는 작가들의 시를 비교 분석함으로써 서양 예술사의 핵심이라고 할 수 있는 두 가지 사조의 특성과 차이점을 알아볼 것이다. 나아가 고전주의와 낭만주의가 이후의 예술 사조에서는 어떤 형태로 변형되어 유지되는지에 대해서도 관찰해보자.

1. "나그네의 밤 노래" — 괴테

요한 볼프강 폰 괴테(Johann Wolfgang von Goethe, 1749-1832)는 부연설명이 필요 없을 정도로 위대한 독일의 작가이며 고전주의를 대변하는 인물이다. 그의 수많은 작품이 존재하지만 여기에서는 전형적인 고전주의 양식을 보여주는 "나그네의 밤 노래(Wandrers Nachtlied)"라는 시를 소개한다. 원제는 "동일한 것(Ein Gleiches)"이라고 적혀 있는데, 이것이 가리키는 다른 시의 제목이 "나그네의 밤 노래"이므로 여기에서는 후자를 사용하기로 한다. 이 시는 종종 "나그네의 밤 노래 2"라는 제목으로 번역되기도 한다.

> 모든 산봉우리에
> 고요가 깃들고,
> 모든 우듬지에서
> 그대는 한 줄기 숨결조차
> 느끼지 못하네;
> 새들도 숲에서 침묵하는데.
> 기다려라, 곧
> 그대 또한 고요해질 것이니.

이제 이 시의 분석을 통해 고전주의 시가 지니는 보편적 특성을 유추해보도록 하자.

7, 8행에서는 이전의 정적인 분위기와는 달리 팽팽한 긴장감이 형

성된다. 왜냐하면 우리가 고요해짐은 자연으로 돌아가는 과정이지만 이를 위해서는 죽음이라는 단계를 거쳐야 하기 때문이다. 따라서 7, 8행에서는 관점의 변화를 통해 긴장감을 야기시키고 독자를 인식의 상태에 이르게 한다. 결국 이 시는 관점의 변화가 일어나기 이전과 이후의 두 가지 구조로 나누어진다. 시의 전반부는 자연의 평온함과 안식을 묘사하며, 후반부는 죽음에 대한 인식을 통한 불안과 평온 사이의 긴장감을 표현한다. 따라서 전반부는 형식, 감정, 시적 여흥, 감정 이입에 관한 부분이며, 후반부는 내용, 이성, 교훈, 인식에 관한 부분이다. 두 가지 구조로 구성된 괴테의 시 "나그네의 밤 노래"는 형식과 내용의 조화와 균형을 이루며 구조적인 안정감을 보여준다. 이러한 특징은 인간의 조화로운 이성을 기반으로 하는데 이성적 사고, 이성과 감성의 조화, 형식과 내용의 조화는 고전주의의 대표적 특성이자 핵심 개념이다.

이 시에서 비교와 대조의 대상은 자연과 인간이다. 그렇지만 이러한 대립 구도는 전체적으로 지속되지 않고, 인간이 죽음을 인식하고 자연으로 돌아감으로써 영원한 안식만이 존재하게 된다. 여기에서 우리는 고전주의의 특성 가운데 하나가 비교 대상의 갈등구조 해소임을 알 수 있다.

고전주의는 시간성이란 측면에서 낭만주의와는 다른 성격을 보여준다. 고전주의의 시간성에 대해서는 다음에 소개되는 낭만주의 시를 분석하면서 함께 다루도록 하자.

"나그네의 밤 노래"에서 인간은 영원한 안식을 꿈꾸지만 죽음 앞에서 두려움을 느끼는 나약한 존재이다. 그렇지만 자연과 하나 됨의 전제조건으로 죽음을 인식하고 이를 수용하는 이성적이고 조화로운 존재이기도 하다. 이러한 조화롭고 이성적인 인간상의 구현은 고전주의 최고의 덕목이자 그 주제이다.

지금까지 고전주의를 대변하는 괴테의 시 "나그네의 밤 노래"를 분석함으로써 고전주의의 특징에 대해 알아보았다. 다음에서는 낭만주의의 시를 다루면서 고전주의와 낭만주의의 특징과 차이점을 살펴보도록 보자.

2. "동경"—아이헨도르프

요제프 프라이헤르 폰 아이헨도르프(Joseph Freiherr von Eichendorff, 1788-1857)는 낭만주의를 대표하는 독일의 위대한 서정시인이다. 그의 시 "동경(Sehnsucht)"에는 낭만주의를 대변하는 요소들인 밤과 별, 우주, 고대 등의 이미지가 전면에 등장한다.

별이 금빛으로 빛나고,
나는 창가에 홀로 서 있다
고요의 나라에서 역마차의 나팔소리가
저 멀리 들려온다.
내 심장은 뜨겁게 타오르고,
그때 비밀스럽게 하는 생각:
아, 누가 지금 나와 함께 여행할 수 있다면
이 찬란한 여름밤에!

젊은이 둘이

산비탈을 넘어간다,

나는 그들이 여행하며 노래하는 소리를 듣고

그 노래는 고요한 산자락을 따라 흩어져간다:

현기증 나는 바위틈을 지나

살랑이며 속삭이는 숲을 돌아

숲속의 밤을 흐르는 샘물을 스쳐간다.

그들은 대리석상에 대해 노래한다.

암벽 위 땅거미 지는 정자들 사이

오래된 정원에 대해서도,

달빛 비치는 궁전에 대해서도,

거기에는 라우테* 소리가 울려 퍼지고

샘물은 잠에 취한 듯 속삭이며

소녀들은 창가에서 귀를 기울인다

이 찬란한 여름밤에.

각 연의 주제를 짧게 말한다면, 1연은 우주에 대한 동경, 즉 불가능에 대한 동경, 2연은 자연에 대한 동경, 즉 이상향에 대한 동경, 3연은 신화에 대한 동경, 즉 과거에 대한 동경이라고 할 수 있을 것이다. 따라서 시 자체는 총체적인 동경을 표현하는데, 이는 낭만주의를 대변하는 핵심적인 개념이다.

---

* 라우테는 만돌린과 비슷한 형태의 현악기이다.

이제 이 시의 분석을 통해 낭만주의 시가 지니는 보편적 특성을 유추해보고 동시에 고전주의 시와의 차이점에 대해서도 알아보자.

우선 이 시에는 관점의 변화가 나타나지 않는다. 다시 말해 이성적 인식을 통해 독자의 긴장감을 유발하는 부분이 존재하지 않는다. 고전주의 시 "나그네의 밤 노래"에서는 관점의 변화를 통해 감정과 이성, 형식과 내용, 여흥과 교훈, 감정 이입과 인식 등의 요소가 비교 대조되었던 반면, 이 시에서는 고전주의 시 전반부에 나타났던 감정, 형식, 여흥, 감정 이입의 요소만이 시 전체를 지배한다. 다시 말해 이 시는 고전주의 시와는 달리 하나의 구조로 되어 있다. 이 시에서는 이성적 측면의 내용과 교훈은 사라지고 감성적 측면의 형식과 여흥만이 존재한다. 그렇다면 왜 이러한 현상이 나타나는 것일까? 이는 현실 인식과 관계가 있다. 낭만주의는 현실 세계를 고뇌와 불행으로 가득 찬 세상으로 간주한다. 따라서 현실 도피적, 현실 부정적 경향을 나타내며 도달 불가능한 우주와 자연, 과거와 신화의 세계를 동경하며 그 안에서 위안을 얻고자 한다. 낭만주의에 있어 이성과 인식은 시적 세계와 상반되는 고통스런 현실 세계를 의미한다. 이것이 바로 낭만주의 시에서 감정과 여흥과 형식만이 존재하는 이유이며, 따라서 시 전체가 하나의 구조로 구성되는 이유이기도 하다. 이러한 낭만주의의 사고는, 현실 참여적이 아닌 순수예술이 발달하는 계기를 마련해주기도 한다.

결론적으로 고전주의의 핵심은 형식과 내용의 조화, 감정과 이성의 조화, 시적 세계와 현실 세계의 조화에 있으며, 이는 이성에 의한 현실 세계의 균형과 조화의 추구를 의미하기도 한다. 이와 달리 낭만주의는 현실 도피적 경향으로 인해 시적, 예술적 세계에서 위안을 찾는데, 이는 불가능과 이상향에 대한 동경으로 이어지며 그 결과, 고대와 신화, 자연과 우주가 낭만주의 예술의 중요한 소재가 된다.

낭만주의 시 "동경"에서 비교와 대조의 대상은 나와 우주, 나와 자연, 나와 과거이다. 이러한 비교 대상은 주체와 객체라는 개별적 대상으로 존재하는 것이 아니라 상호 동일성, 즉 감정적, 감각적 세계 인식으로 인한 물아일체의 개념으로 이해될 수 있다. 다시 말해 이 시에서는 이성이 어떤 역할도 할 수 없으며, 시적 세계만이 존재한다. 이는 감정의 세계가 인식의 세계보다 우위에 있음을 의미한다. 결국 낭만주의에서 본질적인 비교와 대립의 대상은 시적 세계와 현실 세계이며 양자는 팽팽한 긴장감 속에서 결코 화해와 조화의 길을 가지 않는다. 이와 달리 고전주의 시에서는 나와 자연, 주체와 객체, 시적 세계와 현실 세계라는 비교 대상이 상호 배타적이거나 종속적인 관계를 형성하지 않으며, 이성의 인식을 통해 화해와 조화의 길을 모색한다. 결론적으로 낭만주의에서 시적 세계와 현실 세계라는 대립 구도는 극복될 수 없는데, 이는 감정의 우위로 인해 시적 세계만이 긍정의 대상이 되기 때문이다. 이와 달리 고전주의에서는 시적 세계와 현실 세계라는 대립 구도가 이성의 인식을 통해 상호 보완적, 긍정적 관계가 되는데, 이는 이성과 감정의 조화, 이성을 통한 조화로운 세계관 정립을 추구하는 고전주의의 전형적인 특징이다.

이제 고전주의와 낭만주의 시에 나타나는 '시간성', 즉 시간의 개념에 대해 알아보자. 낭만주의 시 "동경"의 마지막 행은 1연의 마지막 행과 동일하다. 이는 3연에서 표현된 과거의 동경과 1연에서 표현된 현실의 동경이 '찬란한 여름밤'이라는 동일성에 의해 시간의 거리가 상쇄되거나, 또는 그 거리가 존재하지 않음을 의미한다. 즉 시간은 '찬란한 여름밤'에 의해 원점으로 돌아가고, 과거와 현재는 동일하게 다루어지며 동시에 동일하게 체험된다. 좀 더 구체적으로 살펴보면 과거의 동경을 표현하는 이미지인 신화의 세계, 달빛, 창가의 소녀, 라우테 소리 등과 현재의 동경을 표현하는 이미지인 우주, 별과 달, 창가의 나, 역마차의 나팔소리 등은 '찬란한 여름밤'이라는 시간에 의해 하나가 되며, 동일한 것으로 체험되고 인식된다. 정리하자면 이 시에서 나타나는 시간의 구조는 현재에서 과거로, 다시 과거에서 현재로 순환하는 구조이다. 이는 현재와 과거의 일치 또는 처음과 끝의 일치를 의미한다. 결국 낭만주의에 나타나는 시간 개념은 시간의 순환성, 즉 '시간의 동시성'과 '시간의 비역사성'이다.

앞서 다룬 고전주의 시 "나그네의 밤 노래"의 시적 제재인 영원한 안식과 죽음에 대한 인식은 '시간의 통시성', 즉 '시간의 역사성'을 전제로 한다. 구체적으로 말하자면 시간은 과거에서 현재로 현재에서 미래로 흘러가는 직선적인 것이며, 과거는 조화로운 현재를 위한 기반이 되고 현재는 보다 나은 미래에 대한 희망이다. "나그네의 밤 노래"에서 인간은 죽음을 인식하는 존재이며 이를 통해 자연과 하나가 되고 영원한 안식을 취할 수 있는 존재이다. 이는 인간이 시간의 고리에 연결되어 있으며 미래로 가는 직선적인 시간을 벗어날 수 없는 존재임을 의미한다. 고전주의의 시간관인 '시간의 통시성', 즉 '시간의 역사성'은 조화로운 이성의 힘으로 현실 세계를 수용하고 보다 나은 미래를 꿈꾸는 고전주의의 본질과 맞닿아 있다.

결론적으로 낭만주의의 시간관은 '시간의 순환성', '시간의 동시성', '시간의 비역사성'이다. 이는 고전주의의 기치와는 달리, 현실 세계는 불완전하고 고통스러우며 이성은 이에 대해 어떤 도움도 줄 수 없다는 신념에 근거한다. 따라서 미래에 대한 희망을 부정하고 가상과 예술 세계로의 귀의, 즉 영웅과 이상의 세계인 신화의 세계, 예술과 문화가 절정으로 꽃 피던 그리스 로마 세계로의 회귀는 낭만주의의 당연한 귀결이다. 이러한 사실과 관련하여, 공산주의의 세계관에 대해 잠시 언급하고자 한다. 공산주의자들은 시간의 흐름에 따라 역사는 변하고 진보한다고 믿으며, 따라서 그들의 이상향은 미래에 존재한다. 그들이 사용하는 용어 중에 '반동분자(反動分子)'라는 말이 있다. 이는 움직임을 거부하는 사람, 즉 보다 나은 미래를 위해 능동적으로 행하지 않는 사람이라는 의미이다. 따라서 공산주의의 입장에서 낭만주의는 반동분자의 사고이며, 낭만주의의 사고와 시간관이 퇴폐적이고 비생산적인 것으로 간주되는 것은 당연한 귀결이다. 그렇지만 동일한 이유로 인해 공산주의 세계에서 예술이 발전할 수 없었던 것 또한 부인할 수 없는 사실이다.

이제 한 걸음 더 나아가보자. 예술은 그 분야와 표현 양식이 다를지라도, 변함없는 본질 가운데 하나는 진리추구이다. 즉 예술은 완전하든 불완전하든 하나의 진리체계로 간주될 수 있다. 진리체계의 전제조건은 영원성과 완결성이다. 그렇다면 시간의 측면에서 본 고전주의와 낭만주의는 어떤 진리체계에 속하는 것일까? 고전주의의 직선적, 통시적, 역사적 시간관에서 시간은 영원히 지속되는 존재이기에 영원성을 다루는 고전주의는 진리체계의 한 가지 요건을 갖추고 있다. 그렇지만 영원하다는 것은 결코 완결될 수 없는 구조이기에 역설적으로 진리가 될 수 없음을 반증한다. 따라서 고전주의의 시간성은 영원성을 지니지만 완결성을 지니지는 못하기에, 완벽하게 진리를 표현할 수는 없다. 낭만주의의 시간관은 시간의 순환성, 동시성, 비역사성이다. 시간은 순환적이기 때문에 하나의 집합체로서 완결된 구조를 가진다. 그렇지만 순환적, 동시적, 비역사적 시간은 미래를 향해 끝없이 지속되는 불멸의 가치를 지니지는 않는다. 따라서 낭만주의의 시간성은 완결성을 지니지만 영원성을 갖지는 않기에 완벽한 진리를 추구할 수는 없다. 결론적으로 고전주의와 낭만주의 모두 특정한 진리 또는 진리의 단면을 묘사하고 인식할 뿐 총체적인 진리를 표현할 수는 없다. 다시 말해 고전주의와 낭만주의 자체는 불완전한 진리체계이다. 진리추구와 진리인식은 철학, 나아가 모든 학문의 영원한 과제이다. 시간의 측면에서 인간은 초월적 존재가 아니며, 인간의 이성은 제한적이기 때문에 완벽한 진리인식은 애초에 불가능했을지도 모른다. 그렇지만 인간은 완벽한 진리보다는 진리추구 과정 자체에서 더 많은 것을 얻고 있는지도 모른다. 확장되는 예술의 분야, 표현의 다양성, 양식의 다양성, 주제와 대상의 다양성, 무수한 인식론적 사고와 미학적 사고 등은 진리추구의 과정에서 주어진 산물이며 완벽한 진리 자체가 우리에게 선사한 것들은 아니다. 고전주의와 낭만주의 역시 진리추구의 과정에서 얻어진 부산물이다. 그것은 불완전한 진리체계일지라도 인간 정신의 본질을 반영하고 있기에, 그 자체로서 존재 가치가 있는 인류의 위대한 유산이다.

마지막으로 시의 주제적인 측면에서 '인간이란 무엇인가?'라는 질문에 대한 정의를 내려보자. 고전주의 시 "나그네의 밤 노래"에서 인간은 자연과 하나가 되어 영원한 안식을 기대하는 존재이기도 하지만, 그 전제조건으로 죽음을 인식하고 이를 수용하는 이성적이고 조화로운 존재이다. 낭만주의 시 "동경"에서 인간은 현실과 동경 세계, 존재의 협소함과 의식의 광대함 사이에 서 있는 존재이다. 다시 말해 고통스런 현실에서 갈등하며 불가능과 이상을 동경하는 감정적 존재이다. 결국 고전주의와 낭만주의 예술에 있어서 그 형식과 내용의 상이함은 근본적으로 존재인식과 세계관의 차이에 기인한다고 말할 수 있다.

3. 서양 예술사의 흐름

서두에서 언급한 것처럼 여러 예술 사조 가운데 굳이 고전주의와 낭만주의를 다룬 것은 이 둘의 예술적, 미학적 특성에 대한 이해 없이는 예술사 전체의 이해가 불가능하기 때문이다. 이제 위에서 다룬 내용을 바탕으로 전반적인 서양 예술사의 흐름을 알아보도록 하자. 전체적으로 조망하자면 서양 예술사는 정도의 차이가 있을지라도, 이성 우위 또는 이성을 통한 조화와 균형을 강조하는 고전주의와 감정의 극대화를 통해 순수한 예술의 세계를 창조하는 낭만주의의 반복이다.

고전주의와 낭만주의 이후에 나타나는 사실주의(寫實主義)와 자연주의(自然主義)는 산업혁명 이후 억압과 고통 속에 살고 있는 노동자들의 삶을 합리적 이성에 근거하여 정확하고 사실적으로 묘사한다. 이후에 나타나는 표현주의(表現主義)는 자본주의와 기계 문명에 반대하여 자아의 해방을 부르짖는다. 즉 표현주의는 비인간적 객관성에 반발하여 인간의 내면세계와 내적 감정을 표현하는 것에 주력하는데, 이는 감정 우위의 본능적 사고에 근거한다. 모더니즘(Modernism)은 표현주의를 비롯하여 상징주의(象徵主義), 초현실주의(超現實主義), 실존주의(實存主義) 등을 포함하는 20세기 초의 실험적이고 전위적인 예술 경향을 의미한다. 이 시기에는 이성적 사고와 감정적 사고의 극대화에 의해 기존의 관습에서 벗어난 다양한 예술적 시도가 이루어진다. 이후 포스트모더니즘(Postmodernism)의 시대가 도래하는데, 여기에서는 이성적 인식에 근거한 합리성, 보편성, 전체성은 그 가치가 부정되며 감정과 본능에 기인하는 파편성과 특수성이 강조되어 표현된다. 이러한 포스트모더니즘의 가치들은 오늘날까지도 여전히 유효하다.

모더니즘에서 회화는 작가 고유의 독창적이고 고유한 예술 정신의 발로로서, 복제되는 순간 그 의미와 순수성을 잃어버린다는 의미의 순혈주의(純血主義)를 대표하는 예술 분야이다. 즉 모더니즘의 회화는 합리적 이성의 절대성이 극대화된 표현 양식이다. 그렇지만 포스트모더니즘의 대표적인 예술 분야는 사진인데, 이는 예술의 순수성과 혈통주의를 강조하는 모더니즘에 대한 반발 작용이기도 하다. 포스트모더니즘의 작가들은 다수가 쉽게 접근하고 소모하고 공유할 수 있는 대량 생산물에서도 예술적 가치를 발견함으로써, 소수 애호가들의 전유물이던 예술을 일반 대중도 즐길 수 있는 대상으로 전환하여 그 존재의 의미를 확장시킨다.

종합해보면 서양 예술사는 고전주의, 낭만주의, 사실주의, 자연주의, 표현주의, 모더니즘, 포스트모더니즘 등으로 구성되어 있으며, 양식과 대상이 다를지라도 각각의 사조들에서는 이성 우위와 감정 우위의 사고가 되풀이된다. 이것이 바로 우리가 서양 예술사를 이해하기 전에 고전주의와 낭만주의의 미학적 특성을 알아본 이유이다. 예술은 어떤 양식과 형태를 취할지라도 그 존재 이유는 이성과 감정의 표출이다. 고전주의와 낭만주의가 예술사에서 지니는 역사적 의미는 바로 예술의 본질을 가장 보편적으로 충실히 재현한다는 사실에 있다.

4. 마무리하며

당연한 말이지만, 고전주의와 낭만주의의 특성은 문학뿐만 아니라 다른 예술 장르에도 적용된다. 예를 들어 고전주의 회화에서 소실점은 가운데에 위치하여 작품 전체의 조화와 균형을 강조하는 반면, 낭만주의의 소실점은 상단에 위치하여 작가의 주관과 감정의 고조를 강조한다. 하이든(Franz Joseph Haydn), 모차르트(Wolfgang Amadeus Mozart) 같은 고전주의 음악은 '소나타 형식(제시부, 전개부, 재현부로 구성)'을 취하고 있어 형식과 내용 면에서 조화를 이루고 있으며 논리적이고 정돈된 느낌을 준다. 슈만(Robert Alexander Schumann)이나 쇼팽(Fryderyk Franciszek Chopin) 같은 낭만주의 음악은 개인적 고뇌, 자기 고백, 낭만적 정경 등을 아름답고 서정적인 멜로디를 통해 묘사함으로써 감정과 내면세계를 충실하게 표현한다. 베토벤(Ludwig van Beethoven)의 위대성은, 고전주의 음악의 양식을 확립하고 낭만

고전주의 미술이 통일성, 안정성, 부분과 전체의 조화, 절대성, 영원성 등을 추구하는 반면, 낭만주의 미술은 이성과 합리성의 추구에서 벗어나 인간의 내면과 감정, 상상력의 표현에 주력한다. 낭만주의 회화를 대변하는 프랑스 화가 외젠 들라크루아(Eugène Delacroix)는 그의 그림 "민중을 이끄는 자유의 여신(La Liberté guidant le peuple)"에서 특유의 개성과 상상력을 발휘하여 자신의 감정세계를 묘사함으로써 혁명의 열정과 참혹성을 생생하게 그려낸다.

주의 음악의 토양을 닦음으로써 그의 음악이 이전의 어떤 음악가도 해내지 못한 심오한 정신세계를 표현하고 있다는 사실에 있다. 결론적으로 고전주의와 낭만주의의 정신과 본질은 예술의 장르가 달라질지라도 여전히 유효하다.

지금까지 이번 장의 테마인 고전주의와 낭만주의의 미학적 특성에 대해 알아보았다. 그렇지만 고전주의와 낭만주의의 모든 예술 작품이 이러한 성향을 띠는 것은 아니다. 위에서 기술한 특징은 두 사조의 예술 작품에서 나타나는 보편적인 경향일 뿐, 이와는 다른 특수성을 가진 소수 예술도 분명히 존재한다. 특수성의 의미를 부정하는 오류를 범해서도 안 되겠지만, 보편성이란 동시대를 살아가는 대다수가 자연스럽게 공유하는 인식이며 인위적으로 생성될 수 없는 가치이기 때문에 의미가 있는 것이다. 따라서 보편성이 지니는 진실성과 합리성에 근거하는, 고전주의와 낭만주의에 대한 미학적 고찰 역시 의미 없는 시도는 아닐 것이다.

4 현대시의 미학
현대시에 나타나는 구조적, 미학적 변화

낭만주의 시가 가공의 세계, 동경의 세계, 감정의
세계에서 위로와 구원을 추구했다면, 현대시는
대상의 직시, 인식의 힘을 통해 삶과 존재의 문제
를 극복하고자 한다.

앞 장에서는 고전주의와 낭만주의를 대표하는 시 두 편을 비교 분
석함으로써 서양 예술사에서 중요한 위치를 차지하는 고전주의와 낭
만주의의 미학에 대해 알아보았다. 오늘날에 이르기까지 고전주의와
낭만주의의 정신은 여전히 유효하지만, 과거 어느 시기보다 복잡다단
한 시대적, 세계사적 상황으로 인해 현대 예술은 다양하고 특수한 방
법으로 대상을 인식하고 표현하게 된다. 시 문학에 있어서도 다양한
작품들이 있지만 이번 장에서는 전후(세계대전 이후) 시대를 대변하
는 독일의 뛰어난 시인인 고트프리트 벤(Gottfried Benn, 1886-1956)
의 시와 독특한 현대시 몇 편을 살펴봄으로써 이전 시기와 달라진
구조적, 미학적 변화에 주목해보자.

1. "오직 두 가지뿐"— 고트프리트 벤

무수한 형태로 걸어갔다,

나, 우리, 너,

그렇지만 모두 고통스러웠다.

그 영원한 질문 때문에: 무엇을 위해?

이는 어린아이 질문이다.

너는 나중에야 알게 되었다.

오직 하나만 있다는 걸: 참아라

의미이든, 욕망이든, 소문이든

이미 네게 규정된 것: 너는 해야 한다!

장미이든, 눈이든, 바다이든,

피어나는 모든 것은 시든다

오직 두 가지만이 존재한다: 공허와

그려진 나

방법론적 사고에 의해 시를 분석하기 전에 우선 "오직 두 가지뿐 (Nur zwei Dinge)"의 내용에 대해 잠시 알아보자.

1연 1행은 인류 역사의 진행 과정이며, 2행은 개인, 사회, 가족, 국가, 민족, 종교, 적과 아군 등의 다양한 형태로 역사가 진행되었음을 의미한다. 그렇지만 이러한 형태들이 진정 의미가 있는지에 대해서는 회의적이다. 즉 삶과 존재는 무엇인가, 라는 영원한 질문에 의해 모든 형식의 의미는 사라진다. 왜냐하면 누구도 존재의 존재 가치에 대해 해명할 수 없기 때문이다.

2연에서는 모두가 그 질문에 대한 모범 답안을 안다고 생각하지만, 시간이 지나면서 삶의 모든 것에 대해 오로지 참고 견뎌야 한다는 대답만이 돌아온다. 이미 우리는 자신의 의지와 상관없이 운명이든 신의 의지이든 역사적, 사회적 요인이든 이러한 것들에 의해 결정지어져 있기 때문에 그냥 그렇게, 정해진 대로 살아가야 한다. 따라서 2연에서는 애를 써도 변하는 것은 없다는 결정론적 분위기가 감지된다.

3연에서는 형태가 있는 모든 사물은 언젠가는 낡고 시들고 사라지며, 결국 남게 되는 것은 공허함과 규정된 나뿐이다. 즉 존재의 본질과 가치는 사라지고 타자에 의해 결정된 자신의 삶과 공허함만이 존재하게 된다.

현대시는 특수하고 개별적인 상황을 표현하는 경우가 많기 때문에, 시대적 배경과 작가에 대한 지식이 작품을 이해하는 데 있어 많은 도움이 된다. 작가 고트프리트 벤에 대해 잠시 알아보도록 하자. 고트프리트 벤은 독자적인 시 세계를 구축한 위대한 시인 라이너 마리아 릴케(Rainer Maria Rilke)에 이어, 전후 독일 시단에 가장 큰 영향을 끼친 인물이다. 고전어와 신학을 전공한 후, 나중에 다시 의학을 공부하여 1, 2차 세계대전에 군의관으로 참전한 경험이 있다. 그는 니체의 허무주의에서 출발하여 표현주의를 거치면서 기존의 모든 가치와 권위를 부정하며, 신화와 원초적 세계에서의 자아 상실과 도취를 노래한다. 고트프리트 벤의 시 세계가 허무주의적 경향을 보이는 것은 그의 특별한 이력과 불가분의 관계에 있다.

이 시는 특별한 긴장감을 유발시키는 부분, 즉 관점의 변화가 없기 때문에 하나의 구조로 이루어졌다고 말할 수 있다. 앞 장에서 알아본 고전주의 시는 두 개의 구조, 낭만주의 시는 하나의 구조로 되어 있기에, 이 시는 낭만주의와 유사한 구조적 특성을 지닌다. 그렇지만 이 시는 낭만주의처럼 형식, 감정, 여흥, 감정 이입의 부분으로 구성되어 있지 않다. 반대로 이 시에는 내용, 이성, 교훈, 인식의 부분만이 존재한다. 낭만주의와 동일한 구조이지만 전혀 다른 문체를 보여준다. 고트프리트 벤은 그의 저서 『서정시의 문제들(Probleme der Lyrik)』에서 작가가 가진 세계관과 가치관은 문체를 통해 가장 적합하게 표현된다고 말한다. 이는 역으로 말하자면 시의 문체와 구조를 통해 이성적 힘과 인식의 힘이 표현됨을 의미한다. 나아가 그는 언어가 대상을 모사하는 것이 아니라 언어가 대상을 만들어낸다고 한다. 고전주의와 낭만주의를 비롯한 이전의 시에서는 언어보다 대상이 우위에 존재했지만 현대시에서는 언어가 대상을 주도한다는 의미이다. 결국 현대시에서 가장 중요한 것은 이성과 인식의 힘이다. 고트프리트 벤은 그의 시 "오직 두 가지뿐"에서 자신만의 문체, 즉 언어와 인식의 힘을 시의 전면에 내세움으로써 고전주의와 낭만주의와는 다른 방법으로 대상을 바라보고 파악하며 묘사한다.

이 시의 비교와 대조의 대상은 나, 우리, 너, 장미, 눈, 바다 등으로 대변되는 무수한 형태와 질문이 암시하는 존재의 본질이다. 그려진 나와 존재의 본질 또한 대조의 대상이다. 결국 가상과 본질의 대립 구도로 압축될 수 있다. 니체의 표현을 빌리자면, 인간은 아폴로적 가상을 통해 위로받고 세상과 화해하며 진리를 추구하지만 이는 일시적이고 단편적이며, 결국 삶과 세상의 본질이며 진리 자체인 디오니소스적 세계를 벗어날 수도 이해할 수도 없다. 니체의 사고는 이 시에 나타난 작가의 인식과 일맥상통한다. 니체의 허무주의에 영향을 받은 고트프리트 벤은 그의 시에서 인간의 사고와 능력으로는 결코 삶과 세상의 본질을 이해할 수 없다고 말한다. 따라서 가상과 본질의 대립 구도는 해소되지 못하고 허무주의적 사고만이 남는다. 결론적으로 고전주의와 낭만주의 시에서는 시적 자아와 시적 세계가 조화로운 관계를 형성하지만, 고트프리트 벤의 현대시에서는 시적 자아와 시적 세계가 갈등관계를 극복하지 못한다.

현대시 "오직 두 가지뿐"의 주제는 존재의 규정 불가능성과 존재 가치에 대한 회의, 이로 인한 자아 상실이다. 이는 고트프리트 벤이 많은 영향을 받은 니체의 허무주의적 사고와 무관하지 않다. 허무주의, 즉 니힐리즘(nihilism)의 니힐(nihil)은 라틴어로서 '무(無)'를 의미한다. 허무주의는 기존의 가치체계와 이에 근거를 둔 일체의 권위를 부정하며 보편적 진리도 보편적 도덕도 존재하지 않는다는 철학적 사고이다. 그렇지만 니체에게 있어서 허무주의란 가치의 전도를 통해 새로운 질서를 부여하기 위한 역사적, 심리적 과정의 필수 단계이다. 다시 말해 허무주의의 진정한 의미는 허무를 허무로서 수용하는 것이 아니라 허무를 허무로서 직시하는 것이다. 니체는 "객관적이고 영원한 진리는 없으며 진리는 끊임없이 주관적이다. 이는 긍정적이지도 부정적이지도 않다. 신은 죽었으며 인간 위에 존재하는 어떤 것도 없다. 인간은 오로지 자기 자신에게로 회귀해야 한다"라고 말한다. 이는

'힘에의 의지(Willen zur Macht)', 즉 인간 자신에게로 회귀하여 새로운 가치와 질서를 부여하려는 의지에 의해 허무주의가 극복될 수 있음을 의미한다. 니체에게 있어서 초인(超人, Übermensch)이란 힘에의 의지가 극대화되어 모든 가치를 전도시키며 새로운 삶과 질서를 개척할 수 있는 존재를 의미한다. 현대시 "오직 두 가지뿐"에서 진리도 존재 가치도 존재의 본질도 알 수 없음을 인식하는 것도 결국 인간이다. 니체의 말대로 이는 긍정적이지도 부정적이지도 않다. 우리는 존재의 본질을 알 수 없음을 인정할지라도, '이미 네게 규정된 것'이 아닌 우리의 의지대로 질서와 가치를 부여하며 우리의 삶을 살아갈 수 있다. 이것이 바로 허무주의의 극복이며 허무주의의 긍정이다. 나아가 고트프리트 벤의 현대시가 주는 인식의 역설적인 힘이다.

결론적으로 현대시 "오직 두 가지뿐"에 나타나는 허무주의적 인식은 허무주의의 극복을 위한 과도기적 단계이며, 이러한 인식의 끝에는 인간에 의한 새로운 시작이 존재한다. 낭만주의 시가 가공의 세계, 동경의 세계, 감정의 세계에서 위로와 구원을 추구했다면, 현대시는 대상의 직시와 언어가 지니는 인식의 힘을 통해 삶과 존재의 문제를 극복하고자 한다.

이제 마지막으로 현대시 "오직 두 가지뿐"에 나타나는 시간성에 관하여 알아보자. 시의 내용을 살펴보면, 모든 형상들은 영원히 고통받으며 우리는 규정된 삶을 인내하며 그냥 살아야 하고 모든 피어나는 것은 시들어 없어지고 공허함만 남는다. 이러한 상태는 언젠가는 끝이 나는 것일까 아니면 영원히 반복되는 것일까? 이미 판단을 내렸겠지만, 좀 더 구체적인 답변을 위해 니체의 표현을 인용해보자: "동일한 것의 영원한 회귀: 역사는 어떤 목적을 향해 흘러가는 것이 아니다, 여기에는 어떤 진보도 어떤 목적도 존재하지 않는다." 이러한 니체의 시간관은 현대시 "오직 두 가지뿐"에 나타나는 시간성과 일맥상통한다. 영원회귀의 시간, 즉 동일한 것이 영원히 반복되는 시간에서 인간은 빠져나갈 수 없다. 그렇지만 이것의 긍정과 부정은 인간에게 주어져 있다. 영원회귀의 세상에서 신의 노예로 타자의 노예로 살것이냐, 아니면 능동적 초인의 삶을 살 것이냐는 인간 자신의 몫이다. 결론적으로 이 시에 나타나는 시간 개념은 순환적, 동시적, 비역사적 시간성이다. 이는 낭만주의의 시간성과 동일하지만, 본질적으로는 전혀 다른 양상을 띤다. 낭만주의의 순환적 시간성에서는 현실 부정과 이상향에 대한 동경, 즉 감정의 힘만이 존재하지만, 현대시 "오직 두 가지뿐"에서는 이와 달리 주관과 인식의 힘이 개입한다. 다시 말해 순환적 시간관일지라도 직선적 시간관에서 나타나는 개혁의 의지가 존재한다. 바로 이 점이 '동일한 것의 영원회귀'가 지니는 긍정성이며 삶에 대한 환호이다.

이제 고전주의 및 낭만주의 시와 구분되는 고트프리트 벤의 현대시 "오직 두 가지뿐"에 대한 분석 내용을 종합적으로 정리해보자.

고트프리트 벤은 그의 시 "오직 두 가지뿐"에서 언어와 인식의 힘이 두드러지는 자신의 고유한 문체를 사용한다. 따라서 그는 언어보다 대상을 우위로 하는 고전주의 및 낭만주의 시와는 다른 표현 양식과 가치 기준으로 삶과 존재의 문제에 접근한다.

"오직 두 가지뿐"에서는 인간의 사고와 능력이 결코 삶과 세상의 본질을 이해할 수 없다는 허무주의적 사고만이 남는다. 따라서 시적 자아와 시적 세계가 조화로운 관계를 형성하는 고전주의 및 낭만주의 시와는 달리, 고트프리트 벤의 현대시에서는 시적 자아와 시적 세계가 갈등관계를 극복하지 못한다.

현대시 "오직 두 가지뿐"에 나타나는 허무주의적 인식은 그 자체로서 종결되는 것이 아니라 허무주의의 극복과 새로운 시작을 위한 과도기적 단계를 의미한다. 따라서 고전주의 시가 이성을 통해 조화로운 현실을 추구하고 낭만주의 시가 이상과 동경의 세계에서 위로와 구원을 발견한다면, 현대시는 대상의 직시와 언어가 지니는 인식의 힘을 통해 삶과 존재의 문제를 극복하고자 한다.

현대시 "오직 두 가지뿐"에 나타나는 시간 개념은 낭만주의의 그것과 동일한 순환적, 동시적, 비역사적 시간성이다. 그렇지만 낭만주의의 시간성에서는 현실 부정과 이상향에 대한 동경, 즉 감정의 힘만이 존재하지만, 고트프리트 벤의 시에서는 순환적 시간성에 주관과 인식의 힘이 개입함으로써 고전주의의 직선적 시간관에 내재하는 개혁의 의지가 존재한다.

2. 다양한 종류의 현대시

현대시는 대상과 표현 양식의 다양성으로 인해 고전주의와 낭만주의처럼 각각의 사조를 대변하는 특정한 경향이나 특정한 시간성을 갖지는 않는다. 고트프리트 벤의 시 "오직 두 가지뿐"에서는 시간성의 이해가 작품의 이해에 도움이 되었지만, 다른 현대시에서는 그렇지 않은 경우도 허다하다. 현대시는 과학 기술, 기계 문명, 산업, 자본, 이념, 인간 소외 등의 다양한 소재와 문제의식으로 인해 오히려 보편적 경향에서 벗어나 개별 작품 하나하나가 나름의 개성과 특수성을 지닌다고 봐야 할 것이다. 여기에서는 특수한 시대적 상황으로 인해 나타나는 현대시 몇 편을 소개하고자 한다.

(1) schtzngrmm

schtzngrmm

t-t-t-t

t-t-t-t

grrrmmmmm

t-t-t-t

s-------c-------h

tzngrmm

tzngrmm

tzgrmm

grrmmmmm

schtzn

schtzn

t-t-t-t

t-t-t-t

schtzngrmm

schtzngrmm

tsssssssssssssssssss

grrt

grrrrrt

grrrrrrrrt

scht

scht

t–t–t–t–t–t–t–t–t–t

scht

tzngrmm

tzngrmm

t–t–t–t–t–t–t–t–t–t

scht

scht

scht

scht

scht

grrrrrrrrrrrrrrrrrrrrrrrrrrrrrrrr

t–tt

위의 시를 소리 나는 대로 읽어보기 바란다. 시 자체는 언어의 예술
이지만, 이 시는 언어의 특성보다는 활자의 음가만을 이용하여 청각
에 호소하고 있다. 시를 소리 내어 읽어보았다면 전쟁이나 전투의 상
황이 떠오를 것이다. 이 시는 전후의 독일 시인 에른스트 얀들(Ernst
Jandl, 1925–2000)의 "참호(Schützengraben)"라는 제목을 가진 시이

다. 이 시는 기본적으로 문학의 수단인 언어를 (또는 활자를) 이용하고 있지만 본질적으로는 청각, 즉 음악적인 요소를 차용하고 있다. 이는 예술의 경계가 사라지거나 더 이상 큰 의미가 없음을 보여주는 사례이다. 이 시는 시에 대한 인식의 틀을 벗어남으로써 최선의 방법으로 메시지를 전달한다. 이로써 예술의 영역과 인식의 영역은 점점 더 확장된다.

(2)   WORTE

        WORTE

        WORTE

        WORTE

        WORTE

        WORTE

        WORTE

        WORTE

        WORTE

        WORTE

        WORTE

        WORTE

        WORTE

        WORTE

DU   WORTE   ICH

(3)   WORTE WORTE WORTE

WORTE WORTE WORTE WORTE

WORTE   WORTE

WORTE   WORTE

WORTE   WORTE

DU   WORTE   WORTE   ICH

　(2)번과 (3)번 시에 사용된 세 가지 단어는 독일어로서 'DU'는 '너', 'WORTE'는 '단어들, 말들', 'ICH'는 '나'를 뜻한다. 시의 작가는 알려지지 않고 있다. 시를 살펴보면 소통 도구로서의 말이 장벽처럼 쌓여 있다. 현대인의 상호 단절 내지는 의사소통 가능성에 대한 질문을 그려내는 듯하다. 두 시는 기본적으로는 문자를 사용함으로써 문학의 형태를 취하고 있지만, 근본적으로는 그림, 즉 회화적 특성을 보여준다. 결국 (1)번 시에서와 마찬가지로 여기에서도 예술적 경계의 모호함 및 예술 영역과 인식 영역의 확대가 감지될 수 있다.

　지금까지 살펴본 현대시에서는, 문학이 언어 예술에 그치는 것이 아니라 음악적 특성 및 미술적 특성까지 묘사함으로써 그 표현 영역과 표현 양식이 확장되었음을 보여준다. 결론적으로 현대시에서는 시대와 대상의 특수성을 이해하고 비판하는 인식의 힘이 예술의 형식과 내용을 규정하고 변화시킨다. 표현 대상과 형식의 확대에 따르는 이해와 해석은 독자 고유의 몫이다. 중요한 점은 독단적 해석이 아니라 다양한 사고를 통해 논리적이고 창의적인 해석 능력과 비판 능력을 소유하는 것이다. 이 경우 소통의 즐거움, 즉 예술적 체험과 미학적 사유의 즐거움은 배가 될 것이다.

3. 마무리하며

앞 장과 이번 장에서는 문학 예술의 한 장르인 시의 분석을 통해 서양 예술사의 미학적 흐름에 대해 알아보았다. 시의 경우에 있어서는 소설이나 기타 산문에 비해 독자들의 호불호가 분명한 편인데, 굳이 시를 통해 예술사의 변화 과정을 알아본 것은 그 형태적, 내용적 특징으로 인해 비교 분석이 용이했기 때문이다. 다음으로는 문학의 다른 장르인 소설과 희곡을 다루면서 해당 작품의 철학적, 미학적 사고들에 대해 알아보도록 하자. 지금까지 살펴본 미학적 사유와 특성들이, 이후 예술 작품의 감상에 있어서 조금이나마 흥미와 즐거움을 유발시키는 요소들이 되었으면 하는 바람이다.

5 『시지포스의 신화』에 나타나는 실존주의
영화 「반칙왕」에 나타나는 실존의 형태

> 우리는 행복한 시지포스를 상상해야 한다. 시지
> 포스는 도전과 자유, 열정이라는 무기를 가지고
> 다시 삶 앞에 선 부조리의 인간과 다름없다.

실존주의(實存主義)는 철학의 역사에서 가장 실천적인 경향을 지니는 철학 사조이다. 기존의 철학사가 인식, 진리, 본질 등의 추상적 개념추구로 인해 사색적, 관념적 성격을 띠는 반면, 실존주의는 인간 자체의 상황과 존재 방식에 대해 화두를 던지고 구체적으로 논의함으로써 인간이 현실적으로 행동해야 할 방향과 지침을 제시한다. 실존주의에서 실존이란 인간 존재를 뜻하는데, 이는 기존의 철학이 다루던 본질적, 근원적, 개념적 존재로서의 인간이 아니라 현실 세계로 던져져 있는 그대로의 육체적이고 사회적인 개별 인간을 의미한다.

이번 장에서는 실존주의적 사고를 구체적으로 묘사하고 있는 카뮈의 작품『시지포스의 신화(Le Mythe de Sisyphe)』에 대해 살펴보고, 이를 바탕으로 영화「반칙왕」에 나타나는 평범한 개인의 실존에 관해 논의해보자. 나아가 실존주의를 대변하는 철학자 사르트르의 사고에 대해 알아봄으로써 실존주의에 대한 구체적 정의를 내려보자.

1. 영화 「반칙왕」

실존주의 및 영화 「반칙왕」에 나타나는 실존의 형태를 논의하기 전에 여기에서는 우선 영화와 영화의 줄거리에 관해 알아보자.

2000년에 제작된 영화 「반칙왕」은 김지운 감독의 작품으로서 평범한 샐러리맨의 일탈 과정을 유쾌하게 그려낸다. 주연을 맡은 송강호는 두말 할 것 없이 명불허전의 연기를 보여주며, 당시 신인 배우로 이름을 알리기 시작한 김수로 역시 혼신의 힘을 다해 프로레슬러의 역할을 훌륭하게 소화한다. 레슬링 도장 관장의 딸이자 송강호의 사범 역할을 맡은 작고한 장진영도 때로는 거칠고 열정적으로 때로는 섬세하고 여성스럽게 호흡함으로써 영화의 완급 조절에 커다란 역할을 한다. 이러한 배우들의 호연과 김지운 감독 특유의 코미디 감각에 힘입어 영화는 유쾌하지만 진정성 있는 울림을 선사한다.

허구한 날 지각을 하며 실적도 저조한 은행 대리 임대호는 하루하루를 소심하고 무기력하게 살아간다. 지각의 대가는 부지점장의 헤드락으로 돌아오지만 도무지 빠져나갈 방법 없이 고스란히 고통을 감수해야 한다. 퇴근 후에 술이나 먹고 집에서 빈둥거리는 임 대리는 아버지에게도 구박받기 일쑤이다.

어느 날 우연히 걸음을 멈추게 된 그의 눈앞에는 "장칠삼 푸로레슬링"이라고 적힌 간판이 보인다. 무엇에 홀리듯 용기 내어 들어간 그는 관원 신청을 해보지만, 도장의 장 관장은 아무나 들어오는 곳이 아니라며 거절한다. 집으로 가는 길에 임 대리는 불량 청소년들에게 봉변을 당하는 학생을 구해주려다가 오히려 기세에 눌려 겁을 먹고 쫓기는 신세가 되고 만다. 그날 밤 꿈속에서 임 대리는 레슬링 고수가 되어 짝사랑하는 여자 동료 앞에서 상대를 멋지게 제압하지만 결국에는 부지점장의 헤드락 공격을 당하는 악몽으로 끝난다.

얼마 후 장 관장은 몇 달 후에 있을 빅매치의 주인공 유비호와 상대할 악역 레슬러를 만들어달라는 부탁을 받고, 이를 위해 임 대리의 입관을 허락한다. 다소 철없는 행동과 장난스런 자세로 연습에 임하던 임 대리는 데뷔전을 치르게 된다. 링에 오르자 임 대리는 이상하게도 묘한 희열을 느끼며 열정적으로 경기에 임한다. 과도한 흥분으로 인한 작은 사고가 있었지만 경기는 결국 임 대리가 승리하며 무사히 끝난다.

꾸준히 연습을 계속하던 어느 날, 임 대리는 술에 취해 들어온 장 관장을 재우려 열쇠를 찾던 중 서랍에서 마스크 하나를 발견한다. 어린 시절 열광적인 팬이었던 울트라 타이거 마스크가 장 관장이었음을 알게 되자 미묘한 감정에 빠진다.

친구이자 회사 동료인 두식이 지속적인 부지점장의 부당한 대출 요구를 면전에서 거부하고 회사를 나간 날, 임 대리는 회식 자리에서 소동을 일으키고 결국 부지점장의 헤드락에 의해 제압당하고 만다. 그 자리에서 나온 임 대리는 도장을 찾고, 우연히 사범인 민영과 헤드락과 백드랍 연습을 하게 된다. 배웅하는 민영은 버스 정류장에서 왜 레슬링을 배우냐고 묻는다. 임 대리는 대답한다. 처음으로 시합하던 날 링에서 너무 즐겁고 신이 났다고, 여기서는 내가 최고라는 생각이 들었다고.

이후 임 대리는 연습에 매진하고 마침내 결전의 날이 온다. 임 대리는 고이 간직하던 장 관장의 타이거 마스크를 쓰고 경기에 임한다. 악역의 역할을 충실히 수행하며 열심히 싸우다가 패배하는 것이 짜여진 각본이었지만, 시합에 열중한 나머지 임 대리는 감정을 추스르지 못하고 경기는 실제 상황으로 돌변하게 된다. 유비호와 임 대리 모두 투혼을 불사르며 시합하던 중 임 대리의 타이거 마스크는 유비호에 의해 찢겨져 얼굴이 드러나게 되고, 이후 경기는 숨 막히는 혈전으로 돌입한다. 모두의 예상과 달리 임 대리는 혼신의 힘을 다해 경기를 치르고 상대방 선수와 함께 기절한다.

임 대리가 누워 있는 병실에는 당당한 모습의 레슬러 임대호의 포스터가 붙어 있고, 장 관장은 시합 도중 찢어진 타이거 마스크를 잠든 임 대리 곁에 두고 간다. 눈을 뜬 임 대리는 찢어진 마스크를 물끄러미 쳐다본다.

햇살이 비치는 어느 날 아침, 임 대리는 여느 때와 같이 은행으로 출근한다.

2. 『시지포스의 신화』

알베르 카뮈(Albert Camus, 1913-1960)는 『이방인(L'Étranger)』, 『페스트(La Peste)』를 쓴 프랑스의 작가이자 『시지포스의 신화』와 같은 철학적 에세이를 남긴 사상가이기도 하다. 그는 실존의 자각에 대한 전제조건으로 '부조리(不條理)'에 대한 사유를 펼쳐 보이는데, 『이방인』은 이러한 사고의 구체적 형상화이고, 『시지포스의 신화』는 이론적 체계화로 볼 수 있다. 1957년 그는 노벨문학상 수상 소감에서 "작가의 의무는 진실과 자유에 대한 봉사이다"라고 말했다. 스스로가 실존주의자로 불리는 것을 거부했지만, 그의 수상 소감 자체도 인도적이고 실존주의적이다.

이제 실존주의의 이론적 체계화로 볼 수 있는 『시지포스의 신화』에 대해 알아보도록 하자.

(1) 부조리와 자살

부조리는 불합리한 세계와 명료함을 추구하는 인간적 본능의 대치 상태에서 생긴다. 어느 날 갑자기 인간은 항상 같은 리듬의 의미 없는 삶에 대해 싫증을 느끼게 된다: 일어나고, 먹고, 일하고, 자고, 월요일, 화요일, 수요일……. 싫증은 기계적인 삶의 끝이자 동시에 자각의 시작이다. 내 존재의 확신과 확신의 내용 사이에는 심한 균열이 생기고 극복할 수 없는 난관으로 다가온다. 그렇지만 이미 깨어난 의식은 판단하고 결정을 내려야 한다. 방법은 두 가지이다. 자살 또는 반항. 자살은 문제의 해결인 동시에 문제의 도피이다. 죽음과 함께 부조리는 단지 사라질 뿐이다. 이런 이유에서 카뮈는 셰스토프(Lev Isaakovich Shestov)와 키르케고르(Søren Aabye Kierkegaard)에 동의하지 않는다. 그들은 문제의 해결책을 비합리성, 영원성, 신의 영역에서 발견한다. 이는 모든 것이 비합리적인 것의 희생양이 되며, 부조리는 납득할 만한 이유 없이 단순히 사라짐을 의미한다. 여기에는 어떤 논리적 확신성도 없으며 경험으로 습득된 어떤 개연성도 존재하지 않는다. 부조리는 본질적으로 오직 인간의 우주에만 존재하는 것이다. 카뮈는 인간적 명료함에 근거하고자 하며 이해할 수 없는 것에 확신을 두지 않고자 한다.

(2) 부조리한 상황에서의 삶 : 반항, 자유, 열정

죽음을 거부한다면 남은 것은 부조리한 세상에서 사는 일이다. 즉 삶은 부조리를 살게 하는 것이 된다. 부조리를 살게 하는 것은 그의 눈을 직시하는 것을 의미한다. 이는 삶의 어둠과 공포에 대한 반항이다. **반항**은 내가 지속적으로 나 자신에게 상주하는 실천적 행위이며, 이를 통해 현실의 비인간성은 인간의 위대함으로 변모한다. 부조리를 살게 한 부조리의 인간은 의식적 반항 속에서 날마다 자신의 유일한 진리가 도전임을 확인하며 살아간다.

자유에 대한 논의를 해보자. 부조리의 인간은 죽음을 인식하는 동시에 내일도 없음을 안다. 이것은 **자유**의 가장 심오한 근거이다. 고대의 노예들은 구속받는 존재였지만, 책임감을 느낄 필요가 없다는 생각에서 그들의 자유에 대한 본질을 알고 있었다. 마찬가지 이유로, 죽음은 우리를 섬멸하지만 동시에 우리를 자유롭게 한다. 죽음으로 인해 우리는 영원한 책임도 없으며 영원한 내일도 없기 때문이다. 따라서 내일의 부재는 행동의 자유를 확장시키며, 미래에 기대지 않는 창의적, 인간적 의존성이 된다. 결국 죽음과 부조리는 인간의 심장이 경험하는 유일한 자유의 원칙이다.

이제 의식에 의해 다시 돌아온 우리의 삶은 미래와 상관없이 주어진 모든 것을 아낌없이 소진하려는 **열정**적인 요구와 다름없다. 비인간적인 것을 두려워하던 의식의 부조리에 대한 사고는 그 길의 끝에서 인간 심연에 존재하는 가장 열정적 반항의 길로 되돌아간다. 이로써 카뮈는 삶과 세상의 '부조리'에서 세 가지 결론, 즉 반항, 자유, 열정을 이끌어낸다. 이로써 자살은 거부되었다.

(3) 행복한 시지포스

우리는 시지포스가 커다란 바위를 산꼭대기로 밀어 올리는 영원한 형벌을 받고 있음을 알고 있다. 그렇지만 카뮈가 주목하는 것은 굴러 떨어진 바위로 다시 돌아가는 시지포스의 귀로(歸路)이다. 시지포스가 바위로 돌아가는 시간은 의식의 시간이다. 그는 신들에게 반항하며 주어진 운명을 거부하고 이겨냈기 때문에 그의 의식은 그의 바위보다 강하다. 무시하고 경멸함으로써 극복되지 않는 운명은 존재하지 않는다. 시지포스는, 모든 인간적인 문제는 운명이 아니라 오로지 인간적인 근원에 기인함을 확신한다. 바로 여기에 시지포스의 비밀스런 즐거움이 있다. 그의 운명은 그의 것이며 그의 바위도 그의 것이다. 그는 모든 것이 괜찮다고 생각한다. 따라서 우리는 행복한 시지포스를 상상해야 한다. 시지포스는 도전과 자유, 열정이라는 무기를 가지고 다시 삶 앞에 선 부조리의 인간과 다름없다.

3. 영화「반칙왕」에 나타나는 실존의 형태

영화「반칙왕」은『시지포스의 신화』의 시각적 구현이라고 할 수 있을 정도로 부조리한 세상을 살아가는 한 개인의 실존을 그려내고 있다. 주인공인 임 대리는 매일 매일 출근하는 직장에서 아무런 의미도 발견하지 못한다. 지각하기 일쑤이며 실적도 거의 없다는 사실이

이를 증명한다. 게다가 상사에게 헤드락을 당하기도 하며 짝사랑하는 여직원은 그를 거들떠보지도 않고 아버지와 이야기하는 것도 멋쩍기만 하다. 그렇지만 임 대리는 그런 삶에 길들여져 있을 뿐, 부조리한 세상을 부조리한 것으로 인식하지는 않는다.

'실존(實存)'이란 '지금 이 순간에 여기에 있음'을 뜻하는 철학 용어이다. 그에 반해 '본질(本質)'은 '존재의 이유와 특성'을 의미한다. 이와 관련하여 사르트르는 "실존은 본질에 앞선다"고 말한다. 즉 인간은 근본적으로 어떤 본성이 주어진 존재가 아니다. 단지 세상에 던져져 있을 뿐 주체를 확립하고 자신의 의미와 가치를 부여하는 일, 즉 실존에 본질을 부여하는 일은 오로지 주관적, 후천적 행위이며 신의 영역도 운명의 영역도 아닌 개개인 자신의 몫이다. 지금 임 대리는 '실존'할 뿐이다. 단지 세상에 던져졌기 때문에 그 자리에 있을 뿐이다. 그렇지만 카뮈의 말처럼 그에게도 자각과 선택과 판단의 순간이 온다. 어렸을 때 레슬링에 열광하던 임 대리는 우연히 레슬링 도장 앞에 서게 된다. 선택과 판단의 순간이 온 것이다. 선택은 **반항**이며 반항에는 용기가 필요하다. 반항이냐, 죽음과 같은 삶이냐의 기로에서 임 대리는 용기를 내고 결국 관원이 된다. 진지하게 임하지는 않았을지라도 레슬링에 조금씩 흥미를 느낄 즈음, 임 대리는 데뷔전을 치르게 되고 링 안에서 자신의 존재 가치를 발견하기 시작한다. 흥분되고 신나고 즐거우며, 최고이고 싶은 열정이 링에서 생긴 것이다. 현실에는 소소한 변화가 생긴다. 헤드락을 거는 부지점장을 간지럼 태워 빠져나오기도 하고, 불량 청소년들을 제압하기도 한다. 그렇지만 여전히 친구의 부당한 사퇴를 지켜봐야만 하고 회식 자리에서 소동을 피우고 제지당하는 존재일 뿐이다. 출퇴근과 레슬링 연습을 동반한 같은 듯 다른 날들이 지나고 어느덧 빅매치가 열리는 결전의 날이 온다. 짜여진 각본대로 반칙이 난무하며 흥미롭게 진행되던 경기는, 링에서만큼은 최고이고 싶은 임 대리의 진심에 의해 처절한 혈투로 변한다. 링 위에서 모든 것을 소진한 임 대리의 **열정적인** 도전은 상대 선수와 함께 혼절함으로써 종료된다.

영화의 마지막은 임 대리가 몸을 회복한 후 여느 때와 다름없이 출근하는 장면이다. 그렇지만 달라진 것은 직장으로 향하는 임 대리의 당당한 발걸음이다. 영화는 오로지 임 대리의 발걸음만을 클로즈업하며 끝이 난다. 이제 임 대리에게 있어 현실은 링 위의 세계이다. 시지포스의 귀로와 마찬가지로 임 대리의 발걸음에는 비밀스런 즐거움이 있다. 임 대리는 모든 것이 괜찮다고 생각할 것이며 우리는 행복한 임 대리를 상상할 것이다. 사각의 링은 고단한 삶에 대한 반항이자 열정이며, 자신이 선택한 **자유**였다. 출근길의 임 대리는 반항과 자유, 열정이라는 무기를 가지고 다시 삶 앞에 선 부조리의 인간과 다름없다. 다시 말해 임 대리는 부조리를 그대로 살게 하며, 부조리한 세상을 정면으로 응시하는 부조리의 인간이다. 이제 임 대리의 '실존'에는 '본질'이 부여되어 있다. 실존에 스스로 의미와 가치를 부여하는 행위, 이것이 바로 실존주의가 우리에게 말하고자 하는 핵심이며 실존주의를 실천의 철학, 행동의 철학이라고 부를 수 있는 이유이다.

왼쪽은 카뮈, 오른쪽은 사르트르이다. 카뮈는 대학 시절에 연극배우로 활동하기도 했으며, 이름이 알려진 후 그의 지성뿐만 아니라 빼어난 외모 때문에 젊은이들에게도 인기가 많았다. 사르트르는 사시 증세가 있었고 키가 작았으며 외모가 평이했음에도 불구하고, 뛰어난 지성으로 인해 프랑스 여인들의 연인으로 사랑받았다.

4. 사르트르의 실존주의

장 폴 사르트르(Jean-Paul Sartre, 1905-1980)는 실질적으로 실존주의를 대표하는 프랑스의 작가이자 철학자이다. 그는 제2차 세계대전이 발발하자 프랑스군에 입대하여 참전하며 1년간 독일군의 포로 생활을 겪기도 한다. 이러한 경험은 그의 관심사를 아카데믹한 철학에서 인간 존재에 대한 직접적 질문으로 바꿔놓는다. 그의 저서 『존재와 무(L'Être et le Néant)』는 인간 존재에 대한 사유의 산물로서 당시의 독자들을 열광시킨다. 사르트르의 실존주의를 대변하는 표현은 다음의 두 문장일 것이다: "실존은 본질에 선행한다.", "인간은 자유를 선고받았다." 이미 언급한 것처럼 실존은 그저 세상에 던져진 존재, 즉 어떤 근원적 특성도 주어지지 않은 무(無)의 존재이다. 따라서 실존이 본질에 선행함은 인간 스스로 자신의 본질을 창조해야 함을 의미한다. 이런 맥락에서 인간은 또한 자유를 선고받았다. 왜냐하면 '실존'의 상태에서는 보편적인 도덕이나 행동의 지침이 존재하지 않으며 스스로 모든 것을 선택하고 결정해야 하기 때문이다. 이는 인간이 자유를 통해 세상에서 자신의 본질을 형상화함을 의미한다. 즉 자유는 곧 인간 자체이다. 그렇지만 완전한 자유는 때로는 불안과 소외의 존재로, 때로는 세상의 이방인 같은 존재로 만들기도 한다. 따라서 주체성과 책임감, 실천과 행동에 대한 의지는 완전한 자유에 구속되지 않기 위한 전제조건이 된다. 결론적으로 인간은 주체적인 선택과 책임감 있는 행동으로써 온전한 자유를 경험하며, 인간은 자유로 인해 '실존'에 '본질'을 부여할 수 있다.

실존주의란 부조리한 세상에서 인간이 삶의 주체로서 스스로를 창조하는 능동적 사고이다. 결국 실존주의는 인간 스스로를 사랑하는 또다른 긍정의 방식이다: "실존주의는 휴머니즘이다."(사르트르)

6 현대 드라마와 부정 변증법
개방극으로서의 희곡 『보이첵』과 부정 변증법

개방극과 부정 변증법은 인식의 측면에서는 '개별성과 특수성 모두 그 자체로서 고유의 의미가 있다'라는 사유에, 존재의 측면에서는 '소외되고 결핍된 자 모두가 존중받을 가치와 권리가 있다'라는 사유에 그 공통점이 있다.

일반적으로 시는 영혼, 소설은 육체, 드라마는 정신을 대변한다고 한다. 이는 드라마가 시대상과 시대의 가치, 시대의 요구를 잘 반영하는 문학 장르임을 의미한다. 여기에서 드라마는 TV 대본이나 영화의 시나리오가 아닌 고전적 의미의 드라마, 즉 연극 상영을 전제로 하는 대본인 희곡을 뜻한다. 우리의 대표적인 고전 문학 장르는 시, 현대 문학 장르는 소설이라고 할 수 있다. 과거에도 그러했지만 우리에게 드라마는 여전히 생소하고 쉽게 접할 수 없는 문학 장르이다. 그러나 서양에서 드라마는 고대 문학을 대변하는 장르이며, 시나 소설과 달리 드라마의 영역에서는 과거부터 현재에 이르기까지 형식적이고 내용적인 측면 모두에서 다양한 실험적 시도가 이루어지고 있다. 드라마의 본질은 시대상과 시대정신의 직접적인 표출에 있다. 학교나 기업 등의 동아리 활동을 통한 연극의 활성화는 시민 의식 및 현실 참여 의식의 증대와 무관하지 않다. 다시 말해 드라마에 대한 관심은 우리가 사는 세상에 대한 관심이며 나와 이웃에 대한 공감과 연민이다. 이런 맥락에서 다양한 가치와 문화를 공유하며 현대를 살아가는 우리가 드라마에 대한 이해의 기회를 갖는 것은 시의적절하다고 여겨진다.

고대에서 현대에 이르기까지 드라마는 아주 오랜 시간 동안 아리스토텔레스적 드라마 이론을 충실히 지켜왔다. 아리스토텔레스적 드라마는 아리스토텔레스(Aristoteles)의 저서 『시학(Poetik)』에 이론적 근거를 두며, 드라마의 원칙은 시간, 공간, 줄거리의 일치이며 감정의 순화에 주 목적이 있다. 삼일치의 원칙에 의해 드라마는 완결된 구조를 갖게 되는데, 현대에는 이를 폐쇄극의 특징으로 규정한다. 고전적 드라마 형식의 폐쇄극은 현대에 이르러 시간, 공간, 줄거리의 일치를 따르지 않는 개방극의 형태로 전환되는데, 이는 폐쇄극의 특징이 더 이상 시대의 특수성과 가치를 반영할 수 없기 때문이다. 독일 작가 뷔히너의 드라마 『보이첵(Woyzeck)』은 개방극의 시초 또는 개방극을 대변하는 작품이다. 이번 장에서는 현대 드라마의 주류인 개방극의 특징과 드라마 『보이첵』에 대해 살펴보자. 나아가 현대 사회를 규명하는 아도르노의 철학적 원리인 부정 변증법과 개방극 사이에는 어떤 공통점이 존재하는지에 대해서도 알아보자.

1. 드라마 『보이첵』

드라마 『보이첵』과 개방극의 특성을 알아보기 전에 우선 여기에서는 『보이첵』의 줄거리를 살펴보도록 하자. 그렇지만 이 드라마는 전통적인 막과 장이 아니라 개별 장면(scene)만으로 구성되어 있고 그 순서도 큰 의미가 없기 때문에, 줄거리의 소개라고 말하기에는 조금 무리가 있다. 보다 정확한 표현으로, 개별 장면의 내용을 살펴보기로 하자.

[멀리 도시가 보이는 들판] 사병인 보이첵과 안드레스는 덤불 속에서 나무를 자르고 있다. 보이첵은 비밀결사 단원들이 왔다고 조용하라고 말하기도 하고, 하늘이 밝아지며 나팔소리가 들려온다고 말하기도 한다.

[아이를 안고 창가에 있는 마리, 마그레트] 마리는 사생아인 그녀의 아이를 안고 창가에 서 있다. 귀영 신호를 알리는 군인들이 고수장을 앞세우고 지나간다. 마리와 마그레트는 고수장의 남자다움에 눈길이 간다. 보이첵은 마리에게 땅에서 연기 같은 것이 솟아오르고 자기를 따라온다고 말한 후 부대로 간다.

[광장, 노점, 램프] 가설극장 앞에서 바람잡이 한 명이, 사람 복장을 하고 칼을 찬 원숭이, 노래하는 카나리아와 재주 많은 말을 소개하면서 이들이 이성적 동물이라고 추켜세운다. 이에 보이첵과 마리는 흥미를 가진다.

[하사관과 고수장] 하사관과 고수장은 가설극장 앞의 마리를 지켜보며 눈독을 들인다.

[가설극장 안] 진행자는 옷 입은 말이 움직일 때마다 동물적 이성을 들먹이며 탈바꿈한 인간이라고 떠벌린다.

[방] 마리는 아이를 안고 깨진 거울조각에 비친 자신의 붉은 입술

을 보며 자신의 신세를 한탄한다. 보이첵이 들어와서 잠자는 아이를 보며 마리에게 급료를 건넨 후 다시 근무하러 나간다.

[대위와 보이첵] 보이첵은 의자에 앉아 있는 대위를 면도해준다. 대화 도중 보이첵이 어리석다고 느끼는 대위는 그에게 착하지만 도덕이 없다고 말한다. 이에 보이첵은 도덕이 좋다는 것은 알고 있지만, 자신은 도덕을 가질 만큼 생활이 넉넉하지 못하다고 말한다.

[방] 마리와 고수장이 대화하면서 서로의 마음을 떠본다.

[골목에서] 보이첵은 마리를 바라보며 그녀의 불륜을 의심한다.

[의사의 집] 의사는 보이첵에게 수당을 지불하고 임상실험을 하고 있는 중이다. 보이첵은 완두콩을 먹고 정해진 횟수만큼만 소변을 봐야 한다. 길에서 소변보는 모습을 본 의사는, 자유의지가 있는 인간이 소변 하나 조절할 수 없느냐며 보이첵을 나무란다. 이에 보이첵이 본능적인 것이라고 말하자, 의사는 발끈하여 화를 내지만 이내 화는 건강에 좋지 않으며 화는 학문적인 행위가 아니라고 하면서 자신을 진정시킨다.

[거리] 숨을 헐떡이며 거리에 멈춰선 대위와 급하게 뛰어가는 의사가 마주치자, 서로의 건강을 위하는 척하며 서로의 외모와 행동을 비아냥거린다. 보이첵이 거리에 나타나자 대위는 비꼬는 듯 마리의 불륜 사실을 이야기해준다. 이에 보이첵은 절망하며 사라진다.

[초소] 안드레스는 날씨가 좋은 일요일이라 많은 여자들이 몰려나와 주점이 넘칠 것이라고 말한다. 이에 보이첵은 주점에서 춤추는 마리를 상상하며 불안해한다.

[주점] 마리와 고수장이 춤추는 장면을 보이첵이 목격한다.

[들판] 보이첵은 마리를 찔러 죽이라는 환청을 계속 듣는다.

[밤] 찌르라는 소리가 계속 들린다고 하면서 침대에 누워 있는 보이첵에게 안드레스는 약을 좀 먹으라고 말한다.

[주점] 고수장과 보이첵은 싸움을 벌이고, 보이첵이 패한다.

[보이첵과 유대인] 보이첵은 유대인 상점 주인에게 칼을 산다.

[마리, 아기, 바보] 마리는 자신의 불륜에 대해 자책한다.

[병영] 보이첵은 자신의 옷과 물품들을 정리한다.

[교수의 집 마당] 강연하는 교수와 학생들 앞에서 의사는 완두콩만 먹고 있는 보이첵을 소개하며 인간이 동물로 변화하는 중간 단계라고 설명한다.

[집 앞에서 소녀들과 마리] 마리와 소녀들에게 할머니가 동화를 들려준다: 옛날에 아빠도 엄마도 사람도 사물도 모두 죽고 아이 혼자 살아남았다. 외로운 아이는 달과 해와 별에게 갔는데, 달은 썩은 나무조각이었고 해는 시든 해바라기였으며 별들은 병든 모기였다. 하는 수 없이 지구로 돌아왔는데 지구는 엎질러진 항아리였고 아이는 그 자리에서 주저앉아 울었다. 아이는 아직도 홀로 거기 앉아 있다.

[마리와 보이첵] 멀리 도시가 보이는 곳에서 보이첵은 마리를 찔러 죽인다.

[사람들이 온대] 두 명의 사람이 으스스한 소리가 난다며 그쪽으로 가보자고 한다.

[주점] 보이첵이 춤추고 노래하며, 사람들은 그의 손에 묻은 피를 발견한다.

[보이첵 홀로] 보이첵은 마리를 죽인 장소에서 칼을 찾는다.

[연못가에 있는 보이첵] 보이첵은 연못 속으로 칼을 던진다.

[아이들] 아이들은 마리 아줌마가 죽었다고 수군거린다.

[법원 직원, 의사, 판사] 법원의 직원은 오랜만에 보는 아름답고 멋진 살인이라고 말한다.

[바보, 아기, 보이첵] 바보 카알은 아이를 안고서 계속해서 "그가 물에 빠졌다"라고 말한다. 보이첵이 쓰다듬자 아이는 피하며 울기 시작하고, 그는 목마를 사주자고 카알에게 말한다. 그리고 "달려라, 달려, 말아!"라고 외친다. 카알도 즐거워 함께 소리치며 아이를 안고 달려 나간다.*

2. 폐쇄극과 개방극

드라마 『보이첵』을 분석하기에 앞서 여기에서는 전통적 드라마의 주류였던 폐쇄극과 현대에 널리 사용되는 드라마 형태인 개방극의 개념에 대해 알아보자.

---

* 뷔히너의 드라마 『보이첵』은 세 가지의 자필 미완성본으로 전해진다. 내용 소개에 사용된 판본은 독일 dtv 출판사의 "게오르크 뷔히너 작품 전집"에 수록된 독서를 위한 편집본이다. 『보이첵』의 한국어 번역본도 출판되어 있으니 관심 있는 독자들은 참고하기 바란다.

　　드라마 『보이첵』은 1979년 독일 감독 베르너 헤르촉(Werner Herzog)에 의해 영화화되었다. 이 영화는 영화화된 「보이첵」 가운데에서도 수작으로 손꼽힌다. 독일 배우 클라우스 킨스키(Klaus Kinski)와 에바 마테스(Eva Mattes)가 보이첵과 마리 역할을 맡아 뛰어난 연기를 보여주었으며 이 작품으로 에바 마테스는 1979년 프랑스 칸 국제 영화제에서 여우조연상을 수상했다. 영화는 1979년 칸 영화제 황금종려상 후보에 올랐으며, 1980년에는 독일 길데-영화제(Gilde-Filmpreis)의 자국 영화 부문에서 은상을 받기도 했다.

아리스토텔레스가 『시학』에서 드라마의 이론을 펼친 후, 이것은 고대에서 근대에 이르기까지 드라마의 기준이자 지침이 된다. 이러한 고전적 드라마는 완결된 구조의 폐쇄적 형식을 취하고 있으며, 폐쇄극은 대체로 다음과 같은 특징을 지닌다:

(1) 개별 장면들은 하나의 큰 주제에 종속되어 절정을 향해 진행되며, 드라마의 전체적인 내용은 일관적, 인과적, 연속적이며, 따라서 완결된 구조를 갖는다. 좀 더 구체적으로 말하자면, 주제와 줄거리는 발단, 전개, 위기, 절정, 결말, 즉 5막의 형태로 전개되는데 이는 드라마의 통일성과 완결성을 추구하기 때문이다.

(2) 아리스토텔레스의 『시학』에 근거하여 시간, 공간, 줄거리의 일치 원칙을 따른다. 원칙적으로 시간은 24시간을 초과할 수 없으며, 장소는 5막 모두 동일해야 하며, 줄거리는 일관성을 가져야 한다. 시간, 공간의 일치 원칙에는 다소 융통성이 있을지라도, 줄거리의 일치는 반드시 지켜져야 한다.

이에 반해 근대와 현대라는 시대적 특성을 반영하면서 열린 결말을 지향하는 개방극은 대체로 다음과 같은 특성을 지닌다:

(1) 외적 줄거리는 발단에서 결말로 이어지는 일관적 전개 과정의 밖에 있다. 구체적으로 말하자면, 중심이 되는 줄거리 없이 개별적 사건들이 독립적으로 일어나며 개별 장면들은 동일한 비중을 갖는다. 따라서 전체적 흐름은 존재하지 않게 된다.

(2) 거의 모든 개별 장면은 독립적 공간과 독립적 시간을 갖는다. 따라서 공간과 시간 또한 고유의 의미를 지니면서 개별 장면의 독립성에 기여한다.

(3) 주인공의 적은 사람이라기보다는 개별 현상으로 가득 찬 사회와 세상이다. 세상은 모든 방향에서 주인공을 압박하고 좌절시켜 절망에 이르게 하며, 사건과 줄거리는 해결책 없이 반복되고 순환된다.

폐쇄극에서는 세상과 사회가 전체적인 줄거리의 진행에 의해 개별 장면에서는 부분적으로 묘사되지만, 개방극에서는 개별 장면에서 세상과 사회가 전체적으로 묘사된다. 다시 말해 개별 장면 자체가 완결된 주제와 구조를 갖는다. 개별 장면의 완결성, 즉 경험적 총체성 추구 결과로서 장면의 독립성은 거의 모든 개방극의 특징이다.

지금까지 알아본 지식을 바탕으로 다음에서는 드라마『보이첵』에 나타나는 개방극의 요소들을 살펴보고, 나아가 개방극 자체가 등장하게 된 근본적 원인에 대해서도 생각해보자.

3. 개방극으로서의 희곡『보이첵』

드라마『보이첵』의 특징을 보다 잘 이해하기 위하여 우선 작가 게오르크 뷔히너(Georg Büchner, 1813-1837)에 대해 잠시 알아보자. 뷔히너는 독일 헤센 주 출생으로 아버지는 의사였으며, 18세에 프랑스 스트라스부르 대학 의학부에 등록한다. 여기에서 그의 약혼녀와 독일 및 프랑스의 혁명지사들을 알게 된다. 대학에서의 학업은 자국에서 마쳐야 한다는 헤센공국의 법에 따라 21세에 고향으로 돌아온 그는 억압과 착취에 시달리는 헤센 민중을 위해 인권협회를 조직하고, 민중의 봉기를 호소하는 열정적 선동문인 "헤센 급전(急傳)"을 작성하여 배포한다. 이로 인해 쫓기는 몸이 된 뷔히너는 이듬해에 스트라스부르크로 도주하여 비교해부학과 철학 공부를 계속 한다. 23세에 "물고기의 신경조직에 관하여(Mémoire sur le système nerveux du barbeaux)"라는 논문으로 취리히 대학에서 박사학위를 받고 그곳에서 강의를 시작한다. 그는 자신의 모든 작품을 22세와 23세에 저술했으며 마지막 작품인 『보이첵』은 미완성본으로 남아 있다. 24세에 장티푸스로 사망한다. 요절한 천재 작가인 뷔히너는 서사극의 창시자인 브레히트에게 지대한 영향을 미쳤고, 그를 기념하는 "뷔히너 문학상"은 독일어권 국가들에서 최고의 권위를 자랑하며, 막스 프리쉬(Max Frisch)와 노벨문학상 수상자인 하인리히 뵐(Heinrich Böll) 등이 이 상을 수상했다.

뷔히너의 생애에서 알 수 있듯이 주인공 보이첵이 가난과 착취에 시달리는 모습에는, 당시 독일 군주들의 전제정치에 의해 철저히 억압된 개인의 자유와 민중의 피폐한 생활상이 그대로 반영되고 있다. 이러한 사실을 바탕으로 개방극으로서의 드라마 『보이첵』에 대해 알아보자. 눈여겨봐야 할 점은 줄거리, 시간, 공간의 달라진 기능과 역할이다.

(1) 줄거리

드라마 『보이첵』에서 연속적인 사건은 마리의 불륜과 살해 과정이다. 하지만 이것은 주제도 주도적인 줄거리도 아니며, 여기에는 고전적 드라마에 나타나는 갈등의 해소 과정도 없다. 주제가 줄거리 전체에 걸쳐 나타나는 것이 아니라 개별 장면이 독립된 주제를 지닌다. 이것은 개방극이 갖는 대표적인 특성이다. 가설극장 장면은 신분사회, 지식사회, 문명사회의 허구성을 주제로 하며, 대위와 보이첵의 면도 장면은 도덕의 무의미함을, 의사가 등장하는 장면은 인간의 도구화를, 할머니의 동화는 인간 존재의 비극성과 인간의 거처 없음을 각각 주제로 삼고 있다.

개방극의 대표적 특징인 개별 장면의 독립성에 대해 좀 더 자세히 알아보자. 이 드라마는 막과 장의 구분이 없이 장(장면, scene)만이 존재한다. 막의 기능은 줄거리의 전개와 발전이며(5막: 발단, 전개, 위기, 절정, 결말), 막이 없다는 것은 줄거리가 없다는 사실을 의미한다. 『보이첵』의 근본적 구성 요소는 막이 아니라 개별 장면이다. 따라서 주제를 전개하고 발전시키는 중심 줄거리가 없기 때문에 드라마 자체는 불연속적이고 단편적이다. 그렇지만 개별 장면들은 가상적인 구심점, 예를 들어 세상, 사회, 계층, 가치, 도덕 등을 선회하기 때문에 스스로 자율성을 가진다. 결국 이러한 사실은 개별 장면들이 서로 교체되거나 이동될 수 있음을 의미한다. 뷔히너 자신도 장면만을 고려했을 뿐 시간적 배열은 고려하지 않았다고 한다.

개별 장면들의 독립성과 자율성으로 인해 『보이첵』에서는 이동 가능한 장면들, 다시 말해 극의 어느 곳에 위치해도 아무 상관없는 장면들이 많이 존재한다. 다음은 주제의 독립성으로 인해 교체 또는 이동될 수 있는 대표적인 장면들이다: [멀리 도시가 보이는 들판] / [대위와 보이첵] / [의사의 집] / [교수의 집 마당] / [집 앞에서 소녀들과 마리] / [바보, 아기, 보이첵]

줄거리의 측면에서, 정확하게 말하자면 내용적인 측면에서 개방극 『보이첵』의 특징은, 주인공이 신분과 사회의 강압적인 힘 앞에서 무기력하며 어떤 대응도 할 수 없다는 점이다. 즉 개별 장면들은 삶과 세상의 모순을 그대로 드러낼 뿐 여기에 의도적인 화해와 해결의 시도는 없다. 바로 이 부분이, 문제의 인위적 해결을 통해 감정의 순화를 이끌어내는 고전적 폐쇄극과는 가장 다른 점이다. 결론적으로 개별 장면의 독립성과 자율성을 특징으로 하는 개방극이 필연적으로 등장할 수밖에 없었던 이유는, 개방극의 형식을 통해 삶의 모순과 사회의 불합리성을 온전히 드러낼 수 있기 때문이며, 이로써 관객의 각성과 인식, 변화에 대한 의지를 유도할 수 있기 때문이다. 이러한 기능은 기존의 폐쇄극에서는 거의 불가능하다.

(2) 시간

위에서 알아본 것처럼 개방극에서 줄거리의 불일치는 시간과 공간의 통일성이라는 원칙 또한 무용지물로 만든다. 드라마『보이첵』을 비롯한 개방극에서는 인과적, 연속적 줄거리가 없기 때문에 시간의 통일성도 있을 수 없다. 왜냐하면 인과성과 연속성이 없는 개별 장면들의 시간적 거리를 추론할 수도 없거니와, 이것이 문제시되지도 않기 때문이다. 결국 전체적인 시간의 흐름을 추론할 수 없으므로 매 장면은 모두 순수한 현재가 된다. 이는 현실의 관객 또한 매 순간 인식과 긴장의 상태를 유지하게 됨을 의미한다.

(3) 공간

개방극『보이첵』에서는 시간의 통일성이 존재하지 않으므로 공간의 통일성도 존재하지 않는다. 이는 공간의 통일성이 존재하지 않으므로 시간의 통일성도 존재하지 않음을 의미하기도 한다.

『보이첵』은 고전적 폐쇄극에서 나타나는 중립적, 중심적 장소가 없다. 따라서 개별 장면은 서로 다른 독립적인 공간에서 독자적인 분위기를 만들어낸다. 예를 들어 들판은 자연의 스산함과 으스스함을, 방은 안식 없이 사회 속에서 격리감을 느끼는 마리의 심경을, 집 앞이라는 장소는 동화 속에 나타나는 인간의 거처 없음을 각각 표현한다. 결론적으로 공간은 자신만의 분위기를 만들어냄으로써 독립적 의미구성 요소로서의 기능을 충실히 수행한다.

공간의 다양함은 동시에 등장인물의 다양함을 의미한다. 이로 인해 다양한 사회적 현실과 모순이 나타나며, 현상의 본질은 스스로 모습을 드러낸다. 결국 공간과 시간의 다양성은 개별 장면의 독립성과 마찬가지로 현실의 자각과 변화에 대한 의지를 목적으로 하는 개방극의 필연적인 구성 요소가 된다.

이상에서 우리는 드라마『보이첵』에 나타나는 개방극적 특징에 대해 알아보았다. 기존의 드라마에서 절대적인 영향력을 행사하던 아리스토텔레스의 드라마 원칙, 즉 줄거리, 시간, 공간의 일치는 모두 무너졌다. 이는 조화로운 인간상과 아름다운 세상을 추구하던 기존의 예술적 이상과는 달리, 현대 드라마의 지향점이 물질문명과 자아 상실이라는 시대적 현상의 인식과 사회적 모순의 각성에 있기 때문이다. 결론적으로 현대라는 특수한 시대의 요구에 부응하는 드라마 양식이 바로 시간, 공간, 줄거리의 독립성으로 대변되는 개방극이다.

인간의 환경과 도덕의 가치에 대해 항상 고뇌하던 뷔히너가 그의 드라마『보이첵』에서, 다시 말해 기존의 질서를 송두리째 흔들어놓는 드라마의 구조적 혁명을 통해 우리에게 말하고자 하는 바는 무엇일까? 그가 언급한 표현을 인용하면서 마무리하자: "환경이란 것은 우리의 능력 밖에 놓여 있다.……교양 또한 지극히 우연의 소산일 따름이다."

4. 부정 변증법

여기에서는 개방극과 부정 변증법의 상관관계에 대해 알아보기 전에 부정 변증법에 관해 살펴보자. 이에 앞서 현대를 대표하는 뛰어난 지성이자 부정 변증법의 창시자인 아도르노에 대해 잠시 소개한다.

테오도어 비젠그룬트 아도르노(Theodor Wiesengrund Adorno, 1903-1969)는 독일의 철학자로서 미학과 사회학 분야에서 뛰어난 통찰력을 보여주었으며, 현대 철학의 한 획을 그은 프랑크푸르트학파를 대표하는 인물이다. 호르크하이머(Max Horkheimer)와의 공저 『계몽의 변증법(*Dialektik der Aufklärung*)』에서 그는 계몽적 이성의 야만성, 인간 소외, 물질 만능주의, 문화 산업 등의 주제를 다룸으로써 현대 사회의 병폐를 신랄하게 비판한다. 또한 그는 자신의 대표적인 저서『부정 변증법(*Negative Dialektik*)』에서 기존 철학의 주류였던 총체성과 보편성의 지향에 반대하여 개별성과 특수성의 인식을 주장함으로써 현대 사회의 구조적 모순을 극복하고자 했다.

부정 변증법을 논하기 전에 우선 변증법에 대해 알아보자. 변증법

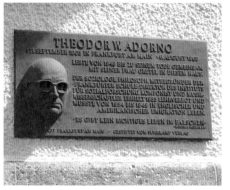

좌측은 아도르노의 모습이다. 우측은 그의 얼굴이 새겨진 동판부조이며, 프랑크푸르트의 생가 벽면에 설치되어 있다. 거기에 적혀 있는 내용은 다음과 같다: 테오도어 아도르노, 프랑크푸르트 암 마인 출생, 1903년 9월 11일–1969년 8월 6일, 부인 그레텔과 함께 1949년부터 여생을 이 집에서 보냈다. 사회학자, 철학자, 프랑크푸르트학파의 공동 창립자, 사회학연구소장, 작곡가, 음악학자인 아도르노는 1933년에 강의를 금지당하고, 1934년부터 1949년까지 영국과 미국에서 망명 생활을 해야 했다. "부당한 세계에서 올바른 삶은 없다." ─『미니마 모랄리아(*Minima Moralia*)』, 프랑크푸르트 암 마인 시, 주어캄프 출판사 기증.

의 개념을 확립한 인물은 독일의 철학자 게오르크 빌헬름 프리드리히 헤겔(Georg Wilhelm Friedrich Hegel, 1770–1831)이다. 헤겔은 인간의 사고와 사회 및 역사의 현상이 정(正)·반(反)·합(合)의 3단계 과정으로 진행된다고 주장한다. 헤겔 자신은 '긍정–부정–부정의 부정'이라는 표현을 사용한다. 이러한 전개 과정을 변증법이라고 하는데, 정(正)은 주어진 명제 또는 긍정의 단계이고, 반(反)은 모순이 드러난 단계, 즉 반대 명제이며, 합(合)은 모순이 해결된 단계, 즉 종합 명제를 의미한다. 결과적으로 부정의 부정은 긍정이라는 결론이 나오게 된다.

예를 들어 영화 「반칙왕」의 임 대리는 자신의 잠재력이나 가능성을 알지 못한 채 기존의 질서에 순응하며 평범하게 살아간다(정). 어느 순간 임 대리는 레슬링이라는 도전을 통해 자신의 잠재적인 가치와 능력을 알아가지만 세상과 직장은 여전히 힘들고 고달픈 곳이다(반). 혼신의 힘을 다해 레슬링 시합에 임한 후, 임 대리는 자신감으로 세상을 마주하며 당당한 발걸음으로 직장을 향한다(합).

그렇지만 이러한 변증법적 전개 과정에는 몇 가지 문제점이 존재한다.

우선 정과 반의 흑백 논리가 타당하냐는 문제이다. 하나는 맞고 다른 하나는 틀리다, 라는 가치 기준은 의문시될 수 있으며 흑과 백은 그 자체로서 가치가 있을 수도 있다. '평범'과 '도전'은 어느 한 쪽이 우월한 것이 아니라 개인적 상황에 따라 양자 모두 존중되어야 하는 가치일 수도 있다.

변증법의 또다른 문제는, 변증법이 그 최종 단계에서 진리 또는 보편성에 도달할 수 있다는 주장이다. 그렇지만 정, 반, 합의 과정은 끝없이 나타나는 모순에 의해 끝없는 자기반복을 되풀이함으로써, 변증법의 진리생성 과정은 무한대가 된다. 즉 변증법은 끝없는 반복이라는 모순을 스스로 내포함으로써, 결코 진리나 보편성에 도달할 수 없다. 임 대리의 도전 또한 완결된 것으로 보이지만, 실제로 임 대리는 끝없는 장애물을 마주하며 반복되는 좌절과 고통의 시간을 경험할 것이다. 결국 변증법이 주장하는 진리나 보편성은 존재하지 않는 허상에 불과하다.

변증법의 전개 과정에서 명제는 항상 두 가지만 존재하는가도 문제시된다. 인식과 현상에는 이분법이 아니라 제3, 제4, 그 이상의 명제들도 존재한다. 이분법만으로는 대상과 인식의 다양한 현상을 규명할 수 없다. 존재는 다양한 가치판단과 잠재력을 통해 무수한 명제와 상황을 야기시킬 수 있다.

결론적으로 헤겔은 변증법을 통해 진리, 보편성, 절대성, 총체성, 절대적 가치, 보편적 도덕, 보편적 이념 등을 구현할 수 있다고 주장하지만, 그의 이론은 수많은 문제와 모순을 내포하고 있다.

아도르노는 헤겔의 변증법에서 여러 가지 문제점을 발견하고, 그의 저서 『부정 변증법』에서 개별적이고 특수한 존재가 보편성에 의해 희생되지 않아야 한다는 논리를 전개한다. 이는 권력과 자본을 가진 자들의 보편적 논리에 사회적 약자가 일방적으로 희생되지 않아야 함을 의미하기도 한다. 『부정 변증법』이 주장하는 내용은 대체로 다음과 같다.

(1) 정과 반은 옳고 그름의 가치판단을 떠나 그 자체로서 가치 있는 명제이다. 명제는 이분법적인 것이 아니라 제3, 제4, 제5 등의 명제도 존재한다. 이러한 개별적인 명제는 저마다의 가치를 지니며, 그 모두를 존중해야 한다.

(2) 정(긍정)과 반(부정)의 대립 시 합(긍정)이 아닌 또다른 부정이 도출될 수도 있으며, 제3, 제4의 명제가 야기될 수도 있다. 이 경우 우리는 부정은 틀린 것 또는 부정의 부정은 긍정이라는 변증법적 사고에서 벗어나야 한다. 다시 말해 변증법이 지향하는 보편적 논리와 기준의 압박에서 벗어나, 새롭게 생성되는 개별적 명제나 개별 존재의 특수한 상황을 있는 그대로 인정하고 수용해야 한다.

(3) 존재하는 것은 모두 종적 구조가 아니라 횡적, 수평적 구조

안에 놓여 있다. 즉 모든 대상은 근본적으로 서열이나 위계구조에 속하지 않으며, 보편성 또한 특수성의 상위 개념이 아니다. 따라서 개별적인 모든 존재는 동등하고 독립적인 가치와 고유의 의미를 지닌다.

드라마 『보이첵』의 주인공 보이첵은 수많은 사회적 모순과 마주하고, 그로 인해 자아의 분열이라는 또다른 부정적 상황을 경험한다. 즉 개인이 사회적 현실에서 모순을 마주한 결과는, '합'이라는 긍정적 종합 명제의 도출이 아닌 또다른 부정적 명제의 생성이다. 이는 현실과 세상이 변증법이라는 이상적인 논리로 설명될 수 없는 구조적 모순과 불합리성으로 가득 차 있음을 의미한다. 다시 말해 변증법의 주장과 달리 또다른 부정적 명제나, 제3, 제4 등의 명제가 생성되는 근본 원인은 소수의 보편적 논리와 도덕에 의해 지배되는 사회의 구조적 모순에 있다. 이런 맥락에서 부정 변증법은 사회의 구조적 모순에 의해 야기되는 개인의 특수성을 인식하는 사유이다. 즉 부정 변증법은, 보편성과 총체성으로 위장된 소수의 지배 논리에 의해 억압받고 희생되는 개체의 특수성을 자각함으로써 불완전한 개별 존재에 대한 관심 및 있는 그대로의 이해와 수용을 주장하는 철학적 사고이다.

결론적으로 아도르노가 말하고자 하는 것은 헤겔주의를 통해 확립된 지배 원칙 너머의 사유이며, 이는 개별적이고 특수한 존재를 개념과 체계라는 일반성의 강제 아래 속박하지 않고 오히려 그 특수성을 해방하고 존중하는 사유이다. 아도르노는 변증법적 개념에 의한 보편성의 추구가 전체주의적 사고를 정당화하며, 개인의 억압을 낳게 된다고 주장한다. 따라서 우리에게 필요한 것은 개별성을 인식하고 특수성을 수용하는 철학적 사유이다. 현대 세계에서 부정의 부정은 여전히 부정이며, 이성은 새로운 부정을 극복하기 위해 끊임없이 사고하고 노력해야 함을 『부정 변증법』은 제안하고 있다: "주체의 힘으로 구성적 주체성의 기만을 깨뜨려야 한다."

5. 개방극과 부정 변증법

이제 우리에게 주어진 최종 과제인 부정 변증법과 개방극의 상관관계에 관하여 자세히 알아보자.

폐쇄극은 구조적 완결성을 목적으로 진행되며 이는 변증법적 전개 과정과 일치한다. 다시 말해 폐쇄극은 발단과 전개(명제), 갈등(반명제), 해소와 결말(합명제)이라는 변증법적 과정을 거쳐 세상은 살아갈 가치가 있으며 인간은 위대하다는 총체적이고 보편적인 진리에 도달한다. 결국 이는 감동과 카타르시스라는 보편성에 이르기 위한 과정이다. 하지만 폐쇄극의 보편성은 귀족이나 상류층 또는 특정 계층으로 한정되며, 보편타당한 결론에도 불구하고 시민이나 노동자의 갈등 또는 계층 간의 갈등은 여전히 해소되지 않는다. 결론적으로 폐쇄극과 변증법의 공통점은 개별성에 대한 보편성의 우위이며, 보편적 가치를 창출하기 위하여 개별적이고 특수한 존재는 억압받고 희생된다는 사실이다.

개방극에서는 개별 장면이 독립성을 지니며, 개방극 자체는 구성적으로 완결된 체계가 아니다. 이는 보편성과 완결성을 추구하지 않고 개별성과 특수성을 이해하고 긍정하는 부정 변증법적 사유와 맥락을 같이한다. 개방극에서는 중심이 되는 줄거리의 전개나 갈등의 해소 과정이 존재하지 않으므로 개별 명제, 개별 공간, 등장인물 하나하나가 고유한 의미를 지닌다. 다시 말해 감동이나 감정의 순화라는 보편적 결론의 도달이 중요한 것이 아니라 개별 존재와 현상의 본질에 대한 이해가 중요하다. 결론적으로 개방극과 부정 변증법은 '인식의 측면에서는 개별성과 특수성 모두 그 자체로서 고유의 의미가 있으며, 존재의 측면에서는 소외되고 결핍된 자 모두가 존중받을 가치와 권리가 있다'라는 사유에 그 공통점이 있다.

드라마 『보이첵』은 보편적 논리와 보편적 도덕이 지배하는 사회에서 평범한 개체가 모순과 마주하며 발생하는 부정 변증법의 진행 과정을 보여준다. 의사나 대위와 같이 자본이나 권력을 가진 소수 집단은 변증법적 세계의 진리와 도덕을 찬양하지만, 다수의 민중을 대변하는 보이첵의 세계는 시간이 흐를수록 분열되고 파편화되며 부정적 상황을 초래한다. 결국 개방극과 부정 변증법이 주목하는 것은 세계를 구성하는 실질적 개체의 단편성과 특수성, 즉 소수의 보편적 지배 논리에 의해 억압받고 희생되는 개인의 실체이며, 이를 통해 개방극과 부정 변증법은 힘없고 소외된 자들에 대한 관심과 사회의 구조적 모순에 대한 인식을 촉구한다.

6. 마무리하며

개방극과 부정 변증법은 근대와 현대에 창시된 예술의 형식이자 사고체계이다. 새로운 인식체계로서 두 가지 모두는 현실적 상황과 사회의 구조적 모순에 대한 깊은 사고와 통찰력에 의해 생겨난 결과 물이다. 영원할 것 같았던 아리스토텔레스의 드라마 이론과 보편성 이라는 진리를 추구하던 철학의 오랜 과제는 어떤 논리로도 설명할 수 없는 현대라는 시간과 현대 세계라는 공간에서 그 빛을 잃었다. 사회적 상황과 시대의 특수성은 영원불멸할 것 같았던 예술의 형식 과 가치를 변화시켰다. 결국 예술의 본질보다 앞서는 것은 시대의 정 신이며 현실의 인식일지도 모른다: "아우슈비츠 이후로 서정시를 쓰 는 것은 야만이다."(아도르노)

7 열린 형식의 영화와 희망의 미학

영화 「내 생애 가장 아름다운 일주일」에 나타나는
개방극적 요소와 희망의 메시지

> 고뇌와 좌절은 희망이 자신을 드러낼 수 있는 유
> 일한 가능성이다: "오늘날 끔찍함을 들여다보는
> 시선보다 더 아름다운 것은 없다. 저항은 희망의
> 가능성을 내포한다."

　앞 장에서 우리는 현대에 널리 사용되는 열린 형식의 드라마, 즉
개방극에 대해 알아보았다. 그렇지만 현실적으로 연극을 접할 기회
는 그리 많지 않으므로 실생활에서 드라마 이론이 무용지물이 되는
것도 사실이다. 아무래도 극단과 극장은 연극 문화를 소모할 경제적,
정신적 여유가 있는 사람들을 대상으로 활동할 수밖에 없기에, 연극
관람에는 지역적, 공간적 제약이 따를 수밖에 없다. 이런 이유에서
이번 장에서는 상대적으로 연극보다는 쉽게 접할 수 있는 영화를 통
해 개방극적 요소들이 어떻게 활용되고 있는지에 대해 알아보고자
한다. 연극과 영화는 제작 기법, 연출, 효과 등에 있어 많은 차이가
있지만 기본적으로는 시간, 공간, 줄거리를 기반으로 하는 입체적인
예술이다. 따라서 비교 가능한 범위 내에서 영화의 개방극적 요소를
살펴보기로 하자. 본문에서 우리는 「내 생애 가장 아름다운 일주일」

이라는 영화를 다루는데 굳이 이 작품을 선택한 이유는, 이 영화가 여러 등장인물을 통해 다양한 현실적 상황과 모순을 보여주려고 시도한다는 점에서 개방극의 특징과 많은 유사성이 있기 때문이다. 나아가 이 영화의 개방극적 특성이 우리에게 주는 메시지에 대해서도 생각해보기로 하자.

1. 영화 「내 생애 가장 아름다운 일주일」

2005년에 제작된 영화 「내 생애 가장 아름다운 일주일」은 민규동 감독의 작품이다. 영화는 일곱 가지의 에피소드로 구성되어 있으며, 다양한 삶을 살아가는 인물들에게 일주일 동안 벌어지는 일들을 차분하고 섬세하게 묘사한다. 이름만 대면 알 수 있는 유명한 배우들이 각각의 에피소드에서 훌륭하게 자신의 역할을 수행한다. 누구 하나 도드라지지 않고 자연스럽게 배역에 녹아드는 배우들의 앙상블은 영화가 의도하는 사실성과 일상성을 보여주기에 부족함이 없다.

[곽씨네하우스] 단관극장의 소유주이며 돈에 인색한 곽만철(주현)은 자신의 극장에서 간이 커피숍을 운영하는 오선희(오미희)를 짝사랑하고 있다. 이미 중년을 넘어선 오 여사는 작은 커피숍 주인이자 단역배우로 일하고 있지만 언젠가는 주연배우를 꿈꾸는 소녀 같은 여인이다. 곽 회장은 시대의 흐름에 따라 멀티플렉스 재건축을 권유받고 오 여사는 가게를 빼야 할 입장에 놓이게 된다. 어느 날 단역을 맡은 오 여사를 따라나선 곽 회장은 그녀의 연기를 질책하는 조감독과 싸우고 촬영을 망친다. 함께 식사를 한 후, 곽 회장은 마지막 상영

© ㈜수필름

일에 꼭 영화를 보러 와달라고 그녀에게 부탁하나 확답을 듣지 못한다. 마지막 상영일, 곽 회장은 멀티플렉스 시공 계약서에 도장을 찍는다. 그렇지만 마지막 상영을 보러온 오 여사를 발견하고, 급히 달려가 계약서를 찢어버린다. 마지막 상영이 끝나고 모두가 자리를 뜰 때, 스크린에는 오 여사의 소소한 일상이 담긴 아름다운 영상이 펼쳐진다. '감독 곽만철, 주연배우 오선희'라는 자막과 함께 두 사람의 영화는 끝이 난다.

[금지된 장난] 진아(김유정)는 '새생명 프로젝트―천사의 도전'이라는 TV 프로그램이 도와줄 어린이로 선정된 아이이다. 병실에서 생활하는 진아는 방송에서 전직 농구선수인 박성원을 지목하며 자신을

위해 도전해달라고 부탁한다. 초등학생인 지석(이병준)은 시간이 날 때마다 좋아하는 학교 짝꿍 진아를 문병하러 병원에 간다. 지석의 아빠는 기획사 사장이며, 엄마는 신경정신과 의사인데 둘은 이혼했다.

[천사의 도전] 전직 농구선수인 박성원(김수로)은 전화로 카드 연체자를 독촉하고 협박하는 일을 하고 있다. 어느 날 어린이 돕기 프로그램의 이 작가(전혜진)가 그를 찾아와, 자신을 아빠라고 말하는 진아를 위해 농구 시합에 도전할 것을 권유한다. 완강히 거절하지만 어쩔 수없이 병원에 가게 된 성원은 아픈 진아가 첫사랑 연주(하지원)의 딸임을 알게 된다. 혐오스런 직장 생활과 딸인지 아닌지도 모르는 진아를 방송 때문에 가식적으로 돌봐줘야 하는 상황에서 성원은 점점 지쳐간다. 자신의 카드빚 독촉으로 인해 자살한 사람의 아내에게 상속된 빚을 갚으라고 협박하는 자신의 모습에 분노한 성원은 회사를 그만둔다. 갑자기 상태가 나빠졌다는 소식을 듣고 중환자실로 달려간 그는 연주와 진아의 진심과 마주하게 된다. 진아를 위한 도전의 그날, 성원은 고군분투 끝에 주어진 미션을 성공한다.

[아메리칸 불독] 냉정한 기획사 사장인 조재경(천호진)은 이혼 후 홀로 아들 지석을 데리고 사는데 가정일도 서툴고 아이에게는 엄하기만 하다. 어느 날 우연히 가사도우미로 일하고 싶다며 민태현(김태현)이 찾아온다. 마침 고장 난 전등을 고쳐주며 태현은 입주도우미로 함께 생활하게 된다. 태현의 등장으로 인해 집 안은 조금씩 온기가 돌기 시작한다. 어느 날, 과거 조 사장의 친한 친구였던 동만(김윤석)이 찾아와 자신의 회사를 도와달라고 부탁하자 조 사장은 냉정하게 거절한다. 동만의 자살 소식을 듣고 장례식장을 찾은 조 사장은 친구

들에게 비난받는다. 집으로 돌아온 조 사장은, 지석과 태현이 난장판으로 춤추며 노는 모습을 보고 아이의 종아리를 때리기 시작한다. 아빠의 지갑에 손 댄 적 있냐는 질문에, 지석은 울면서 진아 약값 때문에 그랬다고, 아빠는 남을 도와주는 사람이 아니어서 그랬다고 말한다. 이후 지석은 엄마와 함께 살겠다고 밖에서 전화를 하고, 태현은 조 사장에게 일을 그만두겠다고 말한다. 조 사장은 자신을 친구처럼 대하는 태현을 믿고 의지했기에 떠나지 말라고 부탁하지만 태현은 거절한다. 사실 지석의 엄마가 이혼한 이유는 조 사장이 남자를 좋아해서였다. 죽은 친구 동만으로부터 소포를 받은 조 사장은 "내 나름의 방식으로 너를 사랑했다"는 편지를 읽고 오열하며 쓰러진다. 걱정 끝에 조 사장의 집을 다시 찾은 태현은 쓰러진 그를 발견하고 병원으로 옮긴다. 깨어난 조 사장에게 태현은, 부자이자 돈 많은 친구를 찾기 쉽지 않으니 그의 집에서 계속 일하겠다고 말하며 웃는다.

[소년, 소녀를 만나다] 신경정신과 의사인 허유정(엄정화)은 지석의 엄마이다. 평소 당당하고 활발한 유정은 TV 프로그램에서 모방범죄에 관해 토론하던 중 이론과 실제는 다르다는 나두철(황정민) 형사와 언쟁을 벌이게 된다. 프로그램 종료 후 회식 자리에서도 티격태격하며 싸우던 그들은 술에 취해 정신을 잃고 여관에서 잠이 든다. 이 사건을 계기로 여우같은 유정과 무식하지만 순박한 두철은 싸움을 거듭하며 점점 친해진다. 지석의 운동회에 참석하여 함께 즐거운 시간을 보낸 후 어느 날, 학교에 가지 않고 길에서 오락을 하는 지석을 달래기 위해 두철은 아이스크림을 사러 간다. 그 사이 지석은 어디론가 사라진다. 유괴범으로부터 전화가 걸려오고 지석을 찾기 위한 작전이

수행된다. 그렇지만 붙잡힌 범인은 아이를 데리고 있지 않고, 지석은 그 시간 병실에서 진아와 함께 성원의 도전을 TV로 지켜보고 있다. 아이를 다시 찾은 날 밤, 두철과 유정은 「바람과 함께 사라지다」를 함께 보며 영화 속 주인공처럼 입을 맞춘다.

　[낭만파 부부] 김창후(임창정)와 하선애(서영희)는, 혼인신고는 했지만 결혼식은 올리지 못한 가난한 신혼부부이다. 창후는 거리를 떠돌며 잡다한 싸구려 물품 파는 일을 하지만, 선애에게는 회사의 신입사원이라고 말하며 걱정 끼치지 않으려고 한다. 선애는 이런 사실을 알면서도 창후에게 용기를 주고, 그를 돕기 위해 지하철역 입구에서 김밥 장사를 시작한다. 창후는 허구한 날 카드빚 지불 독촉 전화에 시달린다. 어느 날 지하철에서 행상을 하던 창후는 단속반에 쫓기게 되고, 선애는 우연히 그 모습을 목격한다. 일상적인 날들이 반복되고 선애와 창후는 아이가 생겼음을 확인하고 고민에 빠진다. 김밥을 팔고 난 후 남편 몰래 용돈을 챙겨주던 중 선애는 남편의 옷에서 녹음기를 발견한다. 거기에는 창후에게 돈을 갚으라는 카드사의 욕설과 폭언이 담겨 있다. 가난으로 인해 선애는 낙태를 결심한다. 그렇지만 차마 실행에 옮기지 못하고 병원에서 나온 선애는 버스 정류장에 홀로 앉아 있는 지석을 발견한다. 선애는 지석에게 마시던 차를 건네주고, 버스 정류장에서 잠든 지석의 곁을 밤새 지켜준다. 그 시각, 창후의 집은 카드빚을 갚으라는 폭력배들에 의해 난장판이 되고 창후는 밤새 집에 오지 않은 선애를 찾아나선다. 선애는 아기 낳는 데에 쓰라고 돈을 나눠주고 싶다는 지석의 말을 따라 가짜 유괴극을 벌이지만 실패하고 도망치게 된다. 서로를 애타게 찾던 선애와 창후는 집에

서 재회한다. 서로 부둥켜안고 우는 동안, 창후는 지갑을 주워 돌려준 적이 있는 곽 회장으로부터 일할 생각이 있으면 찾아오라는 연락을 받는다.

[소녀의 기도] 수녀 서원을 앞둔 임수경(윤진서)은 아이돌 가수 유정훈(정경호)을 사랑하지만, 그는 성가대원과 열애 중이다. 이에 신을 원망하며 약을 먹고 쓰러진 수경은 병원에서 깨어난다. 눈을 뜬 후 그녀는 옆 침대에 누워 있는 정훈을 발견한다. 정훈은 이제 기획사 사장에 의해 이용되고 버려진 존재이다. 정훈은 자신에게 관심을 보이는 뾰족하고 삐딱한 성격의 수경을 무시하지만, 홀로 움직일 수 없는 그는 결국 그녀에게 도움을 부탁한다. 정훈은, 어렸을 때 버려져서 수녀원에 들어왔으며 버려지고 쓸모없는 것을 좋아한다고 말하는 수경에게 점차 마음을 열게 된다. 대중에게 버려진 정훈은 자신을 버리지 않을 거냐고 수경에게 묻는다. 이어 둘은 감정이 흐르는 대로 서로의 몸을 탐하는데, 도중에 정훈은 의식을 잃는다. 수경은 그를 살려주면 주의 곁으로 다시 돌아가겠다고 밤새 간절히 기도한다. 의식을 찾은 정훈은 수경을 찾고, 수녀원에서 서원 중인 그녀를 발견한다. 정훈은 그녀의 뒤에서 나지막이 자신의 마음을 전한 후 그 자리를 떠난다.

2. 영화 「내 생애 가장 아름다운 일주일」에 나타나는 개방극적 요소

우선 내용적인 측면에서 이 영화의 개방극적 특성을 살펴보자. 영화 「내 생애 가장 아름다운 일주일」에는 전체를 이끌어가는 주도적인 줄거리가 없다. 에피소드 각각은 나름의 구심점을 선회하면서—예를 들어 가난, 소외, 사랑, 고뇌 등의 주제를 선회하면서—총체적인 삶과 세상을 묘사한다. 이렇게 주제의 독립성을 지닌 개별 에피소드에서, 주인공의 적은 사람이라기보다는 부조리한 세상이다. 신혼부부의 가난한 삶은 세상으로부터 고통받게 하고, 여자를 좋아하지 않는 기획사 사장은 세상의 편견으로 인해 진정한 친구를 갖기 어려우며, 죽은 자에게 위로는커녕 카드빚을 독촉해야 하는 전직 농구선수는 자신을 증오해야 한다. 해결되지 않는 사회의 구조적 모순은 개방극이 관객에게 보여주고자 하는 핵심적인 요소이다. 이 영화는 중심이 되는 줄거리를 거부하고 동일한 비중의 개별 에피소드를 통해 삶과 세상의 다양한 현상을 표현함으로써, 관객 스스로가 시대적 현상의 본질을 인식하고 사회적 모순을 자각하게 한다. 결론적으로 개별 에피소드의 주제적 독립성으로 인해 다양한 사회적 현상과 모순이 묘사되고 있다는 사실이 이 영화의 개방극적 특성이라고 할 수 있다.

　이제 구조적 특성에 관해 알아보자. 이 영화의 개별 에피소드에서는 다른 에피소드의 인물이 중첩되는 경우도 있지만 이는 우연에 의한 중첩인 경우가 대부분이며, 개별 에피소드의 주제는 다른 에피소드와 그 인물들의 영향을 받지 않고 독립적으로 전개된다. 따라서 영화 전체의 결말은 존재하지 않으며, 개별 에피소드는 나름의 방식으로 문제를 매듭짓는다. 그렇지만 이것이 고전적 드라마의 특성인 갈등 해소를 통한 감정의 순화와 직결되지는 않는다. 영화에서 문제는 단지 일단락되었을 뿐 문제 자체가 해결된 것은 아니다. 오 여사는 여전히 단역배우로서 푸대접 받을 것이고, 조 사장과 태현은 친구가 되었지만 사회의 시선을 의식해야 하고, 가난한 신혼부부는 보다 나은 생활을 위해 여전히 고달픈 생활을 감수해야 하고, 수녀가 된 수경은 여전히 신과 사랑하는 사람 사이에서 고뇌할 것이고, 첫사랑의 딸과 함께해야 하는 전직 농구선수는 눈앞의 삶을 걱정해야 하며, 여우같은 여의사와 단순 무식한 형사의 미래는 어떻게 될지 모른다. 영화의 제목 「내 생애 가장 아름다운 일주일」에서 '가장'의 의미를 생각해야 할 필요가 있다. 더 이상의 행복한 순간은 주어지지 않으며 가난과 소외, 고통과 고난은 영원히 순환되고 반복될지도 모른다. 결론적으로 개별적인 에피소드들은 갈등이 해소되어 구조적인 완결성을 보여주는 것 같지만, 이는 잠시 지나가는 평온함의 순간이며 본질적인 문제의 해결, 즉 결말의 가능성은 여전히 열려 있다. 이는 갈등 해소라는 구조적 완결성을 통해 관객의 마음을 정화시키는 고전적, 폐쇄적 구성이 아님을 의미한다. 열린 결말과 미래에 대한 불확실성을 의미하는 구조적 개방성은 개방극의 특징이자, 이 영화가 묘사하는 삶과 세상의 특성이다.

　개방극의 또다른 특징은 시간과 공간의 독립성이다. 이 영화에서는 수많은 독립적 장소와 개별적 시간들이 사용되고 있는데, 모든 것은 개별 에피소드의 주제를 묘사하기 위해 고유한 의미를 부여받는다. 그렇지만 영화는 기술적인 특성상, 무대라는 한 장소에서 모든 것을 보여줘야 하는 연극과는 달리 시간과 공간의 제약이 거의 존재하지 않는다. 따라서 영화에서 개방극의 특성인 시간과 공간의 독립성을 논하는 것은 큰 의미가 없다. 영화는 그 자체로서 개별적 주제에 적합한 공간과 시간을 임의로 창출해낼 수 있다. 나아가 영화는 단적으로, 드라마의 가장 중요한 요소인 줄거리나 내용, 즉 대사 없이 시간과 공간의 창출에 의한 시각적 효과만으로도 메시지를 전달할 수 있다. 이는 영화가 과학과 기술력을 바탕으로 하는 문명의 예술이기 때문이다. 물론 영화에서 대사와 스토리가 중요하지 않다는 것은 결코 아니다. 결론적으로 시간과 공간의 독립성은 개방극의 특징이기도 하지만, 영화 예술 자체가 가질 수 있는 고유한 특징이기도 하다.

이제 이 영화와 개방극의 본질에 접근해보자. 영화 「내 생애 가장 아름다운 일주일」이 묘사하는 것은 개방극과 마찬가지로 다양한 삶의 형태와 다양한 사회적 현상이다. 이러한 영화적 묘사의 목적은 개방극이나 부정 변증법이 의도하는 것처럼, 보편성이라는 기준에서 벗어나 있는 그대로의 개별성과 특수성도 수용하고 인정하는 것이다. 다시 말해 힘과 자본을 지닌 자들의 보편적 도덕과 논리에 의해 사회적 약자가 일방적으로 희생되지 않아야 함을 의미한다. 개방극과 부정 변증법의 관계에 나타난 것처럼 영화에 사용된 개방극적 특성의 본질은 단편성과 특수성, 즉 사회적 약자와 소외되고 결핍된 자의 가치를 인정하고 수용하는 것에 있다.

마지막으로 영화 「내 생애 가장 아름다운 일주일」의 개방극적 특성에 대한 결론을 도출해보자. 이 영화의 핵심이라고 할 수 있는 장면은 등장하는 거의 모든 인물들의 고뇌를 한 컷으로 보여주는 부분이다. 낙태를 하지 못한 선애는 우연히 버스 정류장에서 만난 지석에게 자장가를 부르며 재워주고, 창후는 카드빚을 독촉하는 깡패들에 의해 난장판이 된 방에서 오열하고, 유정은 유괴된 아들 걱정에 주저

앉아 흐느끼고, 두철도 지석을 염려하며 경찰서에서 안절부절못하고, 태현은 버스 안에서 홀로 남은 조 사장을 걱정하고, 조 사장은 태현이 선물하고 간 넥타이를 목에 두른 채 망연자실하여 앉아 있고, 극장의 곽 회장은 벽에 걸린 오드리 헵번의 액자를 떼어내고, 오 여사는 어두운 방에서 울며 대본을 찢어버리고, 전직 농구선수는 방 안에 주저앉아 하염없이 첫사랑의 사진을 쳐다보고, 아픈 진아는 중환자실에서 산소 호흡기를 물고 잠들어 있고, 전직 아이돌 가수는 의식 없이 병실에 누워 있으며, 예비 수녀는 눈물로 밤을 지새우며 기도한다. 자신의 에피소드 이외에는 거의 나온 적이 없는 등장인물들이, 지금까지 에피소드의 전개 방식과는 상관없이 이 한 컷, 이 한 장면에 모두 등장한다. 이는 사람이라는 사회적 동물이 자신의 환경과 상황에 상관없이 모두 삶과 세상 속에서 고통받고 고뇌하며 위로와 이해를 필요로 하는 약한 존재임을 보여준다. 영화 「내 생애 가장 아름다운 일주일」은 다양한 인물을 통해 다양한 사회와 다양한 계층의 고뇌를 총체적으로 투영한다. 이로 인해 무수한 사회적 현실과 모순이 나타나며, 현상의 본질은 스스로 모습을 드러낸다. 결론적으로 영화가 다양한 인물과 다양한 현상의 묘사라는 개방극의 형식을 차용하는 이유는 삶의 모순과 사회의 불합리성을 온전히 드러낼 수 있기 때문이며, 이로써 관객의 각성과 인식, 변화에 대한 의지를 유도할 수 있기 때문이다.

너는 삶의 고뇌에서 달아날 수 있다. 이것은 네 자유이며 본능이다.
그렇지만 바로 이 도피가 네가 피할 수 있는 유일한 고뇌일 것이다.

(카프카, 『잠언[*Die Aphorismen*]』, 637쪽)

3. 영화 「내 생애 가장 아름다운 일주일」에 나타나는 희망의 미학

영화는 니체의 표현을 인용함으로써 마무리된다: "몇 번이라도 좋다! 이 끔찍한 생이여, 다시!" 이제 우리는 영화의 마지막에 제시된 니체의 문구에서 영화의 메시지를 찾는 작업을 시도해보자.

쇼펜하우어와 니체에 의하면 인간 세상을 구성하는 근본 요소는 고통이고, 삶은 고뇌이며 세상은 고뇌의 현장이다. 그렇지만 고뇌를 대하는 자세에 있어서 두 철학자는 방법을 달리한다. 쇼펜하우어는 그의 염세철학에서 보여주듯이, 개체가 삶에 대한 의지를 부정하고 이와 함께 의지 없는 순수한 주체, 즉 순수한 도덕적 존재가 됨으로써 완벽한 자유를 얻고 고뇌를 극복할 수 있다고 주장한다. 하지만 니체는, 도덕적 가치를 적용할 수 없는 인간의 의지를 여전히 도덕적 가치로 환원시킴으로써 '나약함'의 철학을 대변하는 쇼펜하우어의 염세주의를 정면으로 반박한다. 니체에 의하면 고뇌는 세상이 보여주는 모든 모순과 악의에도 불구하고 삶을 이끌어가는 힘이며, 고뇌를 수용하고 극복하려는 의지야말로 삶과 세상을 아름답고 의미 있게 만드는 근원이다. 즉 쇼펜하우어는 '삶은 고뇌'라는 근본적 원칙에 투항함으로써 인간을 고뇌에 의해 지배당하는 수동적 대상으로 전락시키는 반면, 니체는 고뇌에 대항하고 맞섬으로써, 나아가 그것을 수용하고 극복함으로써 'Amor fati(운명에 대한 사랑)'의 철학을 정립한다. 이는 삶과 세상에 대한 긍정이자 희망의 철학이다. 고뇌를 수용하고 극복하는 힘이야말로 인간의 원초적 의지를 긍정하는 근본 요소이며, 이러한 사유가 바로 '힘에 대한 의지(Willen zur Macht)'라는 니체 사상의 바탕이 된다. 결국 '삶은 고뇌다'라는 인식에서 출발한 니체의 사유는 '힘에 대한 의지'와 '운명에 대한 사랑'이라는 불가분의 명제를 도출해내며, 이로 인해 삶은 '살아갈 가치가 있는 것'으로 변모한다. 니체에게 있어 삶의 고뇌는 긍정이자 희망이다: "몇 번이라도 좋다! 이 끔찍한 생이여, 다시!"

니체는 그의 저서 『비극의 탄생』에서 소크라테스(Socrates)의 철학을 이성적, 논리적 낙관주의로 간주한다. 니체가 신랄하게 비판하는 소크라테스의 낙관주의는, 고뇌가 단지 세상을 구성하는 쓸모없고 하찮은 요소이며 세상은 이성의 힘으로 구성될 수 있다고 주장한다. 따라서 이성은 고뇌를 피하는 힘이다. 이에 반해 니체는 고뇌로 구성된 세상에서 이성은 그것을 절대로 피할 수 없고, 오로지 의지만이 고뇌를 수용하고 극복할 수 있으며 이를 통해 세상과 운명이 인간 자신의 것이 된다고 역설한다. 결국 니체가 『비극의 탄생』에서 말하고자 하는 바는, 이성적, 합리적 사고가 존재의 심연에까지 도달할 수 있으며 나아가 존재를 인식하는 것뿐만 아니라 존재의 수정과 교정조차도 가능하게 한다는 생각, 즉 소크라테스의 이성적, 이론적 낙관주의에 대한 조롱과 비판이다. 니체에게 있어 인간이라는 존재는 논리와 이성으로써 설명될 수 없는 불가해성을 지니고 있으며, 이것이야말로 인간이 인식할 수 있는 최후의 인식이다.

결론적으로 쇼펜하우어와 소크라테스의 공통점은, 전자는 의지의 부정을 통해 후자는 이성을 통해 고뇌에 맞서지 않고 피함으로써 삶의 어떤 순간에도 나와 세상이 일치, 조화될 수 없다는 사실에 있다. 그렇지만 니체는 고뇌를 피하지 않음으로써, 운명을 사랑함으로써, 세상에 거리를 둔 채 그것을 평가하는 것이 아니라 온 몸으로 부딪힘으로써 고통으로 가득 찬 세상을 수용하고 극복하고자 한다. 다시 말해 삶의 고뇌는 '운명에 대한 사랑'으로 인해 극복되며, 세상은 우리의 '의지'에 의해 새롭게 형상화되고 구체화된다. 바로 이 지점에서 니체의 철학은 삶을 긍정하는 희망의 철학이며, 니체의 사유는 철학의 주제를 삶과 인간으로 전환한 생철학과 실존주의의 시발점이 된다.

4. 마무리하며

영화 「내 생애 가장 아름다운 일주일」은 마지막 장면에 묘사된 니체의 메시지에 대한 현대적 답가이다. 영화 속 인물들은 모두 상처를 안고 살아간다. 사랑은 고통을 동반하고, 가난과 다름은 소외를 동반한다. 세상은 낯설고 불안하다. 그렇지만 영화 속 그들처럼, 삶이 주는 고통을 피하지 않는 한 비록 '일주일'일지라도 '가장 아름다운' 순간은 온다. 고뇌와 좌절은 희망이 자신을 드러낼 수 있는 유일한 가능성이다: "오늘날 끔찍함을 들여다보는 시선보다 더 아름다운 것은 없다. 저항은 희망의 가능성을 내포한다."(아도르노, 『미니마 모랄리애[Minima Moralia]』, 21쪽)

"몇 번이라도 좋다! 이 끔찍한 생이여, 다시!" 이는 삶의 고뇌에 대한 긍정이자 환호이다.

8 패러디와 해체주의의 미학
카프카의 신화 「포세이돈」에 나타나는 수사학적 어법

> 포세이돈의 소외는, 수와 이성의 힘으로 신화적
> 공포를 극복했을지라도, 그 결과 스스로 계몽의
> 제물이 된 인간의 부조리한 실재와 다름없다.

앞에서 우리는 문학의 세 가지 장르 가운데 시와 드라마를 다루어
보았다. 이제 남은 장르인 소설을 다루고자 한다. 길이에 따라 소설
의 종류를 구분할 수 있는데, 여기에서는 이해의 편의상 단편을 다루
기로 한다. 이번 장에서 다룰 작품은 실존주의를 대변하는 카뮈와 사
르트르가 실존주의 문학의 선구자로 높이 평가한 카프카의 단편이다.
정확하게 말하면 「포세이돈(Poseidon)」이라는 작품인데, 이는 전승
된 신화에 대한 카프카 특유의 패러디이다. 패러디(parody)는 명확한
의미의 제시가 아닌, 대상의 본질을 내재하면서 암시하는 비유의 언
어이며, 은유와 아이러니, 파라독스(paradox, 역설) 등과 같은 속성을
지닌다. 이번 장에서는 신화에 대한 패러디인 「포세이돈」을 분석하
면서 현대 문학에 나타나는 현대인의 실존과 삶의 부조리에 대해 알
아보자. 나아가 존재와 진리인식에 대한 해체주의적 사유와 패러디
에 사용되는 수사학적 어법의 상관관계에 대해서도 살펴보자. 이러

한 탐구는 현대 문학의 특성에 대한 이해와 현대의 인식론적, 존재론적 사고에 대한 통찰에도 도움이 될 것이다. 사족이지만 이번 장과 다음 장에서는 현대의 철학적, 미학적 사유들이 다소 심도 있게 다루어진다. 어느 정도의 집중력이 요구될 수 있다.

1. 「포세이돈」

신화에 대한 패러디인 카프카의 단편 「포세이돈」은 그리 길지 않으므로 여기에서는 전문을 번역해서 소개한다. 우선 작가에 대해 잠시 알아보자. 프란츠 카프카(Franz Kafka, 1883-1924)는 자수성가한 유대인 상인의 아들로서 현재 체코의 수도인 프라하에서 태어났다. 카프카의 아버지는 욕심이 많고 권위적이었으며, 글쓰기를 통해 삶의 본질에 다가가려 했던 카프카는 세속적 출세를 바라는 아버지와 평생을 갈등 속에 살아야 했다. 카프카는 독일계 학교에서 배우며 자랐는데, 당시 독일어는 프라하에서 소수 상류층만이 사용하는 언어였다. 대학에서는 법학을 전공했으며, 41세의 많지 않은 나이에 폐결핵으로 삶을 마칠 때까지 생의 대부분을 노동자 재해보험공단의 관리로 일하며 근무 이외의 시간에는 글 쓰는 일에 전념했다. 프라하의 유대인 사회에서 독일어를 사용해야 했던 카프카의 특수한 환경은 특이하고 수수께끼 같은 그의 문학 세계와 깊은 관련이 있다. 평생을 외적인 직업상의 의무와 글쓰기라는 내적 활동 사이에서 힘겨운 이중생활을 해야 했던 카프카는, 현미경 같은 정밀한 시선으로 바라본 세상과 자신의 순결한 내면세계와의 충돌을 고스란히 작품으로 옮긴

(좌) 카프카 탄생 120주년을 맞이하여 2003년 12월 4일, 그를 기념하는 구조물이 프라하에 설치되었다. 7인의 뛰어난 조각가들의 공개경쟁 결과, 체코의 조각가 야로슬라프 로나(Jaroslav Ròna)가 제작을 맡게 되었다. 동상의 길이는 3.75미터, 무게는 700킬로그램이다. 이 기념물은 육체가 없는 큰 양복 위에 작은 사람이 타고 있는 형상이다. 이에 대해 제작자 야로슬라프 로나는 카프카의 작품『어느 투쟁의 기록(Beschreibung eines Kampfes)』에서 영감을 얻었다고 밝히며 다음과 같이 언급한다: "거대한 비어 있는 양복은 카프카가 투쟁하고자 했던 불가해한 세상일지도 모른다. 카프카는 그 위에서 세상을 조종하고 삶이 나아가야 할 방향을 제시한다." 이 기념물은 2001년부터 축소된 형태의 청동 주조물로 제작되어 카프카 문학상 수상자에게 수여되고 있다.
(우) 카프카의 모습이 새겨진 동판부조이며, 프라하의 생가 벽면에 설치되어 있다.

다. 내면과 외부 세계의 차이에서 오는 갈등은 그의 전 작품을 관통하는 주제인 삶과 존재에 대한 질문과 직결된다. 카프카는 현대인의 불안과 절망, 소외 등과 같은 실존적 문제를 특유의 예민하고 섬세하며 암호 같은 언어로 묘사한다. 그는 『변신(Die Verwandlung)』, 『아메리카(Amerika)』, 『소송(Der Process)』, 『성(Das Schloss)』과 같은 대표작을 비롯하여 수많은 단편을 남겼다.

이제 현대인의 실존적 문제를 다루는 카프카의 단편 「포세이돈」의 전문을 번역해서 소개한다.

포세이돈은 책상에 앉아 셈을 했다. 모든 하천의 관리는 그에게 끝없는 업무를 부과했다. 그는 원하는 만큼 보조 인력의 도움을 받을 수도 있었고, 또한 아주 많은 인력을 소유하고 있었다. 하지만 그는 그의 직무를 아주 진지하게 대했기 때문에 모든 것을 재차 꼼꼼히 계산했고, 따라서 보조 인력은 그에게 거의 도움이 되지 않았다. 그의 업무가 그를 즐겁게 했다고 말할 수는 없다. 그는 단지 업무가 부여되었기 때문에 수행할 뿐이었다. 그는 자신이 밝혔던 것처럼, 이미 몇 번이나보다 즐거운 일자리를 지원했다. 하지만 사람들이 그에게 여러 종류의 일자리를 제안할 때마다, 지금의 관직만큼 적합한 일자리는 없다는 사실이 드러났다. 그를 위해 다른 일자리를 발견하는 것은 정말어려웠다. 그렇지만 그에게 특정한 바다를 할당하는 것은 불가능했다. 또한 여기에서 셈을 하는 작업이 평범함을 넘어 극히 하찮은 일이었다는 사실과는 상관없이, 위대한 포세이돈은 언제나 지배적인 지위를 보장받을 수 있었다. 그리고 그가 물 밖에서의 일자리를 제공받을 때면 상상만으로도 속이 메스꺼워졌고, 신의 호흡은 가빠오며 탄탄한가슴은 동요하기 시작했다. 사람들은 근본적으로 그의 불평을 진지하게 생각하지 않았다. 힘 있는 자가 괴로워하면 사람들은 전혀 가망없는 일에서조차도 동의하는 척해야 한다. 어느 누구도 실제로 포세이돈의 면직에 대해서는 생각해보지 않았다. 태초부터 그는 바다의신으로 규정되어 있었으며, 이는 변할 수 없는 일이었다.

언제나 삼지창을 들고 물살을 가로질러 마차를 타고 가는 모습을 사람들이 포세이돈에게서 떠올린다는 말을 들을 때면, 그는 극도로 화가 났다. 그리고 이것이 특히 그의 관직에 대한 불만족을 야기시켰다. 그동안 그는 여기 바다 속 깊은 곳에 앉아 끊임없이 계산을 했다. 때때로 주피터(제우스)에게 가는 여행이 일상의 단조로움에서 벗어나는 유일한 출구였다. 그렇지만 그는 대부분 화가 나서 여행에서 돌아왔다. 그는 바다를 거의 보지 못했다. 단지 올림포스 산으로 급히 올라갈 때 힐끗 쳐다볼 뿐이었고, 결코 바다를 거니는 일은 없었다. 그는 세상의 종말이 올 때까지 기다리면, 종말 직전에 마지막 계산을 확인한 후 서둘러 작은 일주여행을 할 수 있는 평온한 시간이 있을 것이라고 말하곤 했다.

2. 소외된 영웅 ── 포세이돈

여기에서는 신화에 대한 패러디인 「포세이돈」을 분석하면서 카프카 또는 현대 문학이 표현하는 현대인의 실존과 삶의 부조리에 대해 알아보자.

1920년에 쓰인 카프카의 단편 「포세이돈」에서 바다의 신 포세이돈은 모든 하천을 관리하는 관료로 등장한다. 카프카는 신화적 영웅을 현대의 질서, 즉 삶이 오로지 노동에 의해서만 영위되는 산업사회의 구조에 편입시킴으로써, 현대적 지평에서 신화를 급격하게 해체한다. 이와 동시에 카프카는 기계화된 노동, 산업사회의 관료주의와 익명성에 의해 신화적 영웅 포세이돈의 자아가 상실되는 과정을 묘사한다.

고대 신화에서 포세이돈은 바다의 신으로서 넘치는 활력과 무한한 생명력을 바탕으로 그의 삶과 삶의 영역을 완벽하게 조화시킨다. 하지만 조화로운 삶을 영위하는 강인한 영웅은 카프카의 단편에서는 현대의 노동자로 변모한다. 여기에서 포세이돈은 더 이상 자유의 삶을 대변하는 영웅이 아니라 모든 하천과 바다를 관리하기 위하여 기계처럼 끝없이 계산 작업을 반복 수행해야 하는 관료에 불과하다.

카프카의 포세이돈은 자신의 일을 좋아하지 않으며 종종 더 즐거운 일자리를 찾으려고 시도한다. 하지만 누군가 그에게 하천과 바다 밖에서의 일자리를 제공하면 불안해지기 시작한다. 포세이돈의 이러한 모순적 반응은 무엇보다도 소외와 고립에 대한 무의식적 공포와 밀접한 관련이 있다. 끝없이 반복되는 계산 작업은, 소외감의 주체가 현실 세계에서 고립되지 않기 위하여 자신을 끊임없이 부정해야 하는 자기위장과 다름없다. 이는 현대적 개체가 사회화를 위해 감수해야 하는 보편적 정신 현상이다. 포세이돈은 오로지 기계적 계산 작업을 통해서만 삶의 영역인 바다, 즉 현대 산업사회에 소속될 수 있다. 삶의 영역에서 자신을 보존하려는 포세이돈의 의지는 너무 강해서, 일률적이고 지루한 실존에서 벗어나야 한다는 삶의 내적 요구는 끊임없이 부정된다. 이로써 포세이돈은 자신의 주체성과 자율성을 상실하며 단지 노동력으로서만 현실 세계에 소속된다. 따라서 그의 자아실현은 근본적으로 불가능한 것이 된다.

포세이돈은 자신의 활동과 관련하여 일종의 환영(幻影)에 사로잡혀 있다. 그는 계산의 일치를 현실의 조화로 혼동한다. 공식과 숫자에 근거하여 그는 자신이 삶의 요소들과 친숙하다고 믿는다. 노동은 그의 삶이자 현존의 형태이다. 이로써 포세이돈은 일상적인, 그래서 거의 인지될 수 없는 구조의 희생물, 즉 산업사회의 메커니즘과 영향력의 희생물이 된다.

전승된 신화에서, 고유한 영역인 바다뿐만 아니라 육지까지도 진동시키는 포세이돈의 삼지창은 힘과 권위의 상징인 동시에 삶과 삶의 의지를 완벽하게 결합시키는 매개체이다. 따라서 삼지창의 언급은 그 자체만으로도 포세이돈의 영웅성을 부각시키기에 충분하다. 하지만 카프카의 단편에서 삼지창의 언급은 일종의 책략이다. 카프카는 그의 단편에서 무엇보다도 호머(Homer)의 서사시에 의해 규범화된 고대 그리스 신화를 단순한 상상이자 환영으로 치부한다. 카프카는 삼지창을 휘두르는 포세이돈의 신화적 형상을 단지 환상으로 간주함으로써 전승된 포세이돈의 영웅성을 불투명하게 만든다. 끊임없이 계산을 수행하는 카프카의 포세이돈은, 언제나 삼지창을 들고 물살을 가로질러 마차를 타고 가는 포세이돈에 대한 인간의 신화적 상상을 견딜 수가 없다. 그는 그의 행위를 노동으로 여긴다. 영웅과 신화의 세계가 자본과 이성의 유희적 대상으로 전락한 현대 사회에서, 위대한 신 포세이돈은 삶과 신화에서 소외된 현대인의 실존일 뿐이다.

카프카의 신화에 대한 패러디는 바다의 신인 포세이돈이 바다를 거의 보지 못하는 장면에서 그 정점에 달한다: "그는 바다를 거의 보지 못했다. 단지 올림포스 산으로 급히 올라갈 때 힐끗 쳐다볼 뿐이었고, 결코 바다를 거니는 일은 없었다." 바다의 신 포세이돈은 역설적으로 바다를 보지 못한다. 이것이 바로 작가가 지금까지의 탈신화화 과정에서 끌어내는 결론이다. 즉 카프카는 포세이돈에게 모든 대상을 물량화시키는 무한 반복의 계산 과제를 부여함으로써 결국에는 그를 삶의 영역으로부터 질적으로 소외시킨다. 이러한 객관적, 분석적 자연 지배를 통한 자연으로부터의 소외는 아도르노와 호르크하이머의 공저『계몽의 변증법』의 테마와 상응한다: "인류는 자신이 지배하는 것으로부터 소외당함으로써 그 힘의 확장에 대한 대가를 치르게 된다."(호르크하이머, 아도르노,『계몽의 변증법』, 15쪽)

『계몽의 변증법』에 의하면 인간의 소외는 계몽의 특성과 밀접한 관련이 있다. 계몽은 합리적, 도구적 이성의 산물이다. 계몽은 신화적 운명의 '반복'과 자연의 인간 지배로부터 벗어나고자 한다. 하지만 자연에서 반복되는 규칙을 발견하고 이를 통해 세상을 이해하기 위하여 계몽은 스스로가 계산을 '반복'함으로써 또다시 신화 속으로 침잠한다.

계몽은 매 걸음마다 점점 더 깊이 신화 속으로 빠져 들어간다. 계몽은 신화를 파괴하기 위한 모든 재료를 신화로부터 받아들이고, 심판자임에도 불구하고 신화적 마력에 빠져든다. 계몽은 운명과 보복의 과정에서 벗어나고자 하는데, 그 방법은 이 과정 자체에 보복을 행하는 것이다.(호르크하이머, 아도르노,『계몽의 변증법』, 18쪽)

'신화와 계몽의 변증법'에 나타나는 것처럼 카프카의 포세이돈 역시 신화적 순환의 틀 안에서 한 치도 벗어나지 못하며, 끝없는 계산 작업은 바다라는 자연적 요소로부터 끊임없이 그를 소외시킨다: "플라톤(Platon)의 후기 저서에 나타나는 신화적 서술에서 사고와 수의 동일시는 모든 탈신화화의 동경을 표현한다: 수는 계몽의 경전이 되었다."(호르크하이머, 아도르노, 『계몽의 변증법』, 13쪽) 결국 포세이돈은 계몽의 신화적 순환 결과로서의 우울한 형상, 즉 실존의 내재적 의미가 사라진, 자아와 타자의 단절을 통해 삶을 존속시키는 현대적 개체의 자화상이다.

카프카는 신화에 대해 현재를 위한 새로운 의미 부여를 시도한다. 카프카의 패러디는, 신화에 내재하는 원형의 역설적 반복을 통해 현재를 비판한다. 포세이돈의 소외는, 수와 이성의 힘으로 신화적 공포를 극복했을지라도, 그 결과 스스로 계몽의 제물이 된 인간의 부조리한 실재와 다름없다. 결론적으로 카프카의 포세이돈은 동시대의 문학이 표현하는 현대인의 실존이자 삶의 부조리를 대변한다.

3. 패러디와 해체주의

카프카의 단편 「포세이돈」은 전승된 신화에 대한 패러디이다. 패러디란 원작의 외형적 틀을 유지하지만 원래의 내용을 비틀어 표현함으로써 진리에 대한 다양한 해석 가능성을 제시하는 데 그 본질이 있다. 이러한 패러디는 열림 또는 열려 있음의 미학을 표방하는 해체주의자들의 중요한 표현 수단이다. 그들은 패러디를 통해 유희적으로 진리를 탐구하며, 진리를 고정시키는 현전(現前)의 형이상학에 반대한다. 현전의 형이상학이란, 진리추구에 있어서 대상과 개념의 의미나 본질이 어떤 중심과 보편성을 지닌 채로 우리의 주관에 존재함을 의미한다. 그렇지만 유희적 성격을 갖는 해체주의자들의 작품은 전통적 가치와 개념의 보편타당성을 해체하는 동시에 재구성한다. 이러한 맥락에서 여기에서는—카프카의 패러디에 나타나는 수사학적 어법에 대해 알아보기 전에—문학의 영역에서 패러디를 진리추구의 지배적인 수단으로 사용하는 해체주의의 사고에 관해 살펴보자. 이는 현대 문학의 특성에 대한 이해와 현대의 인식론적 사유에 대한 통찰에도 많은 도움을 준다.

진리에 대한 견해를 전개하는 니체의 논문 "도덕외적 의미에서의 참과 거짓에 관하여(Über Wahrheit und Lüge im außermoralischen Sinne)"는 수사적 '해체주의'의 진리에 대한 출발점이 된다.

진리란 무엇인가? 이리저리 몰려다니는 은유, 환유, 의인법들의 무리, 짧게 말하면 시적으로, 수사적으로 고양되어 표현되고 장식된 인간적인 상관관계의 합이 아닌가. 오랜 사용 후에 대중에게 고정되고 규범화되어 구속력이 있다고 여겨지는 인간적인 상관관계의 합이 아닌가. 진리란 환영이며, 이로 인해 인간은 진리가 환영이라는 사실조차 망각한다.(니체, "도덕외적 의미에서의 참과 거짓에 관하여", 810-811쪽)

니체는 철학의 수사적 의미 전환에서 출발하여 개념적 엄격함을 추구하는 전통적 이상과 작별하고 예술의 영역, 구체적으로 말하자면 음악과 문학의 영역으로 눈을 돌린다. 니체는 개념의 명확한 정의를 추구하려는 헛된 시도를 포기하고 예술과 문학이 초대하는 의미들의 놀이에 관심을 보인다. 그 놀이의 본질은 현전의 해체에 있다. 의미의 현전이란 대상과 개념에 일치하는 명확한 표시와 기호, 즉 언어적 표현이 존재함을 뜻한다. 그렇지만 니체의 사고에서 출발하는 해체주의는 대상이나 개념 인식의 본질이 대상과 언어, 개념과 언어 사이의 메울 수 없는 간격, 즉 의미의 현전이 아닌 의미의 부재에 있다고 생각한다. 예를 들어 '사랑하다'와 '좋아하다'라는 표현에 주어지는 의미는 시대에 따라 달라진다. 보수적이던 과거에는 모든 남녀 관계가 '사랑하다'라는 단어로만 표현될 수 있지만, 개방적인 현대에는 남녀 간의 우정도 존재할 수 있으며 이 경우 '좋아하다'라는 표현을 사용할 수 있다. 또한 과거에는 동성 사이에 '사랑하다'라는 표현이 불가능했으나, 시대의 흐름에 따라 현대에는 '사랑하다'라는 표현도 가능하게 된다. 즉 '좋아하다'와 '사랑하다'라는 단어는 고정적 의미를 지니는 것이 아니라 시간에 의해 변화하는 유동적 의미를 지니며, 오히려 자신이 사용되지 않는 장소에서, 자신의 의미가 부재하는 곳에서 의미가 주어진다. 다시 말해 '좋아하다'는 자신의 의미가 없는 장소인 '사랑하다'에 의해 의미가 규정되며 반대의 경우도 마찬가지이다. 의미는 또한 공간에 의해, 예를 들어 소속된 공동체, 사회, 국가 등의 다름에 의해 그 차이를 드러낸다. 결국 중심이 되는 고정된 의미란 존재하지 않으며 의미는 시간과 공간의 차이에 의해 지속적으로 변화하는 유동적 속성을 지닌다. 따라서 의미들의 놀이는 시간과 공간이라는 차이의 체계에 존재하는 부재와 현전의 부단한 놀이이다. 해체주의를 대변하는 인물인 데리다에 의하면 대상과 언어, 즉 기표(존재하는 대상이나 개념)와 기의(기표에 주어진 의미)의 일치는 불가능하며 이 사이의 간극, 다시 말해 부재와 현전 사이를 떠돌며 지속적으로 변화하는 의미들의 놀이야말로 존재와 진리인식 과정의 본질이다. 그렇지만 동일한 이유로 인해 존재와 진리는 결코 인식될 수 없다. 이러한 의미에서 패러디는 규정할 수 없는 존재의 본질과 현대 사회의 불가해성에 접근하려는 유희적 놀이에 가장 적합한 도구이다. 물론 패러디의 비유적 표현에 의한 대상 인식은 본질에 대한 규정 불가능성과 해독 불가능성을 전제로 한다.

존재 또는 대상에 대한 유희적 접근은 보편적 진리와 총체적 인식을 포기한다. 하지만 이로 인해 진리와 본질의 인식에 대한 가능성은 항상 열려 있다. 이 지점에서 데리다는 진리 개념의 유희적 해체를 표방하는 니체적 사고의 본질을 발견한다. 데리다의 해체주의 강독은 기호 형성과 의미 분배의 멈추지 않는 놀이를 통해 수행되며, 이로써 현전의 형이상학은 전복된다. 그렇지만 해체는 단순히 현전의 형이상학을 전복시키기 위한 의미의 파괴가 아니라, 부재와 현전 사이에서 수많은 의미를 생산하는 차이의 역동성을 감지함으로써 사고와 진리인식의 가능성을 확장하는 데에 그 본질이 있다.

데리다는 니체적 사고의 영향 하에서 대부분의 합리주의자들에게는 불편한 견해, 즉 각각의 기호는 끊임없이 선행하거나 후행하는 다른 기호들을 지시함으로써 자기 동일성의 붕괴를 초래하기 때문에 의미의 현전은 실현될 수 없다는 견해를 대변한다. 즉 어떤 문장에서 각각의 단어는 스스로 고유한 의미를 지니는 것이 아니라, 앞뒤에 나타나는 다른 단어들과의 관계에 따라 또는 선행하거나 후행하는 문장들에 따라 의미가 지속적으로 달라진다는 것이다. 이는 기표(記標, signifiant)의 고유성이 명확한 기의(記意, signifié)의 지시에 근거하는 것이 아니라 다른 모든 기호와의 차이에 의존함을 의미한다. 결국 대상과 개념에 일치하는 내용을 표현한다고 믿고 있는 언어는 그 자체로서 고유한 규정적 의미를 갖는 것이 아니라, 다른 지시어와의 관계와 차이에서 유동적으로 의미가 생성되고 변용된다. 따라서 모든 단어와 문장, 언어적 표현은 영원히 해독될 수 없으며, '**차연(差延, différance)**'의 사건만이 열려 있고 드러날 수 있다. 데리다에 의해 만들어진 용어이자 해체주의를 대변하는 단어인 차연은 '기표와 기의 사이의 차이, 기표와 기표 사이의 차이, 이로 인한 의미의 끝없는 유보'라는 뜻으로 요약될 수 있다. 우리말 번역에 있어서 대부분 '차연(差延)'이라는 표현을 사용하는데, '유보(留保)' 또는 '유예(猶豫)'라고 해석하는 것이 문맥의 이해에 도움이 될 경우도 많다. '차연'이라는 용어는 현대에서 예술 작품의 이해와 해석뿐만 아니라 철학의 인식론적, 존재론적 사고에도 많이 사용되는 개념이다. 결론적으로 니체와 데리다에게는 개념적 정의에 대한 동경이 발견되지 않는다. 따라서 그들의 문체는 비유적이고 역설적이며, 이러한 특성을 가장 잘 표현할 수 있는 수단으로서 그들은 패러디를 선호한다.

4. 카프카의 패러디에 나타나는 수사학적 어법

이제 본격적으로 패러디의 수사학적 어법들이 카프카의 신화 「포세이돈」에서 어떤 기능과 역할을 하는가에 관해 알아보도록 하자. 참고로 수사학적 어법이란, 의도하는 바를 효과적으로 표현하기 위하여 동원되는 언어적 기법과 문체적 기술을 의미한다.

(1) 파라독스(역설)

그는 세상의 종말이 올 때까지 기다리면, 종말 직전에 마지막 계산을 확인한 후 서둘러 작은 일주여행을 할 수 있는 평온한 시간이 있을 것이라고 말하곤 했다.

유토피아적 순간에 대한 바다의 신 포세이돈의 상상은 극도로 역설적이다. 삶의 터전인 바다에 대한 최초의 신뢰할 만한 경험은 지배 영역의 해체와 세상의 종말을 전제함으로써 가능해진다. 결국 바다로부터의 소외에 대한 종말론적 해결의 비전은 실존하는 현실 세계에서 자아를 실현하고 발전시킬 가능성조차도 말살한다. 포세이돈의 작은 일주여행에 대한 희망은 단지 '나중'이자 '유보'이다. 존재와 존재 이유의 일치에 대한 지속적인 유보, 대상과 본질의 동일성에 대한 끝없는 유보, 즉 '차연'은 포세이돈에게 있어 억압의 반복이며 시작의 반복이다. 죽음에 이르기까지 종결될 수 없는 이러한 차연의 원리는 삶 속의 죽음을 의미한다. 이것은 그 근원이 어디인지 더 이상 알지 못하는, 시작과 종말이 전도된 역설(paradox)이다.

바다는 포세이돈을 위해 규정되어 있지만, 동시에 바다는 포세이돈을 위해 규정되어 있지 않다. 이것이 바로 카프카의 포세이돈에게 나타나는 가장 처연한 역설이다.

(2) 은유

신화에 대한 인간의 상상 속에서 포세이돈은 언제나 삼지창을 들고 바다를 활보하는 신이다. 하지만 카프카의 단편에서 포세이돈은 바다 속 깊은 곳에서 끊임없이 계산 작업을 수행하는 관료이다. 모든 하천을 관리하는 직업이 그에게 강제로 부여된 것은 아니다. 그렇지만 다른 일자리는 그 스스로가 견뎌내지 못한다. 포세이돈은 부여된 과제를 업무로 생각하고 수행함으로써 관료주의적 세상에 적응한다. 하지만 인간에게 있어 그는 태초부터 바다의 신으로 규정되어 있다. 이 지점에서 신의 원초적 본능으로서의 지배력에 대한 상상과, 노동에 의해 도구화되고 통제된 신성에 대한 사고가 교차된다. 포세이돈의 활동은 자연적 존재로서의 행위가 아니라 도구적 작업, 즉 교환 가능한 노동력으로서의 행위이다. 하지만 동시에 그는 대체 불가능한 '존재 그 자체'이다: 그는 '위대한 포세이돈'이며, 이것만으로도 그는 '언제나 지배적인 지위'를 얻을 수 있었다.

포세이돈의 분열된 주체는 현실사회에서 '존재 자체'로 기능할지라도 부재의 장소, 즉 무의식의 영역에서는 '도구'로 존재한다. 이러한 해결 불가능한 주체의 모순성 때문에 포세이돈은 자기 동일성을 가질 수 없으며, 이는 실재 세계로부터의 소외와 직결된다. 포세이돈은 자신에로의 접근을 끊임없이 유보시키는 비동일성의 현존재(現存在)이다. 따라서 포세이돈의 실존에 대한 은유(隱喩, Metapher)는 의미와 의미 사이에서 지속적으로 미끄러지며, 포세이돈이라는 기표에 대한 기의는 영원히 유예된다.

카프카의 단편 「포세이돈」에 나타나는 신화적 세계는 어떤 새로움도 도출되지 않고, 인간을 위한 창의적 공간이 배제된 채 동일한 것만이 기계적으로 재생산되는 공간이다. 우리는 언제나 동일한 모습으로 삼지창을 들고 물살을 가로지르는 포세이돈에 대한 환상을 '강제적으로' 재생산한다. 이와 동시에 끝없는 계산 작업에 빠져 있는 포세이돈의 모습 또한 '강제적으로' 떠오른다. 포세이돈은 그가 영웅으로 간주되고 소외되지 않는 곳, 즉 신화의 세계에 머물러야 한다. 그가 현실 세계에 존재하고 인간이 자연을 대상화, 물량화시키는 한, 인간은 균열된 주체로서의 소외된 포세이돈과 다름없다. 이와 동시에 인간과 포세이돈의 실존에 대한 의미는 영원히 유예된다. 그렇지만 포세이돈이 신화의 세계를 되찾고, 인간의 의지가 자연에 동화된다면, 인간과 포세이돈의 실존에 대한 메타퍼(은유)는 미끄러지지 않을 것이며, 현존재라는 기표의 의미는 더 이상 유보되지 않을 것이다.

(3) 아이러니

신화에 대한 인간의 관념에서 신이란 정신과 본능의 조화를 통해 노동이라는 개념이 지양된 유토피아적 존재이다. 하지만 카프카의 포세이돈은 그의 지배력을 통해 외적 자연뿐만 아니라, 그 자신의 내적 자연까지도 물화시킨다. 그의 활동 영역은 무한한 생동감으로 가득한 바다가 아니라 숫자에 의해 계량화되는 유한의 영역이다. 수(數)는 신화의 역사를 대변하는 포세이돈을 지배하는 동시에 정신의 감옥으로 작용한다. 신화가 운명적 순환의 사슬에서 스스로를 해방시키려는 인간의 정신을 방해하는 것처럼, 수는 살아 숨 쉬는 자연과 포세이돈의 결합을 방해한다. 그렇지만 이러한 강제와 좌절의 사태에 내재하는 것은 역설적으로 해방의 관점이며, 이는 바로 카프카의 '구성적 아이러니'에 의해 가능해진다. 로베르트 무질(Robert Musil)은 구성적 아이러니를 다음과 같이 묘사한다.

> 아이러니란 성직자를 묘사하면서 볼셰비키가 느껴지게끔 하는 것이
> 다. 또한 바보를 묘사하면서 갑자기 작가 자신이 바보일 수도 있음을
> 느끼게 하는 것이다. 이런 종류의 아이러니가 바로 구성적 아이러니이
> 다.(무질, 『특성 없는 남자[*Der Mann ohne Eigenschaften*]』, 1603쪽)

카프카는 인간의 무의식에 내재한 신화적 영역 밖의 어떤 지점에
서 신과 인간을 관찰함으로써, 기존의 익숙한 관념을 낯설게 만든다.
하지만 이러한 거리 두기와 낯설게 하기는 역설적으로 현대적 개체
가 어떠한 정체성 위기와 어떤 종류의 위험에 직면해 있는지를 인식
하게 해준다. 천둥을 부르며 그 자체로서 신화적 지배력의 상징이었
던 삼지창, 그렇지만 지금은 포세이돈에게서 제거된 삼지창은, 이제
는 종착역에 이른 것 같은 신화적 세계 질서를 해체하는 암호로 작용
한다. 삼지창이 필요 없는 시대에서 살아남아야 하는 포세이돈의 실
존, 육체적 소진과 정신적 체념에 의해 야기된 포세이돈의 소외는 결
국 카프카적 아이러니, 즉 주체와 객체의 전도, 신화와 현대의 전도,
인간과 자연의 전도라는 아이러니가 낳은 산물이다.

포세이돈은 바다에 대해 신뢰할 만한 경험과 실존하는 현실 세계
에서의 자아실현 가능성을 세상의 종말이 올 때까지 유보시킨다. '나
중'과 '강요의 부재'는 모든 가능성을 열어놓지만 존재의 의미에 대한
유예, 즉 '차연'의 사건 또한 피할 수 없는 것이 된다. 이 또한 쓰디
쓴 카프카의 아이러니이다.

이상에서 알아본 것처럼 카프카의 패러디는 그 자체로서 은유이자 아이러니, 파라독스이고, 이러한 수사학적 어법들은—데리다가 '차연'의 개념을 통해 말하고자 했던 것처럼—존재의 본질과 의미의 현전을 영원히 유보시킨다. 다시 말해 카프카의 패러디에 나타나는 수사학적 어법들을 통해 확인되는 것은 '포세이돈'이라는 현대적 주체에 일치하는 동일성, 즉 기표에 대한 기의는 현전하지 않으며 영원히 유보된다는 사실이다. 포세이돈이 신화의 세계로 돌아갈 수 없는 한, 우리가 문명과 타자의 굴레에서 벗어날 수 없는 한, 삶과 현실은 의미를 규정할 수 없는 영원한 패러디이며 존재의 의미, 즉 '우리'라는 기표와 일치하는 기의는 존재하지 않을 것이다.

5. 마무리하며

현대 문학의 위기는 무의식을 의식의 언어로, 차이를 동일성의 언어로, 구조를 경험의 언어로, 존재를 존재자의 언어로 풀어내야 한다는 사실에 그 본질이 있다. 그렇지만 문제는 전통적인 개념의 언어가 무의식, 차이, 구조, 존재를 묘사할 능력이 없다는 것이다. 이에 반해 패러디는 명확한 의미의 제시가 아닌, 대상의 본질을 내재하면서 암시하는 비유의 언어이다. 카프카의 신화 「포세이돈」 또한 대상이나 사태가 설명될 수는 없을지라도 느껴지거나 경험될 수 있는 비유의 세계이다. 이를 통해 대상의 지양될 수 없는 '양가성(兩價性)'을 그려내는 것이 가능해진다. 따라서 카프카의 텍스트는 대상의 규정 불가능성을 통해 규정에 대한 가능성을 열어놓는 니체적이고 데리다적인 사고의 연장선상에 있다. 전승된 신화에 대한 패러디인 카프카의 단편 「포세이돈」은 '의미들의 놀이와 의미의 끝없는 유예'라는 언어학적, 인식론적 사고가 존재론의 영역으로 확장된 장소이다. 다시 말해 카프카는 개념의 언어가 아닌 비유의 언어를 통해 유희적으로 존재와 대상에 접근한다. 이는 존재와 진리의 총체적 인식에 대한 포기인 동시에, 수많은 파편적, 특수적 인식 가능성의 선택이기도 하다.

카프카의 패러디 「포세이돈」에 사용된 수사학적 어법의 관찰을 통해 나타난 '의미의 끝없는 유예'는 놀이의 사고 이면에 존재하는 쓸쓸하고 부정적인 사건이다. 그렇지만 다른 한편으로 놀이의 사고에는 니체의 긍정, 말하자면 미래의 순진무구함에 대한 즐거운 긍정, 진리도 근원도 없이 열려 있는 기호들로 존재하는 세상에 대한 환호가 내재한다. 의미의 현전에 더 이상 집착하지 않는 해체주의자들은 우울한 이면에도 불구하고 의미들의 놀이를 긍정하며, 인간과 인간주의를 극복하고 초월하고자 한다. 왜냐하면 인간이란 형이상학과 존재론의 전체 역사에서 완전한 현전, 확고한 근거, 근원, 놀이의 끝을 꿈꾸던 오만한 존재의 이름이기 때문이다.

카프카는 불변의 신화적 전통을 가변적 현실 인식의 단면과 결합시킴으로써 기표와 기의의 끝없는 유예라는 인식의 사고 과정을 보여준다. 카프카의 단편에 남아 있는 것은 끝없이 진행되는 사고 그 자체뿐이다. 하지만 이러한 의미의 유예를 통해 신화와 현재의 잃어버린 인과관계를 재발견할 가능성은 항상 열려 있다. 바로 여기에 현전을 부정하는 인식의 힘이 존재한다.

9 현대의 주체와 자아
프로이트, 아도르노, 데리다의 관점에서 본 주체와 자아인식

> 프로이트의 견해처럼 우리는 외적 환경에 의해
> 한정되고 규정되는 존재이며, 아도르노와 데리다
> 의 견해처럼 주체적 능동성을 갖고 있는 존재이
> 기도 하다.

　　현대 예술의 대표적 특징은 상실된 자아와 주체의 묘사, 그리고 인
간 존재에 대한 물음이다. 마찬가지로 현대 철학에서도 수많은 학자
와 비평가들이 주체와 자아의 형성 과정에 대한 연구에 몰두하고, 주
체성 회복과 자아인식에 대한 나름의 견해와 해법을 제시한다. 이번
장에서는 현대 예술 작품의 근본적 테마인 주체와 자아인식에 대해
독창적인 연구와 논리적인 견해로 주체성과 자아 회복의 길을 제시
하는 대표적인 사상가 3인의 사고를 다루고자 한다. 프로이트는 정신
분석이라는 새로운 방법으로 인간의 자아와 무의식을 규명하고자 했
으며, 아도르노는 역사를 계몽의 변증법적 과정으로 간주하고 그 안
에서 주체의 형성 과정과 자아 회복의 길을 발견한다. 데리다는 가능
성의 생태계 안에서 주체와 자아를 규정하려는 시도를 비판하고 차
연의 삶을 제시한다. 본문에서 주체와 자아인식에 대한 이들의 견해
를 자세히 알아보도록 하자. 이해의 편의를 위해 앞 장에서 다루어진

카프카의 포세이돈을 세 명의 사상가가 전개하는 이론의 구체적인 적용 모델로 사용할 것이다.

1. 손상된 삶과 현대적 주체의 상실

아도르노는 그의 저서 『미니마 모랄리아』에서 날카로운 시선으로 현대의 '손상된 삶'에 대한 견해를 전개한다. 그가 말하는 손상된 삶 이란 자유로운 경험과 사고를 인정하지 않고 사회적 통제에 순응하는 수동적 관념에 사로잡힌 개체의 삶을 의미한다. 아도르노의 견해에 의하면, 규격화된 개념사회에서 주관성과 객관성의 관계는 전적으로 위장되어 나타난다. 이는 현대 사회의 주체가 사고의 극단적 규범화와 고유한 판단력의 상실로 인해 객체와 더 이상 구분되지 않음을 의미한다. 나아가 아도르노는 '물신숭배'를 현대 사회의 주도적 지배 원리로 규정하며, 이로 인해 삶의 수단과 목적이 전도되어 나타나며 개체의 창의력을 위한 이성적 공간은 남아 있지 않다고 주장한다. 현대 사회의 이러한 메커니즘은 합리적 관료주의의 산물이며 종국에는 관료주의조차도 지배하는 동시에 이성의 합리성을 초월하는 절대적 총체성으로 변모한다. 현대 사회의 합리성은 역설적으로 극단적 비합리성으로 종결된다. 이러한 맥락에서 카프카의 포세이돈은 아도르노가 말하는 손상된 삶의 전형이며, 자아와 주체의 상실을 담보로 하는 영구적 자기보전은 이성의 야만성이 극대화된 원리이다.

카프카는 셈이라는 모티브를 통해 바다의 신 포세이돈의 조화로운 삶의 형태를 해체할 뿐만 아니라, 그를 자신의 삶으로부터도 소외시킨다. 육지와 동떨어진 바다 속 깊은 곳에서 단순한 계산 작업을 반복하는 포세이돈의 행위는 현대 관료주의 사회의 유지와 발전을 위한 전제조건일지라도, 그것은 셈을 통한 양적 경험에 국한됨으로써 삶에 친화적인 창의성과 상상력을 고갈시킨다. 이는 자신의 삶을 개발하고 발전시킬 주체적, 독립적 자아의 부재를 의미한다. 포세이돈의 삶은 익명의 무의식적인 힘에 종속되어 있으며, 그의 주체성은 산술 작업을 통해 감각화되는 양적 경험과 동일시된다. 양적 경험의 사멸은 동시에 그의 운명의 종말을 의미한다. 결국 포세이돈의 삶은 자본주의적 이성과 합리성으로 그의 신성과 의지를 억제하는 끝없는 유보 과정과 다름없다. 급격한 사회화와 탈신화화, 탈마법화가 초래한 것은 자연과 자아로부터의 소외, 바로 현대적 주체의 상실이다.

2. 현대의 주체와 자아인식— 프로이트

여기에서는 주체와 자아인식에 대한 프로이트의 견해를 살펴보고자 한다. 우선 프로이트에 관해 잠시 알아보자. 지그문트 프로이트(Sigmund Freud, 1856-1939)는 오스트리아의 신경·정신의학자이자 정신분석학의 창시자이다. 빈 대학 의학부에서 신경해부학을 공부했다. 졸업 후, 1885년 파리에서 정신질환이 있는 환자들을 연구할 기회가 주어졌으며, 1886년 귀국하여 빈에서 신경병원을 개업하고 임상 관찰을 통해 뇌와 신경 연구에 전념한다. 1889년 프랑스 낭시에서 최면술을 알게 되면서, 인간의 심리에 무의식이 존재한다는 것을 확신하게 된다. 이후 최면술과 자유연상법 등에 관한 연구를 거치며 정신

평생 시가를 곁에 두고 흡연을 예찬하던 프로이트는, 서른세 차례나 구강암 수술을 받으며 고통에 시달리지만 생의 마지막까지 흡연의 즐거움을 포기하지 않는다. 프로이트에게 있어 흡연은 삶과 연구의 촉진제이자 악덕이었다.

분석학의 기반을 마련한다. 대표적 저서로는『꿈의 해석(*Die Traum-deutung*)』(1900)과『정신분석입문(*Vorlesungen zur Einführung in die Psychoanalyse*)』(1917) 등이 있다. 프로이트의 이론은 심리학, 정신의학뿐 아니라 예술과 종교, 도덕, 문화에까지 적용되었으며 사회학, 인류학, 교육학, 범죄학, 문예비평 등의 광범위한 분야에 영향을 미쳤다.

　　프로이트의 견해에 의하면, 이성, 의지, 감각, 순수이성, 실천이성, 판단력과 같은 전통적인 철학적 개념들은 인간의 정신을 규명하기에 더 이상 적합하지 않다. 프로이트는 심리적인 것의 규명을 위해 구조적, 위상적 삼분법의 개념을 사용한다. 구조적 삼분법은 '에스(Es/id)', '자아(自我, Ich/ego)', '초자아(超自我, Über-Ich/superego)'로 구성되어 있다. 위상적 삼분법은 '무의식(無意識)', '전의식(前意識)', '의식(意識)'으로 구성되어 있다. 프로이트는 전의식이라는 개념을, 매 순간 의식의 수면 위에 있지는 않을지라도 근원적으로는 의식될 가능성을 내포하는 내용들의 영역으로 규정한다. 기억, 어휘, 습득된 지식과 능력 등이 이에 속한다. 무의식은 의식의 수면에 이를 수 없는 영역, 즉 심리적으로 억압된 영역을 의미한다. 구조적인 구상에서 에스는 충동욕을, 자아는 타협과 조정에 대한 이성적 요구를, 초자아는 사회적 요구와 권위를 대변한다. 에스가 추구하는 것은 쾌락 원칙이며, 자아는 에스와 초자아의 중재자로서 현실 원칙을 추구한다. 프로이트는, 에스에 대한 집착을 사회 문화적 가치추구의 영역으로 전환시키는 성공적인 과정을 '승화(昇華)'라고 표현한다. 그렇지만 심리분석은 분석 대상의 불가피한 다면성, 즉 충동적, 의도적, 사회적 특성이 혼재되어 있는 무의식의 다면성으로 인해 그 어려움이 존재한다. 무의식은 억압이라는 방어기제를 통해 의식과 구분된다. 억압이란, 개체 안에 의식되지 않아야 하는 심리적인 어떤 것, 즉 금지된 욕구나 트라우마(Trauma, 정신적 외상, 충격)가 존재함을 의미한다.

의식을 실재에 대한 가치판단의 기준으로 삼으려는 경향은 한편으로는 의식의 고유한 특성인 자기애(自己愛, Narzissmus/Narcissism)에 근거하며, 다른 한편으로는 외부 세계의 인식에 있어서 질서를 제공하여 환경에 대한 적응을 순조롭게 하는 의식의 유용성에 기인한다. 따라서 수미일관, 인과성, 보편타당성 등과 같은 논리적 개념들은 전적으로 의식이 외부 세계에 부여한 질서이며, 그것들이 완전히 실재와 일치한다고 볼 수는 없다. 무의식에 대한 논리적, 인과적 인식은 단지 의식의 작용이다. 이러한 맥락에서 의식의 기준이 심리적인 모든 것의 기준으로 간주되는 것은 의식의 방어행위로 이해될 수 있다. 나아가 개체가 특정한 가치관과 관점을 고수하는 이유는, 그것이 진리 자체이기 때문이 아니라 억압된 무의식적 욕구로부터 자아를 보호하는 데 효과적으로 작용하기 때문이다.

무의식의 흔적으로서 포세이돈의 신성은 현실 인식과 세계에 대한 적응을 방해한다. 포세이돈에게 있어서 현대의 자본주의적 산업사회는 정신을 자연이 아닌 사회적 규범과 동일화시키는 의식과 다름없다. 현대의 사회적 규범과 상징적 언어는 자연적 욕구와 충동을 만족시키며 생활했던 신화적 영웅 포세이돈에게 그 자신의 고유한 영역인 바다를 관리하는 업무에서조차도 즐거움을 가져다주지 않는다: "그의 업무가 그를 즐겁게 했다고 말할 수는 없다. 그는 단지 업무가 부여되었기 때문에 수행할 뿐이었다."

또한 포세이돈의 불안은 자연적 존재에서 사회적 존재로의 변화과정이 너무 그로테스크하고 부조리해서 삶과 자신을 동일화시킬 수 없다는 사실에 기인한다: "언제나 삼지창을 들고 물살을 가로질러 마차를 타고 가는 모습을 사람들이 포세이돈에게서 떠올린다는 말을 들을 때면, 그는 극도로 화가 난다."

포세이돈은 사회적 존재가 되기 위하여 자신의 욕구와 충동을 부정함으로써 의식적으로 그의 신성을 억압한다. 사회적 요구와 권위로서의 초자아에 대한 그의 강박관념은 의식과 무의식의 갈등을 수반할 뿐만 아니라 의식의 균열까지 초래한다. 포세이돈의 자아는 에스와 초자아 사이에서 방황하는 현대적 주체의 초상이다.

프로이트에 의하면 심리분석 치료는, 주체가 의식적 방어행위의 완화를 통해 억압된 충동이나 기억의 흔적과 대면하고 이를 성숙하고 건강한 자아의 관점에서 재조직하고 재구성함에 그 본질이 있다. 심리적 과거가 무의식에 억압되어 있는 한 주체는 자신으로부터 분리되고 소외된다. 따라서 포세이돈의 주체성 복구와 정신의 새로운 발전을 위한 전제조건은 억압된 것을 의식의 영역으로 가져가는 것, 즉 현대 관료주의와 합리주의에 매몰되어 있는 그의 신성과 자연성을 재인식하고 재구성하는 것이다.

프로이트의 심리분석 이론은 합리적 이성과 이에 의해 야기되는 환상에 대한 비판적 시도, 다시 말해 이성 중심주의(Logozentrismus/ Logocentrism)와 이로 인해 초래된 치명적인 사회적 결과물에 대한 비판의 시도로서 이해될 수 있다. 그렇지만 프로이트 이론의 독창성과 폭발력은 무엇보다도 개인의 심리에서 사회적 지배관계의 퇴적물을 감지하고 억압된 자아에 언어를 부여했다는 사실에 있다. 프로이트는 개체의 사회화 과정에서 필연적으로 나타나는 진보의 일방성뿐만 아니라 체념의 역사를 읽어낸다. 포세이돈의 역사 또한 피로에 지친 단념의 연속이다. 그의 삶은 진정한 자아인식을 거부하며 예측할 수 없는 미래에 대한 무의미한 계산과 가정으로 자신을 소모시킨다. 포세이돈의 자아는 계몽, 자연 지배, 인간의 인간 지배가 수습할 수 없이 뒤엉킨 계몽의 변증법이라는 덫에 갇혀 있다. 이 덫 안에서 자아인식은 자주적, 이성적 존재의 이상과 대치되며, 자아의 이상은 심리에 내재하는 불안과 억압 구조에 그의 자리를 넘겨준다.

3. 현대의 주체와 자아인식 — 아도르노와 호르크하이머

충동에 대한 프로이트의 이론은 개체와 사회, 자연*과 문명, 충동
욕구와 충동억제, 에로스(Erōs, 삶에 대한 욕구)와 타나토스(Thanatos,
죽음에 대한 욕구) 사이의 모순적 관계를 규명하고자 하는 갈등이론
이다. 이러한 갈등구조는, 개체의 운명이 자신의 의도와 행위와는 독
립적으로, 자신의 통제선 너머에서 지속적인 영향력을 발휘하는 어
떤 힘에 의해 결정된다는 사실에 기인한다. 프로이트는 물질주의 사
상이 지배하던 시대에 살았으며, 또한 이의 옹호자였기 때문에 여기
에서 어떤 힘이란 물질로서의 외적 자연을 의미한다고 볼 수 있다.
인간과 자연의 관계에 대한 논의에 있어서 아도르노와 호르크하이머
의 쟁점은 프로이트와는 확연히 구분된다. 아도르노와 호르크하이머
는 근본적으로 인간과 자연의 관계 방식을 질문의 대상으로 삼는다.
그들은 문명의 진보를 처음부터 내적 및 외적 자연의 훼손 과정으로
파악한다. 이러한 논지를 전개하는 아도르노와 호르크하이머의 공저
『계몽의 변증법』은 그들 이후의 어떤 사회비평학자들도 회피할 수
없는, 현대적 주체성에 관한 체계적이고 차별화된 담론의 장을 연다.
거기에서는 더 이상 역사적 동력으로서의 생산관계에 대한 문제가
아니라 '비합리적, 익명적, 관료주의적 거대구조의 외형에 내재하는
도구적 이성'이 테마가 된다. 아도르노와 호르크하이머는 내적 및 외

---

* 영어와 독일어에서 '자연'이라는 단어는 '인간이 지닌 소박하고 순수한 본성'이라
는 의미와 '인공적 성격이 가미되지 않은 환경 또는 인간을 둘러싼 모든 외적 환경
으로서의 자연'이라는 의미를 지닌다. 양자의 구분을 위해 전자는 '내적 자연', 후
자는 '외적 자연'이라는 용어가 사용되기도 한다.

적 자연을 공유하는 시민적 주체성의 분열을 화두로 제시하며, 이와 동시에 화해의 가능성에 대한 질문이 지속적으로 제기된다.

『계몽의 변증법』은 인류가 역사의 시작과 함께 자연과의 조화 상태에서 벗어난다는 사실에서 출발한다. 문명의 초창기에 인간은 파악되지도 지배되지도 않는 자연에 대한 두려움과 공포에서 벗어나기 위해 자연을 모방하면서 이에 동화되고자 한다. 모방적인 행동 양식은 점차 주술에 의해, 나중에는 합리적 책략에 의해 대체된다. 결국 인간은 자연에 대한 도구적 지배관계를 구축하고, 동시에 이로 인해 점점 자연으로부터 소외된다. 이런 맥락에서 카프카의 단편「포세이돈」은『계몽의 변증법』의 문학적 변용으로 이해될 수 있다. 카프카의 텍스트는 신과 지배 영역의 신화적 동일성을 해체하고 탈신화화된 포세이돈의 형상을 통해 현대적 주체, 즉 자본주의적 개체의 사회적, 심리적 소외 과정을 묘사한다. 포세이돈이 속한 세계는 인간의 자연 지배와 자연의 인간 지배가 상호 극단으로 치닫는 극도로 합리화된 세계, 즉 계몽의 변증법의 부정적 산물인 관리되며 통제되는 사회이다.

신화 속 영웅 포세이돈은 넘치는 활력으로 그의 삶과 삶의 영역을 조화롭게 결합시키는 인물이다. 그의 실존은 능동적 자아실현과 삶을 압도하는 자주적 주체를 대변한다. 하지만 카프카의 단편에서 바다의 신은 현대의 관료로 변모한다. 카프카의 포세이돈이 속한 산업 사회는 합리주의와 관료주의로 대변되는, 전적으로 관리되는 세계이다. 거기에서 포세이돈의 끝없는 관리 작업은 자신의 지배 영역에 대한 친밀감과 익숙함마저 이질감과 소외감으로 변화시킨다. 이로써 바다의 신 포세이돈은 합리적 자연 지배를 통해 자연 자체로부터 소외되는 계몽의 딜레마를 안고 살아간다: "그는 바다를 거의 보지 못했다. 단지 올림포스 산으로 급히 올라갈 때 힐끗 쳐다볼 뿐이었고, 결코 바다를 거니는 일은 없었다."

포세이돈의 산술 작업은 현실의 딜레마를 극복하려는 소외된 자아의 헛된 시도로 귀결된다. 소외된 자아가 합리성에 의존하면 할수록 삶의 역설과 기만에 점점 더 깊이 빠지며, 실재의 실체와 본질은 주체에 의해 위장된다.

포세이돈이 끊임없이 반복되는 계산 작업에서 느끼는 단조로움과 지루함은 의미가 상실된 객관화된 자연의 주관적, 감정적 경험이며 대상에 대한 양적, 수적, 형식적 이해는 진정한 인식의 모든 가능성을 배제시킨다. 아도르노와 호르크하이머에 의하면 대상과 현상을 단순한 사건으로서 맹목적으로 재생산하는 인식 방법은 객체와의 화해 가능성을 배제하는 현대적 주체의 전형적인 태도이다. 나아가 생산력의 발전은 진보에 대한 낙관적 상상에도 불구하고 자연, 환경, 삶의 토대에 대한 지속적이고 총체적인 섬멸의 위험성을 내포한다. 아도르노와 호르크하이머의 문제 제기는 우리에게 산업사회의 몰개성화와 비인간화에 반기를 드는 어떤 주체의 개념에 대한 가능성을 남겨둔다. 이러한 사실과 관련하여 『계몽의 변증법』에서는 주체에 내재하는 자연의 기억을 회복하는 자율적 주체성이 암시된다.

정신은 지배를 인정하고 자연으로 돌아가는 것에 만족함으로써, 자신을 바로 자연의 노예로 만드는 지배에의 요구를 사라지게 할 수 있다.······주체에 내재하는 자연의 기억으로 인해 계몽의 지배력은 위협 받는다.(호르크하이머, 아도르노, 『계몽의 변증법』, 46-47쪽)

아도르노와 호르크하이머는 현대적 주체성을 내적 및 외적 자연과 관련시키며, 외적 자연과의 화해에 대한 전제조건은 주체에 내재하는 자연의 회복임을 주지시킨다. 바로 이러한 주체의식, 즉 주체와 자연의 화해를 가능하게 하는 주체의 능동성이 계몽의 변증법과 프로이트의 사고를 구분 짓는 가장 큰 차이점이다. 결론적으로 프로이트의 이론이 물질적 환원주의(還元主義)에 근거하여 삶과 심리적인 것, 정신적인 것을 물질의 산물로 이해함으로써 주체를 치유의 수동적 대상으로 파악하는 반면, 아도르노와 호르크하이머는 내적 자연을 일깨우는 주체의 능동성을 확인함으로써 주체와 자연의 화해 가능성을 제시한다.

4. 현대의 주체와 자아인식 — 데리다

여기에서는 주체와 자아인식에 대한 데리다의 견해를 살펴보고자 한다. 우선 데리다에 관해서 잠시 알아보자. 자크 데리다(Jacques Derrida, 1930-2004)는 프랑스의 철학자로서 해체주의의 창시자이며 20세기의 가장 영향력 있는 사상가 중 한 명이다. 그는 에드문트 후설(Edmund Husserl)의 현상학에 대한 탁월한 해석과 비판으로 명성을 얻게 된다. 이후 구조주의 언어학 이론을 철학에 도입하여, '현전의 형이상학'으로 대변되는 전통적인 서구 철학의 해체와 재구성을 주장한다. 앞 장에서 설명했지만 현전의 형이상학이란, 진리추구에 있어서 대상과 개념의 의미나 본질이 어떤 중심과 보편성을 지닌 채로 우리의 주관에 존재함을 의미한다. 그렇지만 데리다의 견해에 의하면 이와 같은 순수한 현전은 존재하지 않으며, 의미는 중심이 아닌 의미가 부재하는 장소들의 흔적으로 나타난다. 1970년대 이후에는 미국의 대학에서 강의하며 커다란 파장을 일으키고 독자적인 영역을 확보한다. 해체(解體), 차연(差延), 산종(散種) 등을 비롯한 그의 독창적인 사유는 철학뿐만 아니라 문화, 사회, 예술, 윤리 등의 광범위한 영역에 영향을 미쳤다. 그는 방대한 양의 저서를 남겼으며 대표작으로는 『그라마톨로지(De la grammatologie)』, 『글쓰기와 차이(L'Écriture et la différence)』, 『목소리와 현상(La Voix et le phénomène)』, 『산종(La dissémination)』, 『철학의 여백(Marges de la philosophie)』 등이 있다.

프로이트의 견해에 의하면 쾌락 원리와 현실 원리에 근거하는 충동의 욕구는 윤리적 가치판단과는 무관하며 충동욕에서 벗어나고자 하는 것은 어떤 의미도 갖지 못한다. 충동욕이 없다면 삶 자체가 멈추고 말 것이기 때문이다. 이러한 사고는 유기체적, 생태계적 삶을 통한 삶의 원리를 정당화시키는 논리에 근거한다. 이러한 프로이트의 논리를 데리다는 그가 행한 강연(이후 책으로 출간됨)에서 다시 한 번 주지시킨다.

죽음에 대한 충동, 말하자면 쾌락 원리와 현실 원리 저편에 있는 그 충동이 실제로는 거의 비생태계적 현상임을 인정할 수 있다.……실제로 프로이트는 끊임없이 이러한 비생태계를 다시 통합하는 연구에 몰두했다. 즉 비생태계를 가능성의 생태계 안에서 산술적으로 고려하고 해명하고자 했다.……그는 계속해서 지식뿐만 아니라 윤리도, 심지어 법과 정치도 이러한 가능성의 생태계로 소급시킨다. (프로이트의 사고를) 간접적, 우회적 경로로 판단할지라도, 이러한 간접성이 다소의 약점을 전제할지라도, 사람들이 추구하는 프로이트 해석의 명백한 경향은 가능성의 전략, 따라서 생태계로의 한정에 관한 것이다.(데리다, 『심리분석의 정신현황 : 절대적 잔혹성 너머의 불가능성 [*Seelenstände der Psychoanalyse: Das Unmögliche jenseits einer souveränen Grausamkeit*]』, 86-87쪽)

프로이트의 가능성의 생태학은 본질적으로 그가 성장했던 19세기의 물질주의 사상에 기인하며, 이는 프로이트가 생을 마감할 때까지 지속적으로 지대한 영향을 미쳤다. 프로이트는 정신적인 것은 심리적인 것으로, 심리적인 것은 유기체적인 것으로, 유기체적인 것은 광물적인 것으로 소급된다는 사고를 기반으로 하는 전형적인 물질적 환원주의를 옹호한다. 이러한 사고는 물리적 죽음 이후에 지속되는 삶에 대한 생각을 불가능한 것으로 간주하며 나아가 '인간이 자유롭게 행동할 수 있다'는 견해도 거부한다. 이러한 관점에서 본다면 포세이돈의 주체성 상실과 소외는 이미 사회적 상황과 환경에 의해 결정되어 있다. 그렇지만 데리다는 이러한 사고에 동의하지 않으며, 주체가 단지 치유의 수동적 대상이 되며 주체성 상실과 소외가 이미 결정되어 있는 가능성의 생태계에 속한 삶과는 다른 종류의 어떤 삶을 제시한다.

나는 지금 절대적인 것에 대해 어떤 관련성이 있음을, 아니 있어야 함을 주장할 것이다. 자립적이지도 않으며 몰인정하지도 않은 절대적인 것, 이는 의심의 여지없이 아주 어렵게 생각될 수 있다. 사람들은 이것을 생태계적, 상징적 한정을 규명하기 위하여 필요로 한다. 내가 진술하는 주장은 스스로 진술하며, 이미 나 없이 알리바이도 없이 별개로, 근원적 주장으로서 진술한다.……이 주장은 저편의 저편, 따라서 가능성의 생태계의 저편에서 출발한다. 이 주장은 확실히 어떤 삶에 가치를 둔다. 하지만 가능성의 생태계에 속한 삶과는 다른 삶(에 가치를 둔다), 의심의 여지없이 불가능한 어떤 삶, 삶 너머의 삶, 상징화될 수 없는 삶, 그렇지만 살 가치가 있는 유일한 삶, 알리바이 없이 오직 한 번뿐인 삶, 삶에 대한 사고의 시작을 (나는 분명히 거기에서부터, 라고 말한다) 가능하게 하는 유일한 삶. 살 가치가 있는 어떤 삶, 오직 한 번.(데리다, 『심리분석의 정신현황 : 절대적 잔혹성 너머의 불가능성』, 87-88쪽)

데리다의 견해에 의하면, 삶은 가능성의 생태계에 의해 물질화될 수도 상징화될 수도 없다. 왜냐하면 이를 통해 삶은 총체화, 계량화, 곡해의 위험에 빠지며 목적으로 기능할 수 없기 때문이다. 데리다의 용어 '차연(差延, différance)'은 중심과 목표에 가치를 두지 않음으로써 시간과 공간에 내재하는 모든 차이와 흔적을 인정하고 인식하려는 개념이다. 따라서 차연의 삶이란 매 순간 시간과 공간의 모든 차이와 흔적을 긍정하려는 삶이며, 이로 인해 삶 자체는 어떤 상징화를 통해서도 총체화될 수 없는 고유한 의미를 지니게 된다: "주체성은 차연의 작용이며 주체란 차연 이전에는 현전하지도 스스로 존재하지도 않는다."(데리다, 『입장들[*Positionen*]』, 70-71쪽) 이러한 맥락에서 포세이돈의 삶은 '긍정적 차연의 삶'이 아닌 '가능성의 생태계에 순응하는 수동적인 삶'이다. 그의 '작은 일주여행'에 대한 희망은 단지 체념적, 상징적 희망이며, 이는 물질주의적, 결정론적 세계관에 근거한다: "그는 세상의 종말이 올 때까지 기다리면, 종말 직전에 마지막 계산을 확인한 후 서둘러 작은 일주여행을 할 수 있는 평온한 시간이 있을 것이라고 말하곤 했다."

포세이돈의 상실된 주체성 회복 및 삶의 영역과의 조화는 그가 차연의 삶의 무규정성과 의미 개방성을 인식하고 삶의 긍정적 요소를 발견하는 순간에서야 가능하게 되며, 이것이 바로 현대적 자아인식의 본질이라고 할 수 있다. 차연의 삶은 상징화될 수 없는 삶이며 살아볼 가치가 있는 유일한 삶이다. 데리다에게 있어 삶이란, 프로이트의 주장처럼 가능성의 생태계의 사고에 의해 규정되는 것이 아니라, 스스로 자신을 보충하고 유보시키면서 수많은 의미를 생성하는 역동적인 것이다. 차연의 삶은 가능성의 생태계 저편에서 불가능조차도 수용하며 삶의 절대적 긍정을 요구한다.

> 이러한 여정의 전 구간에 걸쳐 내가, 인식할 수는 없을지라도 사고하고자 한 것은 죽음에 대한 충동 저편에 존재하는 불가능한 것의 가능성이다.(데리다, 『입장들』, 102쪽)

상징화될 수도 계량화될 수도 없는 삶에 대한 데리다의 사고에서 나타나는 주체의 긍정적 능동성은, 아도르노와 호르크하이머가 주장한―내적 자연의 회상을 통해 외적 자연과의 화해를 시도하는―주체의 능동성과 본질적으로 차이가 없다. 바로 이러한 능동성을 통해 포세이돈의 희망은 상징적인 것이 아니라 실존적인 것이 될 수 있다.

5. 현대의 주체와 자아

이번 장에서는 현대 예술과 철학을 관통하는 주제인 주체와 자아 인식에 대한 여러 가지 견해를 살펴보았다. 구체적으로 말해 프로이트, 아도르노와 호르크하이머, 데리다가 주장하는 현대적 주체의 형성 과정에 대한 이론 및 그들이 제안하는 자아 회복의 방법론적 사유들이 다루어졌다. 프로이트는 정신분석을 통해 억압된 자아와 무의식의 영역에 언어를 부여하고 이를 읽어냄으로써 잃어버린 주체와 자아를 회복하고자 했다. 아도르노와 호르크하이머는 우리 안의 내적 자연을 일깨우는 주체의 능동성을 확인함으로써 주체와 자연의 화해 가능성을 제시한다. 데리다는 가능성의 생태계 저편에서 불가능조차도 수용하며 삶의 절대적 긍정을 요구하는 차연의 삶을 강조한다. 주체의 능동성을 통해 잃어버린 자아를 인식하고 회복할 수 있다는 관점에서 아도르노와 호르크하이머, 데리다의 사유는 동일선상에 놓여 있다. 프로이트의 견해처럼 우리는 외적 환경에 의해 한정되고 규정되는 존재이며, 아도르노와 데리다의 견해처럼 주체적 능동성을 갖고 있는 존재이기도 하다. 이는 우리가 인식할 수 있는 최후의 인식일지도 모른다. 남은 것은 의지를 선택하느냐, 치유를 선택하느냐의 문제이다.

10 파리와 예술

영화 「미드나잇 인 파리」에 나타나는 파리의 예술과 예술가

> "위대한 사랑을 하거나 진정으로 용감한 사람이면 그 열정이 죽음을 마음에서 밀어내며, 언젠가 죽음이 돌아오면 또다시 진정한 사랑을 하면 된다."

2011년에 제작된 영화 「미드나잇 인 파리(Midnight in Paris)」는 배우이자 시나리오 작가이며 감독인 우디 앨런(Woody Allen)의 작품이다. 영화는 미국의 시나리오 작가가 파리에 머물면서 동경해 마지않던 1920년대의 파리와 예술을 체험하고, 이를 통해 현실을 돌아보며 자신의 소설을 발전시켜 나가는 과정을 묘사하는데, 이는 우디 앨런 특유의 지적이고 유머러스한 방식으로 표현된다. 나아가 영화는 수많은 예술가들의 삶과 대화를 통해 삶의 지혜, 인생의 아이러니, 삶과 예술을 통찰하는 철학적 사유들을 부담 없이 편안하게 풀어낸다. 우디 앨런은 자신이 직접 시나리오를 쓰고 감독한 이 영화로 2012년 아카데미 각본상과 골든 글로브 각본상을 비롯해 유수의 영화제에서 각본상을 수상했다. 또한 영화는 2011년 칸 국제영화제 개막 작품으로 상영되었다.

영화 「미드나잇 인 파리」는 예술의 도시에 대한 사랑의 고백일 뿐만 아니라 예술에 대한 향수와 동경 그 자체이다. 이번 장에서는 예술의 가치와 본질에 접근하기 위하여, 영화에 등장하는 예술가들의 삶과 사고에 관해 알아보고자 한다. 그와 동시에 1920년대라는 예술의 전성시대가 선사하는 낭만과 향수도 함께 느껴보자.

1. 영화 「미드나잇 인 파리」

여기에서는 영화 「미드나잇 인 파리」의 전체적인 내용을 소개한다. 등장하는 문학가나 예술가 한명 한명이 의미 있고 중요한 역사적 인물이기에 비교적 자세하게 줄거리를 설명하고자 한다.

영화는 몇 분 동안 파리의 아름답고 평화로운 모습을 보여주며 시작한다. 에펠 탑, 센 강, 개선문, 샹젤리제 거리, 노트르담 대성당, 노천 카페, 루브르, 디즈니랜드, 일상의 사람들, 비 오는 날의 정경, 아름다운 야경 등등.

길 펜더(오웬 윌슨)는 할리우드의 잘나가는 시나리오 작가이지만 순수 문학을 동경하여 소설을 쓰고 있는 중이며, 지금은 아름답고 섹시한 약혼녀 이네즈(레이첼 매캐덤스) 그리고 부유한 그녀의 부모님과 함께 파리에서 휴가를 보내고 있다. 파리, 특히 비 오는 날의 파리를 좋아하는 길은 결혼 후 파리에서 살고 싶어하지만, 이네즈는 말리부에서 살기를 원하며 또한 길이 할리우드에서 계속 시나리오 작업을 하기를 바란다.

이네즈가 부모님, 길과 함께 레스토랑에서 식사를 하고 있을 때, 그녀는 우연히 대학 동료였던 폴과 그의 부인을 만나게 된다. 폴(마

영화 「미드나잇 인 파리」의 포스터는 반 고흐(Vincent van Gogh)의 작품 "별이 빛나는 밤"을 센 강과 건물 주변에 조화롭게 배치함으로써 파리가 예술의 도시임을 상징적으로 표현하고 있다.(사진 제공 : ㈜더블앤조이 픽쳐스)

이클 쉰)은 소르본 대학의 강연 요청을 받고 파리로 왔다고 한다. 다음 날 길과 이네즈, 폴 부부는 함께 베르사유 궁전을 관람하는데, 폴은 다소 현학적으로 그의 해박한 지식을 풀어놓는다. 이네즈는 그의 지적인 면에 매료되지만, 길은 잘난 체하는 폴이 달갑지 않다. 이네즈는 폴에게 길이 옛것과 추억의 물건이 있는 향수가게에 관한 소설을 쓰고 있다고 말하고, 길은 예술의 황금 시기인 1920년대 파리에 살고 싶다고 이야기한다. 이에 폴은 향수가 현실 부정이며 낭만적인 사람들의 결함이라고 주장한다.

이네즈 아버지의 초대로 와인 시음회에 온 길과 이네즈, 폴 부부는 함께 와인을 마신다. 시음회가 끝난 후 폴 부부는 함께 춤을 추러 가자고 제안하지만, 폴이 마음에 들지 않는 길은 거절하고 홀로 호텔로 향한다. 낯선 밤길에 숙소를 찾지 못해 방황하고 있을 때 시계종이 울린다. 그 순간 오래된 푸조가 길의 앞에 멈춰 서고, 일단의 무리들이 함께 술을 마시자며 그를 초대한다. 도착한 곳은 어떤 파티장인데, 거기에는 콜 포터가 피아노를 치며 "Let's Do It(Let's Fall In Love)"을 부르고 있다. 잠시 후 길은 스콧 피츠제럴드(톰 히들스턴)와 젤다 피츠제럴드(앨리슨 필)라고 자신을 소개하는 사람들을 만나는데, 우연히 저명한 문학가와 이름이 같은 이들이라고 생각한다. 파티의 주최자가 장 콕토라고 하는 그들의 말도 길은 믿지 않는다. 스콧과 젤다는 지루한 파티장을 빠져나와 길과 함께 클럽으로 간다. 거기에는 흑인 여자가 하얀 드레스를 입고 춤을 추고 있는데, 그녀가 조세핀 베이커임을 알아차린 길은 경악한다. 길은 서서히 자신이 1920년대의 파리에 있음을 인식하기 시작한다. 클럽을 나온 후 들어간 어느 술집에서 길은 헤밍웨이(코리 스톨)를 소개받는다. 평소 거칠고 마초적인 헤밍웨이를 달갑게 여기지 않는 젤다는 벨몬테라는 투우사와 함께 생제르망으로 간다. 헤밍웨이는 스콧에게 젤다가 그를 망치고 있으며 글쓰기에 집중하라고 충고하지만, 스콧은 젤다가 걱정되어 그녀를 찾으러 나선다. 길은 헤밍웨이에게 자신이 작가이며 향수가게 이야기를 쓰고 있다고 소개한 후, 용기를 내어 자신이 쓴 글을 읽어봐달라고 부탁한다. 헤밍웨이는 거절하지만, 그 대신 거트루드 스타인에게 부탁해보겠다고 말한다. 그녀는 헤밍웨이가 자신의 글에 대한 평가를 인정하는 유일한 사람이다.

다음 날 저녁, 길은 이네즈에게 지난밤 만난 사람들을 소개시켜주기 위하여 그 장소로 데려가지만 아무도 나타나지 않는다. 오랜 기다림에 화가 난 이네즈는 택시를 타고 숙소로 돌아간다. 시간이 흘러 자정을 알리는 종이 울리자 헤밍웨이가 탄 차가 그를 마중 나온다. 차 안에서 헤밍웨이는 전쟁에 참여한 경험담을 이야기하고, 길은 죽음이 두렵지 않았냐고 묻는다. 이에 헤밍웨이는 죽음은 누구나 겪는 것이며, 위대한 사랑을 하거나 진정으로 용감한 사람이면 그 열정이 죽음을 마음에서 밀어낸다고 대답한다. 거트루드(캐시 베이츠)의 집을 방문했을 때, 거기에는 무명의 피카소(마르시알 디 폰조 보)가 그의 연인 아드리아나를 그린 인물화를 소개하고 있다. 거트루드는 그림에서 탐욕과 음탕함이 흐른다고 비판한다. 헤밍웨이에게 길을 소개받고 원고를 건네받은 거트루드는 원고의 첫 부분을 소리 내어 읽는다. 옆에서 듣고 있던 아드리아나(마리옹 코티야르)는 멋진 구절이라고 응답한다. 거트루드와 헤밍웨이가 출판 문제를 이야기하는 동안, 길은 지적이고 매력적인 아드리아나와 대화를 나눈다. 그녀는 패션 공부를 하기 위해 파리에 왔고, 자신에게는 과거가 큰 마력이며 '벨 에포크(Belle Époque[아름다운 시대], 1890–1914, 파리에서 평화가 지속되고 예술이 번성하던 시기)'를 동경한다고 말한다. 또한 피카소 이전에 모딜리아니, 브라크와 사랑했다고 이야기하며 길의 책에도 관심을 보인다.

호텔로 돌아온 길은 자신이 만난 사람들을 생각하며 경탄을 금치 못한다. 부모님과 저녁 식사를 하는 동안 이네즈는, 길이 밤마다 산책을 나가며 자신은 폴과 춤추러 갈 거라고 이야기한다. 그날 밤 길은 피츠제럴드가 주최한 파티에서 주나 반스와 춤을 추게 되고, 아드리아나도 다시 만나게 된다. 헤밍웨이는 친구 벨몬테와 함께 나타나 아드리아나에게 관심을 보이며 술에 취해 남자의 근성을 드러낸다. 길과 함께 산책을 나온 아드리아나는 파리의 밤거리를 시적으로 묘사하는 그에게 조금씩 끌리기 시작한다. 그들은 산책 도중, 스콧을 믿지 못해 질투하며 강에 빠지려는 젤다를 목격하고 이를 만류한다. 술집에서 길은 아드리아나에게 약혼녀 이야기를 하게 된다. 그녀가 떠난 후 술집에서 길은 달리(에이드리언 브로디)를 만나고, 그는 길에게 부뉴엘과 만 레이를 소개시켜준다. 길은 그들에게 자신이 미래에서 온 사람이라고 밝히며 약혼녀와 아드리아나에 대한 고민을 이야기한다. 그들은 길이 다른 시대 여자와 사랑에 빠진 남자라고 정의하며, 만 레이는 사진이, 부뉴엘은 영화가, 달리는 코뿔소가 그려진다고 응답한다.

　이네즈는 폴과 점심 약속이 있다며 나가고, 길은 로댕의 작품 '생각하는 사람'을 찾아간다. 그는 가이드에게 아내와 정부(情婦)를 동시에 사랑한 로댕의 이야기를 꺼내며 그런 사랑이 가능하냐고 묻는다. 이에 그녀는 로댕이 두 여자를 사랑하는 방식이 달랐다고 대답한다. 그날 밤 길이 세운 차 안에는 T. S. 엘리엇이 타고 있었고, 길은 그에게 프루프록이 자신에게는 기도문이라고 말한다. 자신의 글에 대한 비평을 듣기 위해 거트루드를 방문한 길은, 예술가의 임무가 절망에 굴복하지 않고 존재의 공허함에 대한 해독제를 찾는 것이며 이를 위해 패배주의적인 사고에 빠지지 않아야 한다는 조언을 듣는다. 또한 헤밍웨이가 아드리아나와 함께 아프리카로 사냥하러 갔다는 사실도 알게 된다.

　이네즈 가족과의 주말 나들이를 포기한 길은 골동품 거리에 위치한 고음반 가게를 찾는다. 길은 상냥하고 매력적인 여점원과 콜 포터에 관하여 즐겁게 이야기를 나눈 후 그의 음반을 구입한다. 이어 고서적을 취급하는 노점상에서 아드리아나의 일기를 구입한 길은, 로댕에 관해 설명해준 가이드를 찾아가 해석을 부탁한다. 그녀의 해석을 통해 길은 아드리아나도 자신을 좋아하고 있음을 알게 된다. 그날 밤 길은 수정한 원고를 넘겨주기 위해 거트루드의 집을 방문하는데, 그녀는 마티스와 함께 있으며 그의 그림을 500프랑에 구입한다. 그녀는 길에게, 헤밍웨이가 돌아왔고 여행은 좋지 않았으며 아드리아나는 초현실주의 화가의 결혼식에 있다고 전해준다. 결혼식장에서 부뉴엘을 만난 길은 그가 만들 영화에 관한 조언을 해준다. 길의 조언은, 파티에 참가한 사람들이 파티가 끝난 후 특별한 이유 없이 밖으로 나가지 못하고, 시간이 흐르면서 점차 문명인의 위선이 드러나며 동물적 본능이 그곳을 지배한다는 내용이다. 아드리아나와 함께 밖으로 나간 길은 그녀에게 키스를 한 후 자신이 불사신이 된 것 같다고 이야기한다. 아드리아나는 길이 선물한 귀걸이를 마음에 들어하며 귀에 착용한다. 그때 어떤 마차가 와서 그들을 초대하는데, 도착한 곳은 '벨 에포크'인 1890년대의 '막심' 레스토랑이다. 거기에서 두 사람은 함께 춤을 추고, 이어 물랭 루즈로 간다. 캉캉 춤을 관람한 후 거기에서 아드리아나는 피카소가 좋아하는 로트레크를 발견하고, 길과 자신을 그의 팬이라고 소개한다. 로트레크는 그들을 반기며 고갱과 드가를 소개시켜준다. 그 자리에서 고갱은 현실은 상상력이 부족하고 공허하며 르네상스 시대를 동경한다고 말한다. 그렇지만 아드리아나는 '벨 에포크'인 지금이 더 좋다고 주장한다. 아드리아나가 패션 공부를 하고 있다고 하자, 로트레크는 새로운 발레 의상을 만들 사람을 찾고 있는 리처드에게 그녀를 소개시켜주겠다고 제안한다. 로트레크의 제안을 들은 그녀는 길에게 1920년대로 돌아가지 않겠다고 말한다. 길이 자신은 1920년대를 좋아한다고 말하자 그녀는 그건 현실이고 지루하다고 대답한다. 이에 길은 자신이 2010년대의 사람이며 현실을 도피하여 1920년대로 왔다고 고백하고 자신이 깨달은 바를 이야기한다. 그는 과거에 대한 동경이 환상임을 알게 되었고, 현실은 원래 힘들고 빛나지 않으며, 그녀가 여기에 살면 이곳이 현실이 되고 또다른 세계를 동경할 것이라고 말한다. 길의 만류에도 불구하고 아드리아나는 파리 최고의 황금 시기라고 믿는 1890년대에 남기로 결정하고 그와 작별한다. 이후 거트루드를 만난 길은, 수정된 글이 아주 좋으며 멋진 책이 될 것이라는 찬사를 듣는다. 이에 길은 그녀의 조언이 많은 도움이 되었으며 자신이 한 단계 발전한 것 같다고 대답한다. 거트루드는 헤밍웨이 또한 그 책을 잘 읽었다고 말하며, 그가 남긴 지적 하나를 전해준다. 그 지적을 통해 길은 현실의 이네즈가 폴과 바람을 피우고 있음을 깨닫는다.

현실로 돌아온 길은 이네즈에게 서로가 맞지 않음을 고백하고, 자신은 파리에 남겠다고 말한다. 홀로 남은 길은 센 강변을 산책하던 중 우연히 고음반 가게의 여점원을 만난다. 길이 그녀에게 반갑게 인사하며 파리로 이사 오기로 결정했다고 말하자, 그녀는 며칠 전에 콜 포터의 새로운 음반이 들어와서 그를 생각했다고 대답한다. 그 순간

비가 내리기 시작한다. 그녀가 비 내리는 파리를 좋아한다고 말하자 길은 기뻐하며 자신도 그렇다고 응답한다. 영화는 비를 맞으며 걸어가는 두 사람의 모습을 비추며 현실에서 길의 새로운 사랑을 예고한다.

2. 영화 「미드나잇 인 파리」에 나타나는 파리의 예술과 예술가 1

영화 「미드나잇 인 파리」에서는 다양한 문학가와 예술가들이 등장하기 때문에 그들에 대해 많이 알면 알수록 영화를 더 깊이 이해하고 즐길 수 있다. 여기에서는 영화의 이해를 돕기 위해서뿐만 아니라 예술의 가치와 본질에 접근하기 위해서, 영화에 등장하는 인물들의 생애와 사고에 관해 알아보고자 한다.

영화 「미드나잇 인 파리」는 우디 앨런 감독의 파리에 대한 오마주(hommage)이기도 하다. 따라서 영화의 첫 장면에 몇 분 동안 비쳐지는 파리의 정경은 자신 또한 지적으로 정신적으로 많은 영향을 받은 예술의 도시 파리에 대한 경외이자 감사의 표현이기도 하다.

영화의 곳곳에서, 특히 길이 현재에서 1920년대로 들어갈 때 사용되는 경쾌한 기타 선율의 재즈 음악은 프랑스 출신 재즈 기타리스트인 스테판 브렘벨(Stéphane Wrembel)의 연주곡 "Bistro Fada"이다. 이 연주곡은 길의 과거에 대한 동경을 구체화시키는 열쇠 같은 역할을 한다.

길이 처음으로 1920년대에 들어갔을 때 눈길을 끈 것은 콜 포터가 피아노를 치며 "Let's Do It(Let's Fall In Love)"을 부르는 모습이다.

콜 포터(Cole Porter)는 1892년생의 미국 작곡가로서 어려서부터 음악에 두각을 나타냈으며, 하버드에서 법학으로 학업을 시작했으나 음악으로 전공을 바꾼다. 하버드 이전에 예일을 다녔는데, 거기에서는 이미 유명 인사였다. 그가 예일 대학과 학생을 위한 노래를 만들었기 때문인데, 그 노래들은 오늘날까지도 불린다고 한다. 콜 포터는 제1차 세계대전 기간에 자원봉사자로 프랑스에 왔으며, 전쟁이 끝난 후 10년 동안 파리와 유럽의 여러 도시에 머무르며 음악 활동을 하고 명성을 쌓는다.

길이 1920년대에서 처음 만난 인물인 스콧 피츠제럴드(Scott Fitzgerald)는 1896년 미국 출생으로 『위대한 개츠비(*The Great Gatsby*)』와 『벤자민 버튼의 시간은 거꾸로 간다(*The Curious Case of Benjamin Button*)』를 쓴 미국의 유명한 작가이다. 1920년에 데뷔작 『낙원의 이쪽(*This Side of Paradise*)』이 엄청난 성공을 거두고 1925년 『위대한 개츠비』가 세계의 주목을 받으면서, 그는 부인 젤다(Zelda Fitzgerald)와 함께 1920년대를 무절제하고 방탕하게 보낸다. 1930년대에 벌써 그들의 이름은 대중들에게 잊혀지기 시작하는데, 주된 이유는 스콧의 알코올 중독과 젤다의 정신질환 때문이다. 젤다는 대법원 판사의 딸이었는데, 입지가 불안한 스콧과 파혼했다가 『낙원의 이쪽』이 성공하자 그와 결혼한다. 두 사람은 부와 명예를 바탕으로 무절제한 생활을 하다가 서로를 믿지 못하는 상황에 이르기도 한다. 영화 중반에 젤다가 스콧을 의심하여 강물로 뛰어들려는 장면 또한 이러한 사실을 근거로 하고 있다. 1920년대의 첫 등장인물인 피츠제럴드 부부의 삶은 현실의 인물인 길과 이네즈의 불화를 암시하기도 한다.

길과 스콧, 젤다가 함께 간 클럽에서는 흑인 여자가 하얀 드레스를 입고 춤추고 있는데, 그녀가 조세핀 베이커임을 알고 난 길은 놀라움을 금치 못한다. 조세핀 베이커(Josephine Baker)는 1906년 미국 출생의 댄서이자 가수이며 배우이다. 그녀는 파리에서 찰스턴 댄스를 선보임으로써 파리 관중의 절대적 지지와 환호를 받고 검은 비너스라는 칭호를 얻는다. 1937년 프랑스 국적을 취득한 그녀는 제2차 세계대전 기간 동안 프랑스 군대와 레지스탕스를 위해 많은 활동을 함으로써 훈장을 수여받기도 한다.

클럽을 나온 후 길은 술집에서 헤밍웨이를 소개받는다. 어니스트 헤밍웨이(Ernest Hemingway)는 1899년 출생으로 20세기의 위대한 미국 작가이다. 그는 『노인과 바다(The Old Man and the Sea)』를 집필함으로써 퓰리처상과 노벨문학상을 수상한다. 헤밍웨이는 마크 트웨인(Mark Twain)과 거트루드 스타인을 모범으로 삼으면서 간결하고 강인한 자신의 문체를 확립하며, 이러한 문체는 삶과 죽음의 문제를 집요하게 파고드는 그의 문학을 더욱 돋보이게 한다. 그는 작가뿐만 아니라 종군기자, 모험가, 원양어선 선원, 사냥꾼 등으로 활동했으며 이러한 경험은 그의 저술에 녹아 있는 사실성과 객관성의 근거가 된다. 영화에서 거칠고 남성적이며, 투우사와 어울리고 아프리카를 여행하는 모습은 다혈질이고 도전적이며 모험을 좋아하는 그의 기질을 반영한다.

클럽에서 헤밍웨이를 달갑지 않게 생각하는 젤다는 벨몬테라는 투우사와 함께 클럽을 떠난다. 이 장면에서는 벨몬테가 직접 나오지 않지만, 이후 그는 피츠제럴드의 파티에 헤밍웨이와 함께 등장한다.

1892년생인 후안 벨몬테(Juan Belmonte)는 스페인 역사상 최고의 투우사로 간주되며 1925년 1월 5일판 미국『타임』지에 표지 모델로 실리기도 한다. 벨몬테는 헤밍웨이와 절친한 사이였으며, 헤밍웨이의 작품『해는 또다시 떠오른다(*The Sun Also Rises*)』와『오후의 죽음(*Death in the Afternoon*)』에 등장한다.

길이 처음 1920년대로 들어가 경험한 파티의 주최자는 장 콕토(Jean Cocteau)인데, 그는 1889년생으로 프랑스의 작가이자 연출가이며 화가이다. 그는 일찍이 파리의 사교계에 진출하여 시, 소설, 드라마, 잠언, 시나리오 등 문학의 모든 영역에서 창작 활동을 수행하며 그림, 무대장치 도안, 교회 장식 등 미술적으로도 뛰어난 재능을 보인다. 또한 영화감독, 배우, 시나리오 작가로 활동한 그는 거의 모든 예술 영역에서 천재적인 능력을 보여주었지만, 그는 시인이길 원했으며 자신의 모든 작품을 '시'라고 부른다. 장 콕토는 수많은 예술가들과 교류했는데, 대표적 인물로는 피카소와 채플린(Charles Chaplin)이 있다.

헤밍웨이는 자신의 글을 읽어달라는 길의 제안을 거절하지만, 거트루드를 소개시켜준다. 거트루드 스타인(Gertrude Stein)은 1874년 출생으로 미국의 여류작가이자 비평가, 출판업자, 미술품 수집가이다. 그녀는 버지니아 울프(Virginia Woolf)와 더불어 모더니즘 문학을 개척한 최초의 여류작가로 간주된다. 모더니즘은 20세기 초 특히 1920년대에 나타나는 실험적인 예술 경향을 의미하는데, 미술 분야에서는 야수파, 입체주의, 미래주의, 표현주의, 전위주의 등이 대표적이며, 문학 분야에서는 실험적이고 독특한 문체로 주목받은 라이너 마리아 릴케, 프란츠 카프카, T. S. 엘리엇, 제임스 조이스(James

Joyce) 등이 대표적 인물이다. 거트루드는 다양한 분야에서 문학적 관습을 벗어난 글들을 썼으며, 그녀의 실험적인 문체는 피츠제럴드와 헤밍웨이에게 많은 영향을 끼친다. 이는 "거트루드가 나에게 하는 비평만큼은 인정한다"라는 영화 속 헤밍웨이의 대사에서도 암시된다. 거트루드 스타인은 1903년부터 파리에 거주하며 살롱을 운영하는데, 거기에서는 당시 무명의 전위 예술가이던 피카소, 마티스, 브라크(Georges Braque), 그리스(Juan Gris) 등이 모임을 가지며, 1920년대에는 미국의 모더니즘을 대변하는 젊은 작가들인 피츠제럴드, 앤더슨(Sherwood Anderson), 헤밍웨이 등이 거트루드의 살롱을 찾는다.

　길이 거트루드의 집을 처음 방문할 때, 그곳에서는 피카소가 그의 그림을 소개하고 있다. 20세기 미술을 대표하는 인물인 파블로 피카소(Pablo Picasso)는 1881년 스페인 출생의 화가이자 조각가이다. 1904년부터 파리에 정착한 그는 아방가르드(Avant-garde, 전위) 미술의 핵심적 역할을 하며, 브라크와 더불어 큐비즘(Cubisme, 입체주의)을 창시한다. 그의 대표작 "아비뇽의 처녀들(Les Demoiselles d'Avignon)"은 미술사 최초의 입체주의 작품으로 간주되는 동시에 모더니즘 미술을 해독하는 암호로 작용한다. 그는 이 작품에서 3차원의 대상을 2차원적인 평면 상태로 해체하여 늘어놓고 원근법을 무시함으로써 기존 회화의 전통과 권위에 정면으로 도전한다. 피카소의 또다른 대표작인 "게르니카(Guernica)"는 스페인 내전 기간에 독일 비행 편대가 스페인의 소도시 게르니카를 폭격하여 수많은 민간인이 희생된 사건을 계기로 만들어진 작품이다. 피카소는 이 작품을 통해 전쟁의 공포와 잔혹성을 표현하는 동시에 독일의 나치와 이탈리아의 파시스트 정권에 대한 반항심을 표출하고 있다.

처음 방문한 거트루드의 집에서 길은 아드리아나와 대화할 기회를 갖게 된다. 아드리아나는 영화에서 피카소의 연인으로 등장하지만, 그녀는 실제로 존재한 인물이 아니라 영화를 위해 만들어진 가공의 인물이다. 길이 1920년대의 파리를 동경하는 것처럼 그녀는 벨 에포크(아름다운 시대), 즉 1890년대의 파리를 동경한다. 아드리아나는 길이 자신의 현실과 사랑을 반추하게 하는 영화적 도구이자 1920년대 파리 사교계의 뮤즈로서 지적이고 진보적인 여성을 대변하는 장치이다.

길은 피츠제럴드가 주최한 파티에서 주나 반스와 춤을 추게 된다. 주나 반스(Djuna Barnes)는 1892년 미국 출생이며 모더니즘 문학에서 빼놓을 수 없는 여류작가이자 화가이다. 그녀는 1919년부터 20년 동안 파리에 머무르는데, 그 시기에 지적인 레즈비언들의 모임을 알게 되고 1931년에는 미술 애호가인 페기 구겐하임(Peggy Guggen-heim)과 동거하며 그녀의 대표작인 『나이트우드(Nightwood)』를 집필한다. 거기에는 그녀의 옛 연인 셀마 우드(Thelma Wood)와의 쓰라린 경험을 바탕으로, 동성애자이자 이성애자인 다섯 명의 복잡한 관계가 다루어진다. 그녀의 작품들은 기묘하고 아이러니하며 때로는 그로테스크해서 당시의 대중들이 이해하기에는 힘들었다. 그녀는 여성의 삶을 문학적 주제로 삼고 문제시했으나 페미니스트의 입장을 취하지는 않는다. 영화에서 길이 자신과 춤을 춘 사람이 주나 반스라는 사실을 알고 난 후 "그래서 나를 리드했구나"라고 말하는 장면은 주나 반스의 성격을 암시하는 부분이다.

길이 약혼녀 이야기를 하고 아드리아나가 떠난 후 달리와 부뉴엘,

만 레이를 만나게 된다. 그들 모두는 초현실주의 예술가이다. 살바도르 달리(Salvador Dalí)는 1904년 스페인 출생으로 화가이자 작가이며 영화 제작자이기도 하다. 그는 초현실주의를 대변하는 인물로서 피카소와 더불어 20세기 최고의 화가로 손꼽힌다. 1929년경 그는 꿈속에 나타나는 무의식의 세계라는 고유의 양식을 창조하며, 녹아내리는 시계, 불타는 기린 등은 달리를 떠올리는 전형이 된다. 후기의 그는 고전주의 양식으로 돌아가, 포토리얼리즘을 연상시킬 만큼 기계적인 정교함과 엄격한 회화적 기법으로 대상을 표현한다. 꿈의 세계 이외에 그의 주요한 테마는 욕망의 세계, 환상의 세계, 종교의 세계, 과학의 세계 등이다. 달리는 친구 부뉴엘과 함께 「안달루시아의 개(Un Chien Andalou)」라는 영화를 만드는데, 이는 초현실주의 영화의 걸작으로 간주된다. 달리의 예술적 성취와는 별개로, 그의 독선적이고 기이한 행동은 오늘날까지도 논쟁거리가 되고 있다.

1900년 스페인에서 태어난 루이스 부뉴엘(Luis Buñuel)은 영화감독이자 제작자이다. 초현실주의 영화를 대변하는 인물인 부뉴엘은 알프레드 히치콕(Alfred Hitchcock)과 마틴 스콜세지(Martin Scorsese)가 경외하는 20세기의 위대한 영화감독이며, 그가 만든 「안달루시아의 개」와 「황금시대(L'Age d'or)」는 초현실주의 영화의 대표작으로 간주된다. 그는 가능하다면 하루에 두 시간만 깨어 있는 상태로 지내고 나머지는 꿈속에서 보내고 싶다고 말할 만큼, 꿈과 악몽이라는 초현실주의의 본질에 매료되어 있었다. 그가 만든 영화의 주요한 테마는 의미 없는 반복 속에 경직되어가는 개인의 일상성에 대한 싸움이다. 이러한 주제 의식으로 만들어진 영화가 「추방당한 천사(El ángel exterminador)」와 「부르조아의 은밀한 매력(Le charme discret de la bourgeoisie)」이며, 영화를 통해 부뉴엘은 기존의 권위와 도덕, 가치에 정면으로 도전하고 있다.

만 레이(Man Ray)는 1890년 미국 출생으로 사진작가이자 화가이며 영화감독이다. 그는 다다이즘과 초현실주의의 중요한 인물이지만, 작품의 다양성으로 인해 일반적으로는 모더니즘 작가로 분류된다. 그는 현대의 사진술과 전위영화의 태동에도 큰 영향을 미친다. 1921년부터 파리에 머물면서 동시대 예술가들을 대상으로 촬영한 수많은 초상화는 1920년대 파리의 문화적 번성을 증명하는 중요한 자료이다. 그의 대표작 가운데 하나인 "앵그르의 바이올린"은 당시 파리의 뮤즈였던 키키의 뒷모습 누드에 바이올린 앞판 구멍인 f홀을 새겨넣음으로써 여체와 음악의 일치라는 새로운 이미지를 창조한다.

결론적으로 초현실주의자들인 달리, 부뉴엘, 레이가 길의 고민을 듣고 난 후 각자 코뿔소, 영화, 사진이 그려진다고 말하는 장면은 그들이 이후에 명성을 얻게 될 예술 영역을 암시하는 표현으로 볼 수 있다.

길이 자신의 글에 대한 비평을 듣기 위해 거트루드에게 가던 날 밤, 그는 T. S. 엘리엇의 차에 동승하게 된다. 1888년 미국에서 태어나 영국 국적을 취득한 T. S. 엘리엇(Thomas Stearns Eliot)은 위대한 시인이며, 극작가와 비평가로도 활동한다. 그는 현대시의 발전에 크게 기여한 공로로 1948년 노벨상을 수상한다. 엘리엇은 미국의 하버드, 프랑스의 소르본, 독일의 마르부르크, 영국의 옥스퍼드 대학에서 수학, 철학, 문학, 유럽과 동양의 언어를 공부한다. 1922년 그는 서사시 "황무지(The Waste Land)"를 발표함으로써 문단의 주목을 받으며 단숨에 세계적인 시인으로 부상한다. 그는 이 시에서 수많은 작가의 작품을 인용하고 고전어를 삽입하며 각종 신화와 전설을 응용함으로써, '극시(劇詩, Dramatic Poetry)'라는 새로운 시문학 장르를 개척한다. 엘리엇 문학 세계의 주된 테마는 시간과 영원, 정신의 재탄생을 위한 투쟁, 과거의 정신과의 화해 등이다. 그의 사고는 불교와 신비주의, 고대 철학의 영향을 받았으며, 과거의 탐구를 통해서만이 현재를 이해할 수 있다는 결론에 도달한다. 엘리엇을 만났을 때 길은 "프루프록(Prufrock)"이 자신에게는 기도문이라고 말하는데, 프루프록은 엘리엇의 시 "J. 알프레드 프루프록의 사랑노래(The Love Song of J. Alfred Prufrock)"를 의미한다.

3. 영화 「미드나잇 인 파리」에 나타나는 파리의 예술과 예술가 2

길은 아드리아나의 일기를 구입한 후 로댕에 관해 설명해준 가이드를 찾아가 해석을 부탁한다. 가이드 역으로 등장한 배우 카를라 브루니(Carla Bruni)는 1967년 이탈리아 출생으로 가수이자 모델이며, 제23대 프랑스 대통령 니콜라 사르코지(Nicolas Sarkozy)의 부인이기도 하다.

가이드의 도움으로 인해 아드리아나의 마음을 알게 된 길은 우선 거트루드의 집을 방문하는데, 그때 그녀는 마티스의 그림을 구입하고 있다. 앙리 마티스(Henri Matisse)는 1869년 출생으로 피카소와 함께 현대 미술의 혁명을 주도한 프랑스의 화가이자 조각가이다. 그는 인상주의와의 결별을 주도하고 20세기 최초의 예술 사조인 포비즘

(Fauvisme, 야수파)을 개척한다. 인상주의는 선과 형태를 중요시하지 않으며, 빛에 따라 시시각각 변화하는 사물의 색채와 인상을 그림으로 표현한다. 그렇지만 마티스의 작품은 긴장감 있는 선과 형태, 강렬한 색채와 평면적 구성을 특징으로 한다. 1941년 암수술 이후 육체적 고통과 고령의 나이에도 불구하고 마티스는 예술에 대한 열정을 멈추지 않고, 채색된 종이를 가위로 오려 캔버스에 붙이는 일명 '가위로 그리는 그림'을 고안한다. 이를 통해 그는 색채와 형태의 갈등을 해결하며 마티스 예술은 다시 한 번 전성기를 맞이한다. 마티스의 대표작 가운데 하나인 『재즈(Jazz)』는 '가위로 그린 그림'을 모아서 엮은 작품집이다. 프랑스 남동부 방스에 위치한 로제르 성당은 마티스 성당이라고도 알려져 있는데, 말년의 마티스가 전체적인 내부 장식을 맡았기 때문이다. 그 스스로도 자신의 걸작이라고 칭하며 만족한 것처럼, 로제르 성당의 내부 장식은 마티스 예술의 집대성이다.

아드리아나를 만나기 위해 초현실주의자의 결혼식장으로 간 길은 거기에서 부뉴엘에게 그가 만들 영화에 관한 조언을 해준다. 길의 조언은 약 40년 후인 1962년에 부뉴엘이 만들게 되는 영화 「추방당한 천사」에 관한 내용이다.

길이 아드리아나에게 고백한 후 함께 마차를 타고 도착한 곳은 벨에포크인 1890년대의 '막심' 레스토랑이다. 1893년에 개장한 이래 막심은 단순한 레스토랑의 의미를 넘어 파리의 문화와 예술을 대변하는 상징적 장소가 된다.

길과 아드리아나는 막심에서 춤을 춘 후 물랭 루즈를 방문하는데, 거기에서 로트레크를 발견한다. 1864년 프랑스에서 태어난 앙리 드

(좌) 로트레크의 모습, (우) 로트레크가 제작한 물랭 루즈 포스터

툴루즈 로트레크(Henri de Toulouse Lautrec)는 19세기에 시작된 후기인상주의의 화가이며 석판화가로도 이름을 떨친다. 그는 물랭 루즈의 포스터를 제작한 인물로도 유명하다. 로트레크는 가난한 예술가와 지식인, 매춘부 등이 생활하던 파리 몽마르트에 작업실을 마련하고 술집, 매음굴 등 파리의 밤 문화를 꾸밈없는 시선으로 그려냄으로써 벨 에포크라는 전설적인 시대의 삶을 객관적으로 보여준다. 그는 자신이 초상화가임을 중요하게 생각하며, 대중이 아닌 개별적 인간을 그의 주요 테마로 삼는다: "인간의 형상만이 존재한다. 풍경은 보조일 뿐, 그 이상이 되어서는 안 된다." 로트레크는 무엇보다도 컬러 석판화를 이용한 포스터의 제작에 주도적인 역할을 하는데, 그가 만든 형태와 구성은 오늘날까지도 포스터의 척도로 간주된다. 부와

고갱 : (좌) "타히티의 길(Rue de Tahiti)", (우) "타히티의 두 여인(Les Seins aux fleurs rouges)"

명예를 지닌 귀족 출신의 로트레크는 14세에 사고를 당해 하반신의 성장이 멈춘 채 평생을 난쟁이로 살게 되는데, 이런 특수한 상황으로 인해 몽마르트의 예술가와 매춘부를 친구로 삼고 알코올에 중독되어 정신착란에 빠지기도 하며 36세의 이른 나이에 생을 마감한다: "내 다리가 조금만 더 길었다면 나는 그림을 그리지 않았을 것이다."

길과 아드리아나를 알게 된 로트레크는 그들에게 고갱과 드가를 소개시켜준다. 폴 고갱(Paul Gauguin)은 1848년 출생의 프랑스 화가이며 토기, 목각, 판화 제작에도 뛰어난 재능을 보인다. 그의 초기 작품은 인상주의의 화풍을 따랐으나, 퐁타방 지역의 예술가들과 교류하고 고흐의 작품을 접하게 되면서 자신의 고유한 스타일을 완성하게 된다. 고갱의 관심사는 단순하고 근본적인 형태의 회화로 돌아가는 것이며, 실재의 재현과 모방이라는 회화의 전통을 거부하고 감정과 사고의 표현에 주력한다. 이러한 특성으로 인해 고갱은 스스로를 종합주의자

드가 : (좌) "압생트를 마시는 사람들(L'absinthe)", (우) "무용 수업(La Classe de danse)". 압생트는 45-74퍼센트 정도의 알코올을 함유한 독주이다.

와 상징주의자로 칭한다. 종합주의(綜合主義)는 개인의 사고와 상상, 경험을 바탕으로 가시적인 세계가 아니라 드러나지 않은 세계를 회화적인 언어로 표현하는 예술 사조를 의미한다. 고갱 회화의 단순한 형태와 강렬한 색채는 이러한 종합주의의 특성을 대변한다. 우리에게 가장 잘 알려진 고갱의 테마는 남태평양에 위치한 타히티의 정경과 원주민이다. 형형색색인 섬의 풍경, 풍성한 자연, 가벼운 의상 또는 나체의 한가로운 원주민이라는 소재를 바탕으로 고갱은 현실에 존재하지 않는 이국적인 낙원을 그려낸다. 이로써 단순하고 소박하며 근원적인 삶을 추구하는 고갱의 사고는 예술로 승화되어 나타난다.

에드가 드가(Edgar Degas)는 1834년 출생의 프랑스 화가이자 조각가이며 미술사에서 손꼽힐 정도로 소묘에 뛰어난 재능을 보인다. 드가의 초상화는 심리적 관찰과 묘사에 탁월함을 보이는데, 일상적 공간을 배경으로 묘사된 인물들 대부분에서 단절과 소외의 감정이 느껴진다. "압생트를 마시는 사람들"은 인물의 고립감이 느껴지는 대표적인 작품이다. 1850년대에 그는 엄격한 화면 분할과 비대칭적 구도라는 새로운 화풍을 개척함으로써 자신을 인상주의와 명확하게 구분짓는다. 본질적 사건을 화면의 구석 자리에 배치하는 분산적 화면 구성은 채워진 부분과 여백 사이의 긴장감을 유발하는데, 이러한 특성은 "무용 수업"과 "바를 잡고 연습하는 댄서(Danseuses à la barre)"에서 잘 나타난다. 드가는 그의 중요한 소재 가운데 하나인 발레를 대상으로, 정형화된 공연 장면이 아니라 무대 뒤의 모습이나 쉬는 모습, 연습하는 모습 등의 자연스러운 상황을 주로 묘사한다. 그의 후기 작품은 여성의 모습을 표현한 파스텔화가 중심이 되며, 목욕하는 모습, 몸을 말리는 모습, 머리를 빗거나 손질하는 모습 등이 주요한 소재가 된다. 드가가 시도한 회화의 본질은 자연스런 상황의 자연스런 모습을 포착함으로써, 여성의 육체를 이상적 형상으로 정형화시키는 회화적 관습에서 탈피하여 생활과 예술의 간극을 메운다는 사실에 있다.

길과 아드리아나, 로트레크, 드가가 함께한 자리에서 고갱은, 현실은 상상력이 부족하고 공허하며 르네상스 시대를 동경한다고 말한다. 르네상스(Renaissance)는 문예부흥과 인본주의를 표방하는 14–16세기 유럽의 문화운동이다. 중세(대략 5–15세기)는 신 중심의 사회로서 문화와 예술의 암흑기였는데, 르네상스의 사상가와 예술가들은 그리스 로마 시대를 모범으로 하여 문화와 예술을 부흥시키고 신과 종교에 의해 억압된 인간성을 해방시키고자 한다. 이 시기에 수많은 예술가들이 등장하여 찬란한 문화의 꽃을 피우는데 다 빈치(Leonardo da

Vinci), 미켈란젤로(Michelangelo), 라파엘로(Raffaello) 등이 대표적인 인물이다.

이상에서 우리는 영화 「미드나잇 인 파리」에 나타나는 예술과 예술가들에 관하여 알아보았다. 위대한 예술가의 삶과 사고, 업적을 단 몇 줄로 요약한다는 사실 자체가 터무니없는 일이지만, 이러한 작은 노력이 영화의 이해에 도움을 주고 나아가 예술에 대한 관심을 갖게 하는 계기가 된다면 헛된 시도만은 아닐 것이다.

4. 마무리하며

이제 이번 장을 마무리하며 영화가 우리에게 던지는 메시지에 대해 생각해보자.

헤밍웨이가 전쟁에 참여한 경험담을 이야기할 때, 길은 죽음이 두렵지 않았냐고 묻는다. 헤밍웨이는 죽는 것이 두려우면 좋은 글을 쓰지 못한다고 말하며, 멋진 여자와 진정한 섹스를 해본 적이 있냐고 묻는다. 길이 자신의 약혼녀가 섹시하다고 말하자, 헤밍웨이는 그녀와 섹스할 때 아름답고 순수한 열정을 느껴 그 순간만큼은 죽음의 공포를 잊느냐고 묻는다. 길은 그렇지 않다고 대답한다. 이에 헤밍웨이는 다음과 같이 말한다: "위대한 사랑을 하거나 진정으로 용감한 사람이면 그 열정이 죽음을 마음에서 밀어내며, 언젠가 죽음이 돌아오면 또다시 진정한 사랑을 하면 된다." 이 대화에서 헤밍웨이는 사랑의 본질과 예술 창작의 원동력을 설명하는 동시에 양자의 상관관계를 표현하고 있다. 길은 좋은 소설을 쓰고 싶어하지만, 그 원동력으로서 죽음에 대한 공포마저 극복할 수 있는 사랑에 대한 진정한 열정과 고단한 현실을 직시할 용기가 없다. 따라서 이네즈와의 사랑도 흐지부지하고 현실에서 도피하려 하며 과거를 동경한다. 이러한 성격은 그가 쓴 책에서도 나타나기 때문에, 거트루드는 패배주의적인 사고에 빠지지 말라고 충고한다. 그렇지만 시간이 갈수록 길은 사랑과 창작의 문제에서 자신에게 부족한 것을 서서히 찾아간다. 그는 용기를 내어 아드리아나에게 키스하고 사랑에 대한 진정한 열정을 느낀다. 또한 그녀와 함께 벨 에포크로 갔을 때, 자신의 결함이 무엇인지 명확하게 인식한다. 아드리아나는 벨 에포크를 동경하지만 그 시대의 사람들은 르네상스 시대를 동경한다. 벨 에포크에 남겠다는 아드리아나를 만류하면서 길의 자아와 의식은 분명해진다: '과거에 대한 동경은 환상이며, 과거에 살게 되면 그것이 현실이 되고 또다른 세계를 동경하게 된다. 왜냐하면 현실은 원래 힘들고 빛나지 않기 때문이다.' 이제 길은 방황을 멈추고 진정한 자아를 되찾기 위한 유일한 방법이 죽음에 대한 두려움조차 극복할 수 있는 열정과 용기임을 깨닫는다. 다시 말해 길은 현실을 직시할 수 있는 용기와 진정한 사랑을 할 수 있는 열정을 지니게 된다. 이로써 길의 소설은 삶에 대한 두려움과 절망에 굴복하지 않고 존재의 공허함을 치유하는 위로와 희망의 예술이 될 것이다.

영화 「미드나잇 인 파리」는 치열한 예술적 삶에 대한 사랑과 존경의 고백이며 과거에 대한 향수이자 동경이다. 그렇지만 영화는 낭만과 향수에 머무르지 말고 현실을 살아가라고 조언한다. 죽음에 대한 두려움조차도 밀어낼 수 있는 위대한 열정과 진정한 사랑으로.

11 해체주의와 진리인식

카프카의 단편「프로메테우스」에 나타나는 진리인식의 문제

> 카프카의 텍스트는 의미를 고정시키는 대신 각각의 전설을 통해 의미를 뿌린다. 이로써 카프카의 텍스트는 의미를 거부하는 동시에 의미를 구성하는 작업이 된다.

철학과 예술의 가장 중요한 과제 가운데 하나는 진리의 인식과 표현이다. 진리가 존재하는지, 혹은 진리란 무엇이며 어떻게 인식되는지, 완전한 진리를 인식하는 것이 가능한지 등을 증명하거나 표현하는 것이 예술과 철학의 오랜 과제였다. 전통적인 철학과 예술이 진리를 정의하고 표현하고 설명하고자 했다면, 현대에는 완벽한 진리가 존재하는지 그렇다면 우리가 이를 인식할 수 있는지 또는 진리 자체에 접근하는 것이 가능한지 등의 보다 근원적인 문제들이 다루어지고 있다. 전자를 추구한 것이 플라톤, 아리스토텔레스, 헤겔 등의 전통적 형이상학을 옹호하는 철학자들이었다면, 후자를 대표하는 이들은 데리다를 위시한 현대의 해체주의 사상가들이다. 이러한 사실과 관련하여 이번 장에서는 철학과 예술의 가장 중요한 테마 가운데 하나인 진리인식의 문제에 관하여 다루고자 한다.

철학 부분에서는, 기존의 서양 형이상학을 절대적 진리체계를 추구하는 로고스(logos, 이성) 중심주의라고 규정하며 이에 비판적 자세를 취하는 해체주의의 진리관에 대해 알아볼 것이다. 예술 부분에서는 신화의 변용을 통해 진리인식에 관한 문제를 제기하는 카프카의 단편「프로메테우스(Prometheus)」가 다루어진다. 카프카의 작품은 이전에 자세하게 분석한 적이 있지만, 진리인식의 문제에 있어서 카프카는 누구보다도 뛰어난 통찰력을 보여주기 때문에 다시 한 번 그의 작품과 사고를 접하는 기회를 갖고자 한다.

해체주의와「프로메테우스」의 분석을 바탕으로 이번 장에서 우리에게 주어진 종합적인 과제는, 진리를 설명하는 해체주의적 개념인 '산종(散種)'과 '차연(差延)'이 카프카의 작품에서 어떻게 구체적으로 형상화되고 있는가에 대한 탐구이다.

1.「프로메테우스」

여기에서는 카프카의 신화「프로메테우스」를 소개한다. 짧은 글이므로 전문을 그대로 옮긴다.

프로메테우스에 관하여 네 개의 전설이 전해지고 있다.

첫 번째 전설에 의하면 프로메테우스는 신들의 비밀을 인간에게 누설했기 때문에 코카서스의 바위산에 묶이게 되었고, 신들은 독수리들을 보내 끊임없이 자라는 그의 간을 쪼아 먹게 했다.

두 번째 전설에 의하면 프로메테우스는 쪼아대는 부리가 주는 고통 때문에 바위 속으로 점점 더 깊이 몸을 눌러 결국에는 바위와 하나가 되었다.

세 번째 전설에 의하면 수 천 년이 지나 그의 배반은 잊혀지고, 신들도 독수리들도 그 자신도 그것을 잊어버렸다.

네 번째 전설에 의하면 사람들은 근원도 없게 된 것에 싫증이 났다. 신들도 싫증이 났고, 독수리들도 싫증이 났고, 상처도 싫증이 나서 아물었다.

남은 것은 그 설명 불가능한 바위산이었다. ― 전설은 그 불가해한 것을 설명하려고 시도한다. 전설은 진리의 근원에서 나오는 것이므로 다시 그 불가해함 안에서 끝나야 한다.

2. 잊혀진 영웅 ― 프로메테우스

여기에서는 카프카의 작품에 나타나는 진리의 문제를 다루기에 앞서, 먼저 내용적인 측면에서의 분석을 시도해보자.

카프카가 1918년에 쓴 단편 「프로메테우스」는 전승된 신화의 형식과 내용을 어느 정도 유지하면서 고대의 프로메테우스 신화를 비판적으로 수용한다. 전승된 신화에서 프로메테우스는 신들의 명령을 거부하고 인간에게 불과 문명을 가져다주었기 때문에 신들의 세계인 올림포스를 위협한 대가를 치르게 된다. 제우스는 그를 코카서스의 바위산에 사슬로 묶고 독수리를 보내서 간을 쪼아 먹게 하는데 그의 간은 끊임없이 다시 회복되므로 프로메테우스는 영원히 고통받게 된

페테르 파울 루벤스(Peter Paul Rubens, 1577-1640)는 플랑드르 지역 최고의 화가이자 독자적인 바로크 양식을 확립한 17세기 유럽의 대표적인 화가이다. 니콜라 세바스티앵 아당(Nicolas-Sébastien Adam, 1705-1778)은 신고전주의 양식을 표방하는 프랑스의 조각가이다. 두 작품의 제목은 모두 "사슬에 묶인 프로메테우스(Prometheus Bound)"이며, 루벤스의 작품은 1611-1612년에, 아당의 작품은 1762년에 제작되었다. 제우스의 명령을 거역하고 인간에게 불을 가져다준 프로메테우스는 바위산에 쇠사슬로 묶이게 되고, 제우스가 보낸 독수리는 매일 그의 간을 쪼아 먹는다. 그의 간은 매일 회복되기에 그에게 주어진 형벌은 영원한 것이 된다. 그렇지만 인간을 사랑하는 마음에서 신에게 저항했던 프로메테우스는, 많은 예술 작품에서 힘과 권위에 대항하며 인간을 수호하는 영웅의 상을 대변한다. 두 작품에서는 독수리에 의해 간을 쪼아 먹히는 프로메테우스의 형벌이 생생하게 묘사되어 있다.

다. 그렇지만 카프카는 전승된 문학적 전통을 의문시하며, 그의 단편에서 서로 다르게 구전되는 네 가지 전설을 고대 프로메테우스 신화와 비교, 대조시킴으로써 확고한 진리체계로서 신화가 갖고 있던 가치를 상대화시킨다.

프로메테우스에 관하여 네 개의 전설이 전해지고 있다.

카프카는 처음부터 신화가 아닌 전설이라고 언급함으로써 그의 단편이 신화의 단순한 변주나 변용이 아님을 암시한다. 대부분 구두로 전승되는 전설에서는 신화와 달리 내용의 변형 가능성이 아주 높다. 따라서 고정적인 진리체계로 자리잡은 신화와 비교하면, 전설의 진리는 일시적이고 상대적이다. 카프카는 외형적으로 고대 신화와 동일한 제목을 사용함으로써 신화의 전통을 이어받고 있는 것 같지만, 의도적으로 전설이라는 장르를 선택함으로써 신화의 보증된 가치와 전통을 파괴하고 상대화시킨다. 네 개의 전설이 각각 자신의 관점에서 프로메테우스 신화를 수용하고 있다는 점에서, 이들은 서로 상이하다고 볼 수 있다. 그렇지만 다른 한편으로 네 개의 전설 모두가 신화의 절대적 보편성을 손상시킨다는 점에서는 공통점을 형성하고 있다.

첫 번째 전설은 원래부터 전해져 내려오는 프로메테우스 신화를 그대로 전승하고 있는 것처럼 보인다.

첫 번째 전설에 의하면 프로메테우스는 신들의 비밀을 인간에게 누설했기 때문에 코카서스의 바위산에 묶이게 되었고, 신들은 독수리들을 보내 끊임없이 자라는 그의 간을 쪼아 먹게 했다.

언뜻 보면 원래의 신화와 내용상 차이가 없어 보일지라도, 전승된 신화에서 분명하게 언급된 제우스가 익명의 신들로 대체되었고, 프로메테우스의 간을 쪼아 먹는 독수리가 다수로 묘사되어 있다는 사실을 간과해서는 안 된다. 제우스의 복수화(複數化)는, 이해와 관용 없이 프로메테우스를 박해하는 대상이 전통적으로 알려진 신들의 수장인 제우스가 아니라 익명의 초월적 지배기관임을 의미한다. 또한 프로메테우스는 더 이상 위대한 창조적 영웅의 상징이 아니라 익명의 억압 권력에 의해 수모와 멸시를 당하는 개인이요 희생자이다. 익명의 초법적 존재와 그 앞에서 무기력하게 고통받는 개인에 대한 비유는 카프카 작품 전반에 걸쳐 나타나는 주된 모티브이며, 그의 장편 『소송』이나 『성』에서는 보이지 않는 억압 권력과 그 앞에서 무력한 개인의 관계가 구체적으로 표현되어 나타난다. 카프카에게 있어 전통의 해체는 역설적으로 현대적 개체의 해체와 맞물려 있다.

프로메테우스를 창조적 기상과 역사적 진보의 상징으로 간주하던 전통적 관점의 거부 이외에 또한 첫 번째 전설에서 주목해야 할 사실이 있다. 이는 억압 권력으로서의 익명의 신들과 피해자로서 고통받는 프로메테우스 사이에 해결 가능성에 대한 어떠한 전망도 보이지 않는다는 점이다. 결국 첫 번째 전설은 전승된 신화와의 외형적인 유사함에도 불구하고, 화해의 가능성 없이 끝없이 반복되는 프로메테우스에 대한 처벌 행위가 어떤 가치나 의미도 없음을 암시한다.

두 번째 전설은 또다시 새로운 관점에서 프로메테우스 사건에 관하여 보고한다.

두 번째 전설에 의하면 프로메테우스는 쪼아대는 부리가 주는 고통 때문에 바위 속으로 점점 더 깊이 몸을 눌러 결국에는 바위와 하나가 되었다.

첫 번째 전설이 화해도 피해자의 완전한 말살도 허용되지 않는 신들과 프로메테우스 사이의 갈등에 관한 문제인 반면, 두 번째 전설은 바위에 몸을 눌러 하나가 됨으로써 고통을 끝내려는 프로메테우스의 개인적인 시도에 관한 내용이다. 이와 관련해서 첫 번째 전설에서 주요한 모티브로 작용했던 익명의 신들은 두 번째 전설에서 언급되지 않는다. 이것은 전승된 신화의 전통이 첫 번째 전설에 의해 해체되는 것과 마찬가지로, 첫 번째 전설은 두 번째 전설에 의해 비판되고 해체됨을 의미한다. 즉 두 번째 전설은 첫 번째 전설에서 전혀 중요한 문제가 아니었던 '고통받는 희생자의 관점'을 도입함으로써 첫 번째 전설의 주요 쟁점인 신과 프로메테우스의 갈등을 무의미한 것으로 치부한다.

첫 번째 전설과 두 번째 전설의 본질적 차이는 시간성에 있다. 첫 번째 전설은 프로메테우스의 형벌이 끝없이 반복되는 순환적, 신화적 시간 안에 놓여 있다. 그렇지만 두 번째 전설의 시간은 프로메테우스의 고통이 끝이 나는, 즉 과거에서 현재로 넘어가는 역사적 시간이다. 따라서 첫 번째 전설의 시간성은 동시성 또는 비역사적인 것으로 간주될 수 있으며, 두 번째 전설의 시간성은 연속성 또는 역사적인 것으로 파악될 수 있다. 결국 프로메테우스의 고통은 역사적인 시간 속에서 무생물인 바위와 하나가 된 후에서야 끝이 난다. 이것은 두 번째 전설 또한 프로메테우스 신화의 전통에서 벗어남을 의미한다. 신화에 의하면 프로메테우스의 고통은, 오랜 신화적 시간이 흐른 후 제우스가 그의 아들 헤라클레스에게 독수리를 죽이는 것을 허락했을 때에서야 끝이 나기 때문이다. 프로메테우스의 고통이 끝난다는 의미에서 프로메테우스와 바위산의 동화 같은 융합은 첫 번째 신화에서는 부재하던 화해의 가능성을 보여준다. 하지만 프로메테우스가 '역설적인 자기섬멸'을 통해, 즉 자신을 포기함으로써 육체적 고통의 끝을 맞는다는 사실 또한 간과되어서는 안 된다.

두 번째 전설은 화해의 가능성을 통해 외형적으로는 긍정적인 결론을 보여주는 듯하다. 그렇지만 프로메테우스는 신들의 권력에 의해 억압받는 첫 번째 전설과 마찬가지로 여전히 희생자의 상을 반영하고 있다.

세 번째 전설은 이전과는 아주 다른 방법으로 프로메테우스의 사건에 접근한다.

세 번째 전설에 의하면 수 천 년이 지나 그의 배반은 잊혀지고, 신들도 독수리들도 그 자신도 그것을 잊어버렸다.

이제는 더 이상 이전의 두 가지 전설에서 지배적인 요소로 작용했던 프로메테우스의 신들에 대한 배반, 처벌 행위, 희생자의 주관적인 고통 등에 관한 문제가 아니다. 세 번째 전설의 관점은 '신화의 역사적인 차원', 더 정확하게 말하면 '시대 변화에 의한 신화의 작용 문제'로 향하고 있다. 카프카는 절대적인 진리체계인 신화의 보편타당성을 '망각'이라는 수단을 사용하여 무효화시킨다. 즉 인류에게 불과 문명을 전파한 프로메테우스의 숭고한 행위는 역사의 진보를 통해 더 이상 기억할 가치조차 없는 것이 된다. 하지만 이러한 결과가, 프로메테우스의 영웅적 행위 자체가 가치 없다는 사실과 일치하지는 않는다. 왜냐하면 '망각의 주체'는 바로 '인간'이기 때문이다.

전승된 신화의 전통을 문제시하던 이전의 두 가지 전설과는 달리,

세 번째 전설에서 카프카는 역설적으로 신화의 전통을 유지할 능력을 잃어버린 동시대인들을 비판의 대상으로 삼는다.

네 번째 전설에 의하면 사람들은 근원도 없게 된 것에 싫증이 났다. 신들도 싫증이 났고, 독수리들도 싫증이 났고, 상처도 싫증이 나서 아물었다.

세 번째 전설과 마찬가지로 네 번째 전설도 역사적 차원에서 신화의 수용 문제에 접근한다. 그렇지만 세 번째 전설에서는 "그의 배반은 잊혀졌다"라는 수동문을 통해 탈신화화된 사회의 통찰력 부재가 간접적으로 비판되는 반면, 네 번째 전설에서는 "사람들은 싫증이 났다"라는 능동문을 통해 동시대인들의 신화 수용 자세가 직접적으로 비판받는다. 싫증남은 망각과는 달리 경험과 의식의 영역에 속한다. 세 번째 전설에서 신화는, 시대의 변화에 따라 무의식적으로 수행된 망각이라는 수단을 통해 과소평가된다. 그렇지만 네 번째 전설에서 신화는 인간에 의해 낡고 고루한 것으로 간주됨으로써 그 존재 근거조차 잃게 된다. 이제 프로메테우스의 신들의 세계에 대한 배반은 더이상 위협적이지 않으며, 그것에 대한 처벌도 아무 의미 없는 것이 되고 그의 영웅적 행위는 오히려 시대착오적인 것으로 전락한다: 신들의 세계는 프로메테우스의 반란을 더 이상 위협으로 간주하지 않는다. 그것은 신들의 힘이 프로메테우스의 엄청난 행위에 대해서조차도 완전히 초연할 정도로 확고하기 때문이거나, 아니면 반대로 신화의 시대가 어차피 종말에 이르렀고 신들이 그들 세계의 몰락을 인식하고 단념함으로써 더 이상 두려워할 도전도 없기 때문이다.

프로메테우스는 역설적으로 그 자신의 신화적 영향에서 배제되어 있으며, 오로지 상처만이 의미 없는 고통의 잔재로서 그로테스크하게 남아 있다. 결국 세 번째와 네 번째 전설은 프로메테우스 사건이 현재에는 아무런 의미도 가치도 갖지 못함을 역설하고 있다.

카프카의 단편 「프로메테우스」는 네 가지 전설을 통해 전승된 신화의 전통을 문제시하며 상대화시킨다. 하지만 그와 동시에 네 가지 전설은, 저마다 주장하는 존재 근거에 대한 정당성으로 인해 또다시 상대화되며, 개별적 전설의 보편타당성은 훼손된다. 이제 텍스트의 밖에는 신화가 진실인가, 전설 가운데 하나가 진실인가, 아니면 진실은 없는가, 라는 질문이 존재한다. 카프카는 단편의 마지막 단락에서 진실과 진리에 대해 암시한다. 이를 근거로 하여 다음에서는 카프카의 진리 개념과 진리에 대한 접근 방법을 다루고자 한다.

3. 진리의 산종

해체주의의 이론에서 중요한 개념 중의 하나는 '산종(散種, Dissémination)'이다. 데리다는 때로는 이 말을 파종(播種), 즉 황폐한 땅 위에 씨를 뿌리는 일로 번역하기도 하는데, 이는 무한대로 새로운 의미를 생성하는 변증법과 대비시키려는 의도가 들어 있다. 산종이라는 개념은 다소 생소하며 파악하기도 쉽지 않지만 히벨(Hans Helmut Hiebel)의 진술은 이 용어를 어느 정도 이해할 수 있게 한다.

모든 이분법을 무력하게 만드는 다의성, 덤불처럼 우거지고 무성한 것, 뿌리처럼 펼쳐진 것, 그리고 별무리 및 의미 요소들의 은하계. 데리다의 개념 '산종'은 이러한 특성들의 영역을 규명하기에 적합할 것이다. 그 개념에서는 또한 텍스트의 '역행성', 의미적, 지시적, 상징적 성격을 갖는 수천의 의미 입자들의 전환 가능성과 무방향성의 원리, 바르트에 의하면 고전적 텍스트와 다른 현대적 텍스트를 규정짓는 가역성이 특징적이다.(히벨, 『프란츠 카프카[*Franz Kafka*]』, 18쪽)

말하자면 산종이란 대상의 본질에 다가가기 위해서 접근 가능한 무수한 의미들을 다양하게 뿌려놓는다, 라는 뜻으로 해석될 수 있다. 이러한 산종은, 대상이나 텍스트가 나중의 어떤 (우연한) 계기로 인해 (다양한) 의미를 부여받을 수 있다는 그 가능성에 본질이 있다.

카프카의 단편 「프로메테우스」의 마지막 단락은 텍스트 전체를 산종의 흔적으로 만든다. 여기에서 카프카는 전승된 신화를 이성적 관점에서 급격하게 해체하지만, 다른 한편으로 그는 다시 이성으로 이해할 수 없는 신화의 세계 속으로 침잠한다.

남은 것은 그 설명 불가능한 바위산이었다. — 전설은 그 불가해한 것을 설명하려고 시도한다. 전설은 진리의 근원에서 나오는 것이므로 다시 그 불가해함 안에서 끝나야 한다.

여기에서 코카서스의 바위산은 어느 전설도 고려하지 않은 신화의 잠재적 의미 가능성을 열어두는 기능을 한다. 구체적으로 말하자면 전설의 근원은 바위산, 즉 신화이며 이는 설명 불가능한 것이므로 전설의 의미는 현전하지 않는다. 하지만 모든 전설의 근원은 신화이므로, 전설의 의미는 유보될지라도 이를 통한 신화의 규정 가능성은 항상 열려 있다. 카프카의 텍스트는 산종, 즉 의미를 고정시키는 대신 각각의 전설을 통해 의미를 뿌린다. 텍스트는 '동일화시키는 해석' 대신에 '복수의 강독', 즉 의미 발견 대신에 지속적으로 변화하는 구조의 해독 작업을 요구한다. 이로써 카프카의 텍스트는 의미를 거부하는 동시에 의미를 구성하는 작업이 된다. 단편 「프로메테우스」는 산종으로 인해, 어떤 특정한 지점을 묘사하는 텍스트의 지도를 그리는 것이 아니라 진리에 대한 약속 없이 사방으로 갈라지는 텍스트 그 자체로서의 지도를 그리고 있다. 산종은 끝없이 의미를 생성하는 변증법과는 대조적이며, 동시에 변증법을 해체하는 출발점이 된다. 이러한 해체주의적인 단초는 현대의 진리 내용을 몰아내며, 어떠한 진리 주장도 결정될 수 없다: "텍스트의 이질성은 (그와 함께 텍스트의 해체에 대한 취약성은) 오히려 그것이 근본적으로 다른 두 가지 의미를 동시에 표현한다는 사실에 근거한다.……텍스트는 결정될 수 없다."(밀러 [Hillis J. Miller], 『현재와 과거의 이론[Theory now and then]』, 107쪽)

산종으로 인한 두 가지 의미 혹은 복수의 의미는 평행선을 달리며 똑같은 무게감을 지닌다. 무엇이 유효한지 우리는 알 수 없다. 이러한 의미에서 데리다의 '해체'는 파괴가 아니라 모순의 발견으로 이해될 수 있다. 모순의 발견은 정확하게 말하면 '완전한 내부에서부터' 그리고 이와 동시에 '규정될 수 없고 명명될 수 없는 어떤 외부에서부터' 수행되는 차이의 끝없는 분석을 통해 이루어진다. 카프카는 규정될 수 없는 외부인 전설과 완전한 내부인 신화 사이에서의 모순과 차이를 보여줌으로써 역설적으로 다가갈 수 없는 진리에 다가가고자 한다. 이러한 관점에서 본다면 카프카와 해체주의 작가들의 글쓰기는, 진리의 발견이 아니라 진리의 설계나 고안이 이루어지기 때문에 창조적인 작업이 된다. 벤야민(Walter Benjamin)은 이러한 카프카의 독창적인 서술 전략에 대해 다음과 같이 표현한다.

> 카프카에게 있어 본질적으로 천재적인 것은, 그가 아주 새로운 것을 실험했다는 사실이다. 그는 전승 가능성, 즉 하가다적인 요소를 붙잡기 위해 진리를 포기한다. 카프카의 글은 근원적으로 비유이다.……
> 하가다가 할라카에게 하는 것과 마찬가지로 카프카의 비유 또한 간단하게 교리에 무릎을 꿇지는 않는다. 카프카의 비유는 조용히 엎드려 있을 때에도 부지불식 중에 그 교리를 향해 예리한 발톱을 세우고 있다.(벤야민, 『카프카에 관하여[Über Kafka]』, 201쪽)*

카프카의 단편 「프로메테우스」는 근본적으로 진리에 대한 비유이다. 네 가지 전설은 각기 다른 방법으로 전승된 진리의 해석을 반박함으로써 끝없는 차이와 모순을 낳고, 텍스트의 마지막은 신화가 모

---

* 하가다(haggadah)와 할라카(halakah)에 관하여 : 유대인의 탈무드는 율법인 할라카와 윤리와 종교의 전 영역에 걸쳐 구전으로 전해지는 하가다로 구성되어 있다. 할라카는 학문적인 방법을 적용하여 정립한 구전율법이며 법적인 구속력을 가진다. 법조 문헌, 규정, 이에 대한 해석들을 그 내용으로 한다. 하가다는 법적 구속력이 없고 대중적이고 자연 발생적이며, 유대교 비경전들의 교훈적, 윤리적, 설화적 전통을 그 내용으로 한다. 할라카가 엄격하고 진지한 반면, 하가다는 문학적이고 기발한 상상력과 재치 있는 내용들로 가득하다.

든 전설에서 벗어나는 측면, 즉 전승의 문제와는 별개의 선험적인 측면이 있음을 암시한다. 그렇지만 진리의 근원인 신화는 규정될 수 없고, 산종에 의해 형태를 드러내며 산종에 의해 끝없이 재구성된다. 신화적 진리는 산종의 힘과 한계를 통해 드러나며, 이는 산종, 즉 네 가지 전설의 긍정적 힘이자 그 한계이다. 카프카의 신화 「프로메테우스」는 '좌초의 형태에서 또는 가상적이거나 실재적 불가능성의 형태에서' '비환원적이고 생성적인 다양성을' 표현하는 산종의 산물이다.

4. 진리의 차연

신화를 상징하는 불가해한 바위산과 전승된 진리를 대변하는 전설은 디오니소스적 세계와 아폴로적 가상의 관계와 비교될 수 있다.

사방으로 끝없이 펼쳐져, 울부짖으며 산더미 같은 파도를 뿌려대는 그 거친 바다 위에 사공이 조그마한 조각배에 의지해 앉아 있는 것처럼, 인간은 개체화의 원리를 믿고 의지하면서 고통의 세계 한가운데에 평온히 앉아 있다.(니체, 『비극의 탄생』, 28쪽)

이미 첫 번째 장에서 소개한 바 있지만, 니체의 미학을 대변하는 위의 문장을 다시 한 번 살펴보자. 인용문에서 바다, 즉 고통의 세계는 디오니소스성을 상징한다. 개체화의 원리란 고뇌의 세계를 아름다운 가상으로 극복하려는 사고를 의미하는데, 예문의 조각배가 이에 해당된다. 조각배, 즉 개체화의 원리는 아폴로성을 상징한다. 사공은 디오니소스적 고뇌의 세계에서 아폴로적 가상을 통해 위로받으려는 인간 존재를 의미한다. 예문에서 나타나듯 디오니소스성은 삶의 근원으로서 어떤 이성과 논리도 통하지 않는 근원 세계의 상징인 동시에 근원적 고통의 상징이다. 인간은 결국 디오니소스적 세계의 잔혹함과 무자비함에서 벗어나기 위하여, 좀 더 정확하게 말하면 오로지 살아남기 위하여 아폴로적 가상을 필요로 한다. 그렇지만 가상은 실재가 아니다. 가상은 진리의 가상이며 아름다움의 가상이며 화해의 가상이다. 실재는 고뇌이기 때문에 인간은 진리와 아름다움과 화해를 필요로 한다. 가상은 실재의 결핍을 보충하고 조화로운 세계를 창조함으로써 아폴로성의 본질인 위로와 만족의 역할을 한다. 즉 아폴로적 가상이란 세계가 갖는 원초고통에 대한 디오니소스적 인식으로부터의 해방을 의미한다. 그렇지만 아폴로적 가상은 디오니소스성에 의해 끊임없이 파괴되고 재창조되는데, 이는 디오니소스성이 아폴로성의 존재 근거를 제공하는 근원적 존재이기 때문이다. 설명 불가능한 바위산은 근원 세계이며 진리의 근원인 디오니소스적 세계에 상응한다. 각각의 전설은 아폴로적 가상으로서 설득력 있는 진리를 전해주려고 시도한다. 그렇지만 개별적 전설의 존재 근거는 불가해한 바위산, 즉 어떤 논리와 이성으로도 이해될 수 없는 디오니소스적 세계를 전제로 한다. 불가해한 바위산과 전설, 바로 그 사이에 아름답지만 순간에 지나지 않는 가상을 믿는 인간이 자리하고 있다. 이 자리에서 인간은 전설을 잊으며, 동시에 새로운 전설을 창조한다. 또한 이러한 무의식적 망각을 통해 인간은 진리의 감정에 다가간다. 이는 니체와 해체주의가 갖는 진리인식에 대한 출발점이다. 해체주의의 중요한 용어인 '차연(差延, différance)'은 진리의 실체에 다가가기 위하여 망각과 싫증남의 흔적조차도 놓치지 않으려는 카프카의 시도를 잘 설명해줄 수 있는 개념이다.

전설의 근원은 진리이기 때문에 전설은 결국 바위산의 불가해함으로 소급될 수밖에 없다. 각각의 전설이 신화의 어떤 측면을 고려할지라도, 전설의 진리는 항상 부분적이고 선택적이다. 따라서 전설의 진리는 위장되어 있으며 결코 신뢰할 만한 전승의 총체성을 지니지 못한다. 이러한 사실에서 도출되는 전승의 상대성에 대한 인식은 카프카의 신화 수용과 전통 인식의 문제에서 중심적인 역할을 한다. 그렇지만 상대성의 인정에는 카프카의 또다른 의도가 숨겨져 있다. 그는 여전히 전승 가능성, 즉 하가다적인 요소를 붙잡고 있다. 네 가지 전설의 차이들은 진리의 근원인 불가해한 바위산에 속함과 동시에 전승성과 상대성을 표현하는 네 가지 전설에 속한다. 그렇지만 진리 자체로서의 바위산은 기표로서의 전설이 생산해내는 차이들의 움직임 때문에 결코 규정될 수 없다. 따라서 진리는 의미들의 놀이, 즉 기표 간의 차이와 모든 기표에 내재하는 움직임을 통해 형상화된다. 이것이 바로 '진리의 차연'의 본질이다. (앞 장에서 설명했지만, '차연'은 '기표와 기의 사이의 차이, 기표와 기표 사이의 차이, 이로 인한 의미의 끝없는 유보'를 뜻하는 용어이다.) 기표의 차이란 본질적으로 불가해한 바위산의 의미를 끝없이 유예시키는, 전설이 지니는 전승 가능성 및 상대성과 다르지 않다. 카프카는 하가다가 할라카 교리에 쉽게 무릎 꿇지 않듯이, 하가다적 요소인 전승 가능성과 상대성을 인식

해체주의는 불안정과 무질서를 수용하고 다양성과 열림을 추구하는 이론이다. 해체주의 이론이 도입된 건축에서는 현전의 형이상학적 표현, 즉 삼각형이나 원이 부여하는 안정과 정지 상태의 추구에서 탈피하고자 한다. 해체주의 건축은 비정형의 추상적, 기하학적 표현을 주로 사용하며, 구조물의 상호관계 및 내부 프로그램의 변화를 통해 불완전한 의미를 보충해나간다. 미국의 피터 아이젠만(Peter Eisenman)은 현대 건축의 거장으로서 현대 사회의 특징인 불확실성과 비연속성의 표현을 추구하는 건축가이다. 위의 사진은 '막스 라인하르트 하우스(Max Reinhardt Haus)'이며, 피터 아이젠만이 1992년에 도안한 베를린의 복합건물 계획안이다. 이 복합건물은 접힌 층과 프리즘 형상으로 인해 퍼져나가는 물결 형태를 이룬다. 피터 아이젠만은 도안에 대해 스스로 설명한다: "접힌 층이라는 파편적인 형태와 퍼져나가는 프리즘 형상을 통해, 단편적인 동시에 끊임없이 변화하는 대도시의 인간관계를 자기 자신 안에 접어넣어 수용하고자 한다. 그리고 접힌 층은 다시 열린 구조가 됨으로써 복잡하고 유동적인 관계들 사이에서 자신 또한 개방해야 함을 의미한다." 이러한 피터 아이젠만의 의도는 열림의 미학을 표방하고 차이의 다양성을 인정하는 해체주의의 사고와 일맥상통한다.

함으로써 진리에 다가간다. 바로 이것이 차연에 의한 진리 유예의 사고가 지니는 진리인식에 대한 긍정적 힘이다.

5. 마무리하며

카프카는 전승된 신화를 소재로 하는 단편을 통해, 신화를 해석학적인 측면에서 현재와 관련시키고 신화 자체에 새로운 의미를 부여하고자 한다. 카프카는 그의 단편에서 신화적 원형의 반복을 통해 현재를 비판함으로써 신화의 전통을 유지한다. 그렇지만 현실 비판의 새로운 기의를 신화라는 틀 안으로 산입함으로써 전통과 현재를 함께 수용하는 새로운 현대의 신화를 창조한다. 이로써 전통과 현재, 신화와 전설, 진리의 근원과 진리의 가능성은 그들의 단절된 고리를 발견하고 그들 스스로 자신의 존재 근거를 밝힌다.

이번 장에서는 진리의 이해에 있어 중요한 역할을 하는 '산종'과 '차연'이라는 해체주의적 개념을 적용하여 카프카의 단편「프로메테우스」에 나타나는 진리인식의 문제에 관해 알아보았다. 해체주의에는, 기존의 형이상학과 거리를 유지하기 위해 새롭게 고안되거나 변형되고 창조된 개념들이 많다. 따라서 기존의 철학적 사고와 용어에 익숙한 독자들이 해체주의를 처음 접하게 될 때는 개념의 이해에 어려움이 많은 것도 사실이다. 이번 장에서 논의한 해체주의의 진리인식에 대한 문제 또한 이해에 어려움이 있을 수도 있다. 그렇지만 집중력을 발휘해서 해체주의라는 현대 철학의 관문을 통과한다면 새로운 사고로 문학과 예술을 접할 수 있는 길이 열릴 것이다.

12 인식론
영화 「오! 수정」에 대한 인식론적 사유

> 우리는 천문학적인 수를 계산하고 답을 산출할
> 수 있다. 이는 경험과는 별개의 영역, 즉 우리에
> 게 내재된 순수이성의 영역이다.

철학의 중요한 분과에는 존재하는 대상, 즉 인간과 사물의 특성과 본질에 대해 연구하는 '존재론(存在論)'과 철학을 가능하게 하는 주체, 즉 인간이 진리나 사물의 본질에 도달하는 방법을 연구하는 '인식론(認識論)'이 포함된다. 우리가 이전에 다룬 카프카의 「포세이돈」은 현대의 주체가 경험하는 내용을 통해 인간과 사회라는 대상을 '존재론적 사유'에서 다룬 작품이며, 「프로메테우스」는 진리의 근원에 다가가려는 인간의 '인식론적 사유'에 관해 다룬 작품이다. 존재론에 관해서는 하이데거의 저서 『존재와 시간』을 소개하는 장에서 구체적으로 다루기로 하고, 이번 장에서는 인식론적 사유에 관해 자세히 알아보도록 하자.

인식론은 철학의 역사가 시작된 이후로 수많은 철학자들이 연구하고, 인간의 사고가 멈추지 않는 한 영원히 다루어질 분야이다. 앞서 다룬 산종과 차연의 개념 또한 인식론적 사유의 산물이다. 구체적으로 말하자면 인식론은 인식의 근원과 기준, 그 방법과 확실성의 정도, 인식하는 자와 인식되는 대상과의 명확한 관계 등을 연구하는 학문이다. 따라서 주체와 객체의 개념은 인식론에 있어서 매우 중요한 역할을 한다. 고대나 중세에도 많은 이들이 철학적으로 또는 종교적 신념에서 설득력 있고 객관적인 인식의 가능성에 대해 질문하고 해명하고자 했으나, 당시의 연구는 오늘날의 관점에서 본다면 종종 추상적이고 비과학적이며 때로는 신비주의적인 경향도 띤다. 인식의 주체가 중요한 문제로 대두되며 철학의 중심 분야로 자리잡기 시작한 것은 근세에 이르러서이다. 이러한 이유에서 이번 장에서는 현대적 의미의 학문이 태동한 시기인 17세기에서 출발하여 현대에 이르기까지 주목할 만한 몇몇 인식론적 사고를 살펴보고자 한다. 나아가 이러한 인식론적 사유들을 영화「오! 수정」에 적용시킴으로써, 보다 구체적으로 인식론의 본질에 접근해보자.

1. 영화「오! 수정」

2000년에 제작된 영화「오! 수정」은 홍상수 감독의 세 번째 작품이다. 사실적이면서도 낯선 느낌을 주는 그의 영화적 특성은「오! 수정」에서도 고스란히 드러난다. 홍상수 감독은 이 영화가 등장인물의 감정선이 중요한 만큼, 색채가 이를 방해할지도 모른다는 이유에서 흑백필름으로 촬영했다. 작고한 여배우 이은주는 단순하지만 미묘하고, 사실적이지만 낯선 느낌을 주는 쉽지 않은 연기를 보여준다. 이 영화로 이은주는 2001년 대종상 신인여우상을 수상했다. 남자 배우

정보석과 문성근 역시 감독의 의도에 걸맞은 좋은 연기를 보여준다. 영화 「오! 수정」은 제45회 아시아태평양영화제에서 각본상을, 제1회 부산영화평론가협회상에서 각본상과 최우수 작품상을, 제13회 도쿄 국제영화제에서 특별언급상과 심사위원 특별상을 수상했다.

영화의 줄거리는 비교적 간단하며, 영어 제목은 그 내용을 단적으로 표현한다: "Virgin Stripped Bare by Her Bachelors(그녀의 남자에 의해 발가벗겨진 처녀)"

영화는 동일한 사건을 다르게 기억하는 두 가지 관점에 관한 이야기이다. 영화의 첫 번째 장면인 '온종일 기다리다'와 마지막 장면인 '짝만 찾으면 만사형통'만이 기억이 아닌 사실이며 재구성될 수 없는 현재의 시점이다. '어쩌면 우연'이라는 제목을 갖고 있는 영화의 전반부는 과거의 기억이고, '어쩌면 의도'라는 제목을 가진 후반부는 동일한 사건이 다르게 기억되는 또다른 과거이다. 석연치 않은 부분도 있지만 영화의 전반부는 남자 주인공의 관점에서, 후반부는 여자 주인공의 관점에서 전개된다고 볼 수 있다. 영화의 전반부와 후반부는 각각 동일한 사건을 묘사하는 일곱 가지의 에피소드로 구성되어 있다.

영화의 도입부인 '온종일 기다리다' 장면에서는 어느 호텔 308호에서 누군가를 기다리는 재훈(정보석)의 모습이 보인다. 이후 영화는 '어쩌면 우연'이라는 제목을 가진 전반부의 일곱 가지 에피소드를 보여준다. 케이블 TV PD이자 독립영화 제작자인 영수(문성근)는 같은 프로그램 구성작가인 수정과 함께 후배 재훈의 미술 전시회를 방문한다. 친밀한 관계인 영수와 수정은 관람을 마친 후 재훈과 함께 술자리를 갖는다. 5년 만에 만난 재훈과 영수는 과거에 함께 그림을 그리던 선후배 사이이다. 부잣집 아들인 재훈은 오랜만에 만난 선배 영수에게 영화 제작비를 지원하겠다고 한다. 또한 처음 만난 수정에게 마음을 뺏겨 고백을 하지만 거절당한다. 촬영 장소인 경복궁에서 우연히 수정을 만난 재훈은, 수정이 의자에서 주웠다며 갖고 있던 자신의 장갑을 발견하고는 놀라워한다. 영수는 자신보다 나이 많은 촬영기사와 언쟁을 벌이고 수정에게는 잘 마무리되었다고 말한다. 재훈과 술을 마신 수정은 자신에게 잘 대해주는 그에게 술 마실 때만 애인이 되어주겠다고 제안한다. 재훈의 집에 가게 된 수정이 자신의 몸을 만지는 재훈에게 아직 경험이 없는 처녀라고 말하자, 이에 재훈은 크게 놀라며 감격한다. 이후 둘은 카페 등지에서 만나며 점점 친해진다. 선배의 생일을 맞아 마련된 술자리에 참석한 재훈은, 나중에 함께 방문한 영수와 수정의 모습을 보고 실망한다. 술자리가 끝난 후 재훈은 수정에게 힘들다며 화를 내고, 수정 역시 화가 나서 그만 만나자고 말한다. 수정을 그리워하던 재훈은 전화를 하게 되고, 수정은 고잔에 있는 친구 집에서 집들이를 하고 있다고 말한다. 고잔을 찾아간 재훈은 수정과 만나 호텔로 들어간다. 수정은 자신을 탐하는 재훈에게 멘스 중이라고 말하며 다음에 하자고 부탁한다. 이에 재훈은 나중에 제주도의 제일 좋은 방에서 첫 경험을 하자고 제안하고, 둘은 서로 사랑한다고 말한다. 어느 날 호텔에서 기다리고 있다는 재훈의 전화를 받은 수정은, 고민하며 여기저기를 방황하다가 남산의 케이블카를 탄다. 운행 도중 케이블카는 정전으로 멈춘다.

이제 영화는 '어쩌면 의도'라는 제목을 갖고 있는 후반부로 접어든다. 케이블 TV PD인 유부남 영수는 그림도 보여주고 술도 사주겠다며 구성작가인 수정을 후배 재훈의 전시회장으로 데려간다. 이후 셋은 함께 술을 마신다. 집에서 자고 있던 수정은 늦게 들어온 누군가가 자신을 만지며 귀찮게 하자, 손으로 그의 성욕을 잠재운다. 나중에 알 수 있지만, 그는 친오빠이다. 촬영 장소를 고민하던 중 수정은 경복궁으로 가자고 제안한다. 경복궁에서 재훈을 만난 수정이 인사를 하자, 재훈은 매일 여기에서 점심을 먹는다고 말하며 수정이 주웠다는 장갑을 건네받는다. 편집 작업을 하던 중 영수는 수정에게 키스를 하고, 수정은 아픔과 실패로 끝난 자신의 첫 경험을 이야기한다. 영화사를 방문한 재훈과 술을 마시던 수정은, 오지 않는 영수를 찾으러 갔다가 촬영기사에게 맞고 있는 그의 모습을 목격한다. 영수와 헤어진 두 사람은 한적한 곳에서 키스를 하고 수정은 재훈에게 짝사랑만 해봤다고 고백한다. 어느 날 카페에서 먼저 기다리던 재훈이 수정에게 늦은 이유를 묻자, 그녀는 약을 좀 사고 왔다고 한다. 둘은 키스를 하며 나중에 좋은 곳에서 자자고 말한다. 어느 날 수정과 술을 마시게 된 영수는 재훈과 사귀느냐고 물어보고, 수정은 사귄 지 얼마되지 않았다고 대답한다. 술이 취한 영수는 수정에게 재미있는 것을 보여준다고 하며 여관으로 데려가고, 그녀를 강제로 범하고자 한다. 수정은 예전에 좋아했다고 말하며 영수를 달래고, 이에 단념한 듯 영수는 할 수 있었는데 안 한 것이라고 말하며 애써 자위한다. 지인의 생일 모임에서 수정과 영수는 말다툼을 벌이고, 그 사이 재훈은 평소 알고 지내던 여인과 몰래 키스를 나눈다. 수정이 방문한 친구 집을 찾아 고잔에 온 재훈은 전화를 하고, 수정은 반갑게 그를 맞으러 간다. 호텔을 찾은 둘은 애무를 시작하고, 재훈은 수정 대신 다른 여자의 이름을 부르는 실수를 한다. 둘은 크게 다투지만 결국 화해한다. 영화사로 전화를 한 재훈은 수정에게, 제주도는 다음 기회로 미루고 내일 우이동의 호텔에서 보자고 말한다. 마음이 썩 내키지는 않지만 수정은 이를 허락한다. 여기까지가 후반부가 보여주는 기억에 관한 내용이다.

이제 현재 시점이자 영화의 마지막인 '짝만 찾으면 만사형통' 장면에서는 호텔에서 치르는 두 사람의 정사 모습을 보여준다. 힘들어하는 수정을 달래며 첫 번째 행위를 마친 두 사람은 시트에 묻은 피를 발견한다. 둘은 피 묻은 시트를 함께 씻고, 서로에게 잘하겠다고 다짐한다.

2. 인식론적 사유

영화 「오! 수정」과 인식론적 사유의 상관관계에 대해 알아보기 전에, 여기에서는 그 준비 과정으로 인식론의 역사에서 중요한 비중을 차지하는 몇몇 이론들을 살펴보자.

(1) 합리주의와 데카르트

17세기에서 19세기 말까지 인식론의 주요 쟁점은 인식의 근원이 이성이냐 감각이냐의 문제이다. 합리주의는 인식 과정의 본질적 요소를 이성으로 간주하며, 이에 반해 경험주의는 감각과 경험을 인식의 근원이라 주장한다. 합리주의를 대변하는 중요한 사상가는 17세기 프랑스의 철학자인 르네 데카르트(René Descartes, 1596–1650)이

다. 데카르트는 수학의 합리적이고 귀납적인 방법을 철학에 적용한
다. 당시의 철학은 학설의 단순한 비교와 대조에 근거하여 자신의 견
해를 표명하는 편협하고 교조적인 공리공론이 지배적이었다. 이에
반해 데카르트는 다음과 같이 주장한다: 우리는 진리를 추구하는 과
정에서 산술과 기하학에 비교될 수 있는 확실성에 의존해야 하며, 증
명될 수 없는 것들에 우리를 맡겨서는 안 된다. 데카르트는 진리로
간주될 수 있는 확실한 근거를 발견하지 않으면 진리가 아닌 것으로
결정한다. 결국 그에게 확인된 유일한 확실성은 널리 알려진 바와 같
이 다음의 사실이다: "나는 생각한다, 고로 나는 존재한다.(Cogito,
ergo sum.)" 이는 오직 사고의 행위만이 자신의 존재를 증명할 수 있
음을 의미한다. 그의 견해에 의하면 '실재'는 두 가지 실체로 구성되
어 있는데, 하나는 '생각하는 실체(Res cogitans)'이며 또 하나는 '물
질적 실체(Res extensa)'이다. 이러한 사고를 바탕으로 데카르트는 진
리인식의 문제에 대해 다음과 같은 결론을 내린다: 확실하고 보편적
이며 필수적인 진리는 전적으로 이성의 수단으로 발견될 수 있고, 철
학과 자연과학의 질문에 대한 모든 해답은 연역법을 통해 추론될 수
있다. 나아가 감각적 경험은 결코 진리를 이끌어낼 수 없다. (연역법
은 보편적 대전제에서 출발하여 특수한 법칙이나 주장을 이끌어내는
추론 방법이며, 귀납법은 개별적 사실이나 원리에서 출발하여 일반
적 결론을 도출하는 추론 방법이다.)

이제 데카르트의 견해에 대해 좀 더 구체적으로 접근해보자. 그는
철학적 진리를 수학적 명제와 같은 방법으로 증명하고자 한다. 다시
말해 우리가 계산을 할 때 사용하는 도구, 즉 이성만이 우리에게 확

실한 인식을 제공할 수 있으며 감각은 신뢰할 수 있는 수단이 아니다. 데카르트의 목적은 존재의 본질에 관한 확고한 지식을 얻는 것이었고, 그 출발점에 서 있는 '모든 것을 의심해야 한다'는 사실은 의심의 여지가 없는 것이었다. 결국 데카르트는 모든 것을 의심한다는 명제가 그 자신을 확신할 수 있는 유일한 사실임을 인식한다. 그가 의심한다면 또한 그가 생각한다는 것이 확실하고, 그가 생각한다면 또한 그는 생각하는 존재임이 확실하다: "생각한다, 고로 나는 존재한다." 나아가 데카르트는 생각하는 자아가, 우리가 감각적으로 인식하는 물리적 세계보다 더 '실재적'이라고 주장한다.

(2) 경험주의와 로크

합리주의의 사고에 반대하여 경험주의자들은 감각적 경험을 인식의 유일한 근원이자 최후의 기준으로 간주한다. 영국의 철학자 존 로크(John Locke, 1632-1704)는 인식의 원칙이 확고하게 우리 안에 존재한다는 합리주의의 견해를 비판하며 모든 지식은 경험에서 도출된다고 주장한다. 이 경우 경험은 객관적 세계에 대한 경험과 경험들에 대한 정신적 작업의 산물인 내적 경험 모두를 포함한다. 나아가 로크는 외적, 객관적 대상에 대한 인간의 인식은 감각적 인식의 부정확성에 의존할 수밖에 없으며, 따라서 객관적 세계에 대해 항상 유효한 절대적 인식은 존재하지 않는다고 주장한다. 그는 사고와 관념이, 단지 우리가 이미 경험한 감각적 인상과 감정의 가공에 의한 결과물임을 확신한다. 그의 견해에 의하면 우리가 어떤 것을 인지하기 전에 우리의 의식은 비어 있는 칠판과 같다. 이후 우리가 세상을 마주할 때 지각기관이 작동한다. 냄새 맡고 맛보고 듣고 느낌으로써 단순한 '감각관념'이 생기게 된다. 그렇지만 의식은 이러한 외적 인상을 수동적으로 수용하는 것이 아니라 사고, 관조, 신뢰, 의심 등의 정신적 행위를 통해 단순한 감각관념을 가공한다. 이런 과정의 결과물로서 '반성(사유) 관념'이 형성된다. 결론적으로 대상과 세계의 정보를 제공하는 모든 물질은 무엇보다도 감각기관에 의해 수용되고 인지된다. 따라서 단순한 감각관념으로 소급될 수 없는 지식이나 사유관념은 그릇된 정보이며 폐기되어야 한다.

(3) 경험주의와 흄

영국의 성직자이자 사상가인 조지 버클리(George Berkeley, 1685-1753)는, 인식이 관념에 근거한다는 로크의 견해를 인정하지만 대상과 관념의 이분법에는 동의하지 않는다. 영국의 철학자 데이비드 흄(David Hume, 1711-1776)은 경험주의의 전통을 따르지만, 인식은 오로지 관념에 근거한다는 버클리의 견해를 다시 비판한다. 흄은 관념과 관련하여 인식의 이분법을 시도한다. 하나는 정확하고 유효하지만 사물의 세상에 대한 직접적 정보를 제공하지는 않는 수학적, 논리적 판단이고, 또다른 하나는 감각적 경험에서 습득된 지식, 즉 사실에 대한 판단이다. 흄은, 사실의 경험에 근거하는 인식의 대부분이 원인과 결과라는 인과율에 의존했다고 주장한다. 그렇지만 원인과 결과 사이에는 어떤 논리적 연관성도 없기 때문에 미래의 사실에 대한 유효한 판단 또한 존재하지 않는다는 것이 흄의 견해이다. (잠시 후에 자세히 알아보자.) 이런 의미에서 믿을 만한 학문의 원칙들은 언젠가는 참이 아닌 것이 된다. 흄의 이러한 추론은 당대의 철학에 혁명적 충격을 안겨준다.

이제 흄의 견해에 대해 좀 더 구체적으로 접근해보자. 경험주의자로서 흄은 불명확한 개념과 사고구조를 폐지하는 것이 그의 철학적 과제라고 생각한다. 그는 우선 인간이 한편으로는 인상을, 한편으로는 관념을 지니고 있음을 확인한다. 여기에서 인상이란 외적 실재의 직접적 지각을 의미하며, 관념이란 그러한 인상에 대한 기억을 뜻한다. 인상은 이후에 형성되는 기억보다 훨씬 강렬하고 생생하다. 개별적인 모든 관념은 우리가 실재에서는 발견할 수 없는 것들이다. 흄은 이러한 관념들이 어떻게 구성되어 있는지 또한 어떤 인상에 근거하는지를 밝히고자 한다. 나아가 어떤 개념이 어떤 단순한 관념들로 구성되어 있는지도 조사해야 한다고 생각한다. 이러한 방법으로 흄은 인간의 관념을 분석하기 위한 비판적 수단을 얻게 되며, 동일한 방법으로 인간의 사고와 지식을 정리하고자 한다. 결론적으로 우리의 이상과 개념을 구성하는 모든 재료들은 언젠가는 단순한 인상으로 우리의 의식에 존재하게 된다. 따라서 모든 사고와 관념들을 단순한 개별적 감각 인상으로 소급시킨 후 양자가 일치하지 않을 경우, 그 사고와 관념들은 폐기처분해야 한다.

앞에서 흄은 원인과 결과 사이에는 어떤 논리적 연관성도 존재하지 않는다고 주장한다. 그의 견해에 의하면 단편적 감각 인식만이 참이며, 관념들로 이루어진 인과 법칙은 개별적 감각 인상으로 환원될 수 없기 때문에 진리가 될 수 없다. 이는 참이라는 명제인 개별적 감각 인식 자체에 인과율이라는 개념은 포함되어 있지 않음을 의미한다. 따라서 원인과 결과 사이에는 어떤 논리적 연관성도 없기 때문에 미래의 사실에 대한 유효한 판단 또한 존재하지 않는다는 정의가 성립되며, 신뢰할 수 있는 학문의 법칙들은 언젠가는 더 이상 참으로서 기능하지 못한다는 충격적인 명제가 정립된다. 예를 들어 우리는 불이 나면 연기가 난다, 라는 인과율의 사고를 갖고 있다. 이 관념은 '불이 난다'와 '연기가 난다'라는 개별적 감각 인상으로 소급될 수 있다. 따라서 이 두 가지 감각적 인상은 참이지만, 여기에 '불이 나면 연기가 난다'라는 인과율은 포함되어 있지 않다. 따라서 인과율은 참이 아니다. 인과율이 참이 아니기 때문에 언젠가는 불이 나도 연기가 나지 않는다, 라는 명제가 성립되는 시기가 올 수도 있다. 이는 대기의 화학적 조건의 변화에 의해, 기후 조건의 변화에 의해 가능해질지도 모른다. 결론적으로 흄의 견해에 의하면, 우리가 진리라고 간주해야 하는 것은 개별적 감각 경험뿐이며, 이로 소급될 수 없는 어떤 관념이나 사고는 참이 아니거나 언젠가는 참이 아니게 된다.

(4) 칸트와 독일 관념주의

독일의 철학자 이마누엘 칸트(Immanuel Kant, 1724-1804)는 합리주의와 경험주의의 요소들을 통합함으로써 로크에 의해 유발되고 흄에 의해 절정으로 치닫는 철학의 위기를 해결하고자 한다. 칸트의 사유는 경험주의자들과 마찬가지로, 지식은 경험적으로 인지하는 감각적 인상들에 근거한다는 사실에서 출발한다. 그렇지만 인식은 이러한 감각과 지각을 어떤 구조로 가져가는 오성(悟性, Verstand)에 의해서만이 가능하다. (오성과 이성의 구분은 이번 장 마지막 부분의 그림에 대한 설명을 참고하기 바란다.) 이러한 구조와 오성은 경험의 작용이 아니라 인간의 인식에 선험적으로 존재하는 부분이다. '선험적(a priori)'이라는 용어는 칸트 철학의 핵심적인 개념으로서 '경험 이전의, 경험에 선행하는, 경험과는 별개의, 경험과 상관없이 독립적으로 존재하는' 등의 의미를 내포한다.

칸트는 시간과 공간을 인간의 직관 형태로 간주한다. 그는 이 두 가지 직관 형태가 오성과 마찬가지로 경험 이전에 선험적으로 우리의 의식에 존재한다고 주장한다. 이는 우리가 어떤 현상을 경험하기 전에, 그것이 시간과 공간 안에서 파악될 것이라는 사실을 미리 예견하고 있음을 의미한다. 따라서 칸트는 시간과 공간이 무엇보다도 의식의 속성이며 결코 세상의 속성이 아님을 강조한다. 즉 시간과 공간은 인간의 인식에 있어 경험적인 것이 아니라 선험적인 것이다. 나아가 칸트는 의식이 대상을 지향하는 것뿐만 아니라 대상 또한 의식을 지향하고 있다고 주장한다. 기존의 인식론적 사고에서 인식의 우선순위는 대상 자체이며, 이로 인해 인간의 인식은 수동적 행위가 된다. 그러나 칸트는 대상의 인식이 주체의 선험적 이성에 의해서 가능해진다고 주장한다. 즉 인간 이성의 선험적 인식 능력이 없이는 대상의 존재 자체도 무의미하다. 이는 기존의 인식론적 전통과는 달리 인식의 근거가 객관에서 주관으로 이동되었음을 의미한다. 칸트는 이러한 사고를 인식론의 역사에서 '코페르니쿠스적 전환'이라고 스스로 명명한다. 이는 기존의 믿음과는 달리 지구가 태양의 주위를 돈다는 코페르니쿠스(Nicolaus Copernicus)의 주장처럼 칸트의 견해 또한 전통적 인식론과는 전혀 다른 새로운 사고임을 의미한다.

흄은 인간이 자연과 사물의 이해에 습관적으로 인과율을 적용시키지만, 원인과 결과의 논리적 연관성은 경험할 수도 증명할 수도 없다고 주장했다. 그렇지만 칸트의 견해에 의하면 인과율은 인간 이성의 본질적 속성이다. 인간의 이성은 발생하는 모든 것을 원인과 결과의 관계에서 파악하기 때문에 인과의 법칙은 언제나, 절대적으로 유효한 것이 된다. 다시 말해 시간과 공간이 경험의 영역이 아니라 인간적 인식의 선험적 영역인 것처럼, 인과율 또한 이성에 내재하는 선험적 영역에 속한다. 나아가 칸트는 세상 자체는 알 수 없다는 흄의 견해에는 동의하며 단지 우리에게 나타나는 세상만을 알 수 있다고 말한다. 즉 우리는 대상 자체와 그 본질을 결코 인식할 수 없으며, 단지 우리에게 나타나는 형태와 특성으로서의 대상만을 알 수 있다. '물(대상) 자체(Ding an sich)'와 '우리에게 나타나는 대상(Ding für uns)'의 구분은 칸트가 철학의 역사에 기여한 지대한 공로로 간주된다.

철학의 역사에서 관념론의 토대를 마련한 칸트의 중요성은 아무리 강조해도 지나치지 않다. 이제 앞에서 언급한 칸트의 사고를 정리해 보자. 경험주의자들과는 달리 칸트는 인간의 의식을 단순하게, 외부에서부터 오는 감각들이 찍혀지는 빈 칠판으로 보지 않는다. 의식은 우리의 인식에 대해 능동적인 기여를 한다. 우리가 보고 듣고 맛보고 감지한다는 사실은 외부 세계뿐만 아니라 무엇보다도 우리의 내면, 즉 우리의 이성이 어떻게 감각을 형성하고 조직하느냐에 달려 있다. 그리고 이성이 일반적으로 어떤 감각들을 허가하느냐에 달려 있다. 따라서 칸트에 의하면 객관적 실재에 대한 인식은 단지 제한적으로 수행될 수 있다.

철학에 기여한 칸트의 최대 공로는, '물(대상) 자체'와 '우리에게 나타나는 사물' 사이의 경계선을 이끌어냈다는 사실에 있다. 이전의 모든 철학적 체계들은 대상과 세계의 이해를 위한 절대적이고 유효한 기준들을 확정하려는 시도를 공통으로 갖고 있었다. 이러한 문제에 대한 칸트의 해결책은 우리에게 나타나는 세상과 실제로 존재하는 세상과의 구분이다. 칸트에 의하면 우리는 우리에게 나타나는 세상에 관한 진술만을 할 수 있으며, 실제로 존재하는 세상에 관한 절대적인 진리는 결코 파악할 수 없다. 그럼에도 불구하고 인간은 실재 자체로부터 만들어낸 관념을 적용하여, 그리고 이성의 선험적 능력을 사용하여 스스로 진보할 수 있는 존재이기도 하다.

(5) 셸링의 관념론

칸트가 기반을 닦은 관념론을 발전시키며 독일 관념주의 철학의 주도적 인물이 된 철학자 프리드리히 빌헬름 셸링(Friedrich Wilhelm Schelling, 1775-1854)은 그의 첫 번째 주저 『자연철학에 대한 사유(*Ideen zu einer Philosophie der Natur*)』에서 자연과 정신의 일치를 강조한다. 낭만주의의 사고에 영향을 받은 그의 견해에 의하면 정신은 영적 자연의 보이지 않는 현상 형태이며 자연은 정신의 진보된 자기발현이다. 데카르트와 흄은 자아와 물질적 실재를 명확하게 구분한다. 칸트 또한 인식하는 주체와 인식되는 자연 자체를 명확하게 구분한다. 하지만 셸링에 의하면 자연은 유일한 위대한 자아로 묘사된다. 이는 낭만주의자들이 표현하는 세계정신 또는 세계혼이라는 개념과 유사하다.

셸링은 낭만주의를 대변하는 가장 중요한 철학자이다. 그는 정신과 물질의 분리를 지양하고자 한다. 그의 견해에 의하면 인간의 영혼과 물질적 실재를 포함하는 전체 자연은 신성 또는 세계정신의 표현이다. 자연은 보이는 정신이며 정신은 보이지 않는 자연이다. 왜냐하면 우리는 자연의 도처에서 질서와 구조를 부여하는 살아 있는 정신을 감지할 수 있기 때문이다. 셸링은 자연과 물질을 일종의 잠자는 지성으로 간주한다. 정확하게 말하자면, 셸링은 자연에서 세계정신을 인식하며, 또한 이러한 세계정신을 인간의 의식에서도 발견한다. 결국 자연과 인간의 의식은 동일한 정신과 영혼의 표현이다.

낭만주의의 사고에 영향을 받은 셸링의 인식론적 사유는, 역으로 낭만주의 예술의 든든한 이론적 토대로서 기능한다. 결과적으로 셸링과 낭만주의의 인식론적 사고에 의하면, 자연은 인간의 정신과 마찬가지로 시간을 통해 자신에 내재하는 가능성을 조화롭게 발전시키는 유기체이다. 자연은 만개하는 꽃과 같고, 동시에 시적 세계를 펼치는 시인과도 같다.

⑹ 사후성과 해체주의

프로이트는 심리적 사태에 특징적인 시간성과 인과성을 '사후성(事後性, Nachträglichkeit)'으로 표현한다. 이는 심리적 경험과 기억의 흔적들이 나중에 나타나는 심리적 사건들에 의해 끊임없이 재조직되고 재구성된다는 사실을 의미한다. 예를 들어 전쟁을 체험한 성인 남자가 결혼 후 아이를 가지고 평범하게 남편과 아버지로서의 역할을 수행한다. 어느덧 아이가 자라 사춘기의 소년이 되고, 평소에 자상하고 이해심 많던 남자는 유독 자식의 귀가 시간에 대해서는 까

다룹다. 해가 지기 전에 아이가 들어오지 않으면 초조하고 불안해하며 조금이라도 늦게 귀가하는 날이면 평소와 달리 심하게 아이를 다그친다. 이해심이 많다고 생각하던 본인도 스스로 이러한 행동을 납득하지 못하며 정신과를 찾아가 진료를 받게 된다. 여러 가지 검사를 통해 나온 진단의 결과, 그의 무의식에는 전쟁으로 인해 해가 진 후에도 부모를 잃고 거리를 헤매는 수많은 아이들의 잔상이 남아 있다. 결국 혼자 다닐 수 있는 사춘기의 나이가 된 아들이라는 심리적 사건을 겪지 않았다면 이전의 심리적 경험과 무의식은 의식의 수면 위로 올라오지 않았을 것이며, 이 경우 심리적 과거 자체는 어떤 고유한 의미도 지니지 못한다. 즉 과거의 심리적 사태 자체는 완결된 의미 현상이 아니다. 그것은 미래의 개별적인 사건과 어떻게 결합하느냐에 따라 매번 새로운 의미를 창출한다. 따라서 나중에 일어나는 사건이 이전의 사건에 사후적으로 영향을 미치고 이전 사건의 의미를 규정한다. 이것은 기억의 흔적들에 대한 의미 부여가 사후적 인과관계를 통해 가능해진다는 사실을 뜻한다.

프로이트의 사후성 개념은, 심리적 사태가 물리적 사태로 환원될 수 없는 나름의 고유한 질서로 구성되어 있음을 나타낸다. 물리적 사태는 비가역적, 비역행적 시간성과 비가역적, 비역행적 인과성에 종속되어 있다. 그에 반해서 심리적 사건은 가역적, 역행적, 소급적 작용의 산물이다. 즉 원인인 심리적 과거가 결과인 미래보다 늦게 등장한다.

해체주의를 대변하는 데리다는 현전의 사후적 재구성이 미래의 사건인 '대리적 보충(supplémentarité)'에 의해 수행된다고 설명한다. 앞의 예에서 남자가 아버지가 되었다는 사실, 아이가 자라 사춘기의 나이에 이르렀다는 사실, 아들의 늦은 귀가 시간 등이 대리적 보충이라고 할 수 있다. 대리적 보충을 통해 심리적 과거가 드러나며, 이러한 가역적, 역행적, 소급적 과정이 결국 존재의 현전을 구성하게 된다. 이로써 인식론적 사고에서 출발한 사후성의 개념은 존재론의 영역으로 확장된다.

인식론적 사고인 동시에 존재론적 사고인 해체주의의 사후성에 관해 좀 더 자세히 알아보자. 해체주의적 인식에서 사후성의 본질은, 과거가 항상 미래 시제에 의해 재구성되며 또한 이를 통해서만이 그 현상 가능성이 있다는 것이다. 다시 말해 과거의 존재 형태는 항상 '미래완료 시제(Futurum exactum)' 안에서 존재한다. 나아가 데리다는 미래완료 시제를 모든 존재의 존재론적 시간성으로 간주한다. 즉 존재의 존재 형태는 현전이 아니다. 그것은 미래완료 시제가 암시하는 불완전한 현전이다. 그것은 보충되고 유예되는 현전이며, 미래에 의해 또한 외부로부터 침범되어야 하는 현전이다. 결국 존재의 존재 형태는, 항상 사후성에 의해 구성되는 동시에 해체되는 현전이다.

3. 인식이론의 비판과 영화 「오! 수정」

인간이 신과 같은 전지전능한 인식 능력을 갖고 있지 않는 한, 어떤 종류의 뛰어난 인식론적 사고일지라도 분명히 비판받을 여지가 존재한다. 그렇지만 비판의 진정한 목적은 사고의 완성이 아니라 사고의 진보에 있다. 이런 의미에서 여기에서는 앞에서 다룬 인식론적

사유에 대한 비판을 시도하고, 이러한 시도를 영화 「오! 수정」에 적
용함으로써 인식론적 사고에 보다 익숙해지는 기회를 갖도록 하자.

(1) 합리주의와 경험주의

합리주의자들은 모든 인간적 인식의 근원이 인간의 의식에 있다고
주장한다. 경험주의자들은 세상에 관한 모든 지식을 감각적 경험에
서 유추하고자 한다. 그 밖에 흄은 감각적 인상의 도움으로 모든 정
보를 추론하는 것은 한계가 있다고 밝힌다. 합리주의와 경험주의의
견해 모두 타당성이 있지만, 합리주의는 경험의 의미를 간과하고, 경
험주의는 이성의 세계 인식에 대한 기여를 도외시한다. 결국 양자의
견해에 의하면 주체와 객체는 결코 만날 수 없는 서로 다른 평행선상
에 존재한다.

영화 「오! 수정」의 재훈과 수정은 서로 사랑한다. 그렇지만 그들
의 사랑은 플라토닉한 정신적 사랑이 아니다. 그들은 서로 만지고 키
스하며 탐닉한다. 그들의 사랑은 서로의 인상, 키스, 첫 경험 등의
감각적 경험에 기인한다. 특히 재훈에게 있어 사랑의 전제조건은 관
능적 감각의 만족과 유희인 것처럼 느껴진다. 그렇지만 그들이 서로,
소위 이성적이고 정신적인 플라토닉 사랑에 이르게 된다면 이는 오
로지 성적, 감각적 경험의 결과이다. 따라서 데카르트적 사고의 결론
인 "나는 생각한다. 고로 나는 존재한다"라는 이성적 명제 자체는 진
리일지라도, 감각적 인상과 경험 없이 타자와 대상에 대한 인식은 불
가능하다.

경험주의를 대변하는 흄은 관념이 개별적 인상으로 소급될 수 있

는 경우에만 그 관념이 참이자 진리라고 주장한다. 재훈과 수정은 서로 사랑한다. 사랑은 개별적 인상이 아닌 관념이다. 수정과 재훈의 사랑을 개별적 인상으로 소급하면, 이는 영화의 내용처럼 서로 다른 감각적 인상과 경험으로 구성된다. 따라서 사랑이라는 관념은 참이 아닌 거짓 명제가 된다. 그렇지만 우리는 사랑이라는 개념이 정확하고 구체적인 개별적 인상으로 소급되지 않는다고 해서, 사랑을 거짓 명제로 간주하고 사랑을 부정하지는 않는다. 오히려 사랑에 있어서 중요한 것은 개별적 경험이 아니라 이를 초월한 이성적, 정신적 관념일지도 모른다고 생각한다. 재훈과 수정은 동일하지 않은 개별적 인상과 기억에도 불구하고 서로 사랑한다. 따라서 경험 이후의 이성적 판단력과 의식의 내적 행위는 경험과는 별개의 영역임이 명백하다. 이로써 아이러니하게도, 진리라고 믿는 명제는 언젠가는 참이 아니게 된다는 흄 자신의 표현처럼, 개별적 인상으로 소급될 수 있는 관념만이 참이라는 흄의 명제는 거짓이 된다.

지금까지 우리는 영화 「오! 수정」에 근거하여 합리주의와 경험주의에 대한 비판을 시도했다. 그러나 이미 느꼈을지도 모르지만 이는 해당 철학 사조에 대한 비판을 위한 비판이었으며, 합리주의와 경험주의는 그 자체로서 또한 대상과 진리에 대한 올바른 인식 방법을 지니고 있기 때문에 비판의 본질은 상호 배타성의 부각이 아니라 상호 보완의 관점에 있음을 염두에 두자.

(2) 칸트와 관념주의

칸트는 세상 자체는 알 수 없으며 우리에게 나타나는 세상만을 알 수 있다고 말한다. 즉 우리는 대상 자체와 그 본질을 결코 인식할 수 없으며, 단지 우리에게 나타나는 형태와 특성으로서의 대상만을 알 수 있다. 재훈과 수정의 기억에 대한 내용은 서로 다르다. 이는 칸트의 말처럼 재훈은 그에게 나타나거나 느껴지는 수정의 형상과 특징을 인식하며, 수정 또한 재훈에 대한 자의적 인상을 그녀의 의식구조로 산입한다. 이는 두 사람이 대상 자체로서의 서로를 완전하게 인식할 수는 없음을 의미한다. 즉 서로의 진심과 진실을 온전하게 알지 못한 채, 제한적 관념인 기억을 통해 상대를 인식하게 된다. 그렇지만 완전한 대상인식이 아닌 제한적 관념만으로도 그들의 사랑은 가능하다. 왜냐하면 인간은 대상의 경험에서 형성한 관념을 적용하여, 그리고 (순수)이성의 선험적 능력을 사용하여 스스로 진보할 수 있기 때문이다. 대상의 제한적 인식과 이성의 선험적 능력은 사랑의 문제에 있어서는 오히려 긍정적 요소로 기능할지도 모른다. 첫 번째 이유는, 대상 자체의 온전한 인식은 신이나 절대자의 영역이므로 우리에게 완벽한 대상인식의 능력이 주어질 경우, 불완전하고 유동적 감정의 영역인 인간의 사랑은 존재 의미조차 없을 것이기 때문이다. 두 번째 이유는, 우리가 경험을 통해 사랑의 대상을 온전히 파악할 수 없을지라도, 선험적 능력인 이성의 힘으로 불완전한 관념(기억)의 부족한 부분을 채울 수 있는 능동적 가능성을 지니기 때문이다.

결론적으로 인간의 제한적인 인식 능력에 의해 역설적으로 선험적 이성은 학문이 아닌 감정의 영역에서도, 다시 말해 사랑이나 믿음과 같은 관념의 영역에서도 그 기능을 발휘한다. 그렇지만 순수이성의 능동적, 긍정적 작용에도 불구하고, 대상의 완전한 인식이 불가능하다는 칸트의 결론은, 주체와 객체의 분열이라는 중대한 철학적 과제를 남긴다.

(3) 셸링과 낭만주의

칸트 이후 독일 철학의 과제는 주체와 객체의 분리에 의한 균열된 세계관의 극복이 된다. 셸링은 주체와 객체, 또는 자아와 자연을 동일한 정신의 발현체로 이해함으로써 상호간의 차이와 모순을 완전히 제거한다. 이로써 주체와 객체의 분열은 극복된 것처럼 보인다. 그렇지만 셸링은 존재하는 모든 것을 신 또는 절대자의 형상화로 간주함으로써, 모든 개별자, 즉 단편적 존재와의 절대적 단절이라는 모순으로 빠져든다. 구체적으로 말하자면, 자연의 모든 존재는 동일한 정신의 발현체로서 완전성, 보편성, 일반성을 지니기 때문에, 개별적, 단편적, 파편적 개체 또는 개체의 개별성, 단편성, 파편성은 존립할 수도 인정될 수도 없다. 결국 셸링의 견해를 따르자면, 인간적 인식의 근본구조로 간주되는 주체와 객체의 관계 자체가 위협받게 된다.

주체와 객체가 동일한 정신의 발현이라면 재훈과 수정의 감정 소모, 과잉된 열정, 탐욕 등은 그 자체의 생성 자체가 불가능하다. 나아가 그들의 기억은 차이가 아니라 동일성으로 나타나야 한다. 상이한 기억이라는 결과물은 결코 동일한 정신의 발현일 리 없기 때문이다. 또한 재훈과 수정은 서로 사랑할지라도 조화로운 상호 동일적 주체와 객체의 관계로 보기는 어렵다. '어쩌면 의도'를 지닌 수정과 우연한 처녀성에 비뚤어진 집착을 보이는 재훈은, 외형적으로는 서로 사랑한다는 고백 하에 하나가 됨으로써 각자의 목적을 달성하지만, 그들의 근원적 의도의 이질성은 여전히 존재하기 때문이다. 따라서 영화 「오! 수정」의 주체와 객체는 셸링이 주장하는 상호 동일성의 맥락에서는 이해될 수 없다.

독일의 철학자이자 정신전문의인 카를 야스퍼스(Karl Jaspers, 1883–1969)의 견해에 의하면 주체는 객체 없이 자신을 인식하거나 존재할 수 없고, 객체 또한 주체 없이는 인식될 수도 존재할 수도 없다. 이는 주체와 객체의 분리될 수 없는 절대적 상관관계를 의미한다. 다시 말해 둘 중 하나가 존재하지 않으면, 인간의 인식구조인 주체와 객체의 관계 자체가 형성되지 않는다는 의미이다. 셸링의 상호 동일성 이론에 의하면, 존재하는 모든 것은 동일한 정신의 발현체로서 살아 있는 유기체이다. 따라서 주체는 동일한 정신일 수도 있고, 동일한 정신의 발현체인 모든 것일 수도 있다. 그렇지만 객체는 어디에서도 존재하지 않는다. 이는 결국 셸링의 인식론적 사유에서, 인간의 근원적 인식 형태인 주체와 객체의 관계가 배제되었음을 의미한다. 영화 「오! 수정」에서 재훈과 수정의 기억은―그것의 참과 그름을 떠나―근본적으로 주체와 객체의 절대적 상관관계에 기인한다. '실재'로서 존재하는 진리는 주체와 객체의 절대적 상관성뿐이며, 양자의 이질성, 동일성, 배타성은 인간적 인식의 불확실성에 기인하는 가변적 명제이다.

셸링의 견해는 학문적, 과학적 의미에서는 비이성적으로 들릴 수도 있다. 그렇지만 이론의 타당성 여부를 떠나 셸링의 낭만주의적 인식론은 인간의 의식에 위로와 치유의 감정을 제공하고, 자연과 세상이 자아에 화합하는 유기체로 느껴지게 한다. 이는 이성의 힘으로 이성을 초월하는 영역, 즉 예술적 영역의 존재 근거를 제공한다. 셸링의 인식론이 낭만주의 예술에 이론적인 토대를 제공한다는 사실만으로도, 주체와 객체의 상호 동일성 이론은 그 의미가 있다. 다시 말해 주체와 객체의 일치, 자아와 자연의 조화라는 셸링의 세계관은, 자연 세계와 시적 세계의 일치라는 예술적 사고의 지지기반으로서 큰 의미를 지닌다. 영화라는 장르가 낭만주의 예술 시대에 존재했다면, 수정과 재훈의 기억은 단편성과 이질성이 아닌 동일성에 근거한 온전한 사랑으로 그려졌을지도 모른다. 이것이 바로 셸링의 자연관이자 낭만주의자들의 예술관이다.

(4) 사후성과 해체주의

프로이트가 주장하고 해체주의에 의해 더욱 체계화된 사후성은, 심리적 경험과 기억의 흔적들이 나중에 나타나는 심리적 사건들에 의해 끊임없이 재조직되고 재구성된다는 사실을 의미한다. 재훈과 수정이 함께 보낸 시간에는 분명히 진실로서의 경험적 사건과 객관적 사실이 존재한다. 하지만 지나간 경험으로서 이러한 심리적 과거는 미래에 체험되는 특정한 사건과의 연관성 없이는 무의미한 기억일 뿐이다. 재훈과 수정의 심리적 과거는 나중의 사실, 즉 사랑과 첫 경험이라는 특정 사건과 관련하여 의미가 주어진다. 그렇지만 이렇게 의미가 주어진 심리적 과거는 실제로 발생한 객관적 사건, 즉 진실과는 차이가 있다. 심리적 과거는 그 의미가 미래의 사건에 의해 주어졌기 때문에 결과로서 작용할 뿐, 현실을 구성하는 원인으로 작용하지는 않는다. 다시 말해 사후성은 이성의 일반적인 원칙에 해당하는 인과율을 따르지 않는다는 뜻이다. 따라서 심리적 과거 자체는 무의미하며, 이는 재훈과 수정의 상이한 기억처럼 미래의 특정 사건에 의해 언제든지 수정될 수 있다. 객관적인 과거의 사실, 즉 진실이 존재할지라도 이는 파악되거나 정의될 수 없으며 오로지 미래의 개별적 사건에 의해 그 의미가 주어진다. 결국 진실은 허구이며 기억은 재구성의 산물이다. 이로써 진리는 주체에 의해 고안된 가상이 된다. 이와 동시에 무의미했던 심리적 과거는 역설적으로 참이자 진리가 된다.

재훈과 수정의 사랑, 첫 경험, 처녀임을 증명하는 핏자국 등은 해석의 사후성을 가능하게 하는 대리적 보충의 역할을 한다. 즉 이러한 요소들은 재훈과 수정의 기억이 각각 그들의 기억일 수 있도록 사후적으로 수행하는 역할을 한다. 그렇지만 재훈과 수정이라는 현존재는 미래의 사건으로 인해 항상 재구성될 수 있는 불안정한 존재이며, 첫 경험이라는 사건이 없었다면 그들의 현존재와 심리적 과거는 또다시 새롭게 재구성되었을 것이다. 결론적으로 인간이라는 존재는 항상 새롭게 해석될 수 있는 불안정한 위치에 놓여 있다. 그렇지만 열려 있는 미래 자체가 수동성과 무의미함을 의미하지는 않는다. '어쩌면 의도'일 수 있는 수정의 행위는 열린 미래에 대한 의도적, 즉 능동적 대면이자 도전이다. 존재가 미래를 수용하고 인식하는 한, 실존의 긍정적 가능성 또한 항상 열려 있으며 바로 여기에 존재의 사후적 해석을 가능하게 하는 논리의 본질이 있다.

홍상수 감독은 자신의 영화 「오! 수정」에 대한 『씨네21』과의 인터뷰에서 다음과 같이 언급한다: "두 사람의 생각의 차이는 있지만, 영화 전체엔 두 사람의 차이를 통합하는 눈에 띄지 않는 우월한 시선이 있다. 「라쇼몽(羅生門)」도 같은 사건에 대해서 다른 이야기를 병렬하지만, 전체를 통합하는 심리적 시선이나 철학적 시선 같은 게 있다. 「오! 수정」에선 각자의 생각과 차이를 끝까지 밀고가려고 한다."(『씨네21』 235호, '2000년 한국영화 신작 프로젝트' 중에서)

홍상수 감독은 영화에서 차이를 묘사하고 있지만 결국 표현하고자 하는 것은 차이를 포괄하고 통합하는 시선이다. 해체주의는 차이를 이해하고 수용하지만 통합하지는 못한다. 차이의 통합이란 의미의 유보가 아닌 의미의 부여를 뜻하기 때문이다. 예술에서 가능한 것이 해체주의 또는 철학에서는 (아직) 불가능할지도 모른다. 그렇지만 인간의 의식과 사고가 수많은 장애물에도 불구하고 조금씩 나아간 것처럼 차이의 수용을 넘어 차이를 통합하는, 의미 부여뿐만 아니라 의미의 유보와 부재도 포괄하는 철학적 사유의 도래를 기대해보자.

4. 마무리하며

이번 장에서는 몇몇 인식이론의 소개와 이에 대한 비판을 시도하고, 이러한 시도를 영화 「오! 수정」에 적용함으로써 인식론 자체를 보다 구체적으로 이해할 수 있는 기회를 가졌다. 인식론 및 주체와 객체의 관계가 인간적 사유의 바탕으로서 철학의 역사에서 끊임없이 논의되고 연구되는 것처럼, 우리의 삶도 의식적이든 그렇지 않든 매 순간 인식론적 사고의 연속이다. 이번 장에서 함께 고찰한 여러 가지 사유들이 실생활에서나 예술적 체험에 있어서 창의적이고 개성적인 사고를 확장시키는 단초가 되었으면 하는 바람이다.

이성(理性, Vernunft)은 포괄적 의미에서 오성(悟性, Verstand)과 순수이성을 지칭한다. 그렇지만 칸트는 오성과 순수이성을 명확하게 구분하며, 엄밀하게 말하면 이성이란 순수이성을 의미한다. 오성은 이성의 하위개념으로서 경험과 관련된 사건을 가공하는 정신적 기관이지만, 순수이성은 경험적 사실과 상관없이 선험적이며 독립적으로 작용하는 유기체이다. 예를 들어 돌 하나에 돌 하나를 더 가져다 놓으면 둘이 된다는 사실은 경험에서 알 수 있다. 이러한 경험의 작용에 의한 인식은 오성의 기능이다. 그렇지만 수 억만 개의 돌에 수 억만 개의 돌을 더하거나 곱한 결과를 경험, 즉 실재의 세상에서 찾을 수는 없다. 이에 대한 실질적인 경험은 불가능하기 때문이다. 그럼에도 불구하고 우리는 천문학적인 수를 계산하고 답을 산출할 수 있다. 이는 경험과는 별개의 영역, 즉 우리에게 내재된 순수이성의 영역이다. 비슷한 예로 우리는 완전한 원이나 완벽한 정삼각형 등을 자연에서 찾아낼 수는 없다. 자연 상태에서는 오차 없는 완벽한 도형이 존재할 수 없기 때문이다. 그렇지만 우리는 완벽한 도형을 산출해내는 방법을 알고 있으며 실제로 응용할 수도 있다. 결론적으로 순수이성이란, 경험과는 별개의 선험적,

독립적, 유기적 사고의 영역이며 수학, 논리학, 기하학 등은 순수이성을 대표하는 학문이라고 할 수 있다.

위의 그림들은 러시아 태생의 화가인 바실리 칸딘스키(Vasilii Kandinskii, 1866-1944)의 작품이다. 칸딘스키는 현대 추상회화의 선구자로서 대상의 구체적인 재현에서 탈피하여 도형, 색채, 선과 면 등을 사용하여 사물의 본질을 묘사함으로써 표현의 가능성을 확장시킨다. 그는 색채, 선, 면 등과 같은 조형적 요소만으로도 인간의 마음을 움직일 수 있다고 생각하며, 그에게 형태와 색채는 사물의 외형이 아닌 자신의 감정을 표현하는 도구이다. 회화에 있어서 도형, 색채, 선, 면 등 순수한 조형 요소의 사용과 외적 대상이 아닌 내면의 묘사는―칸트의 순수이성에 대한 사고가 기존의 인식론적 사유와 현저히 구분되는 것처럼―칸딘스키의 예술 세계 또한 기존의 미학적 전통에서 급진적으로 벗어나 있음을 의미한다. 도형으로 이루어진 회화적 구성과 이를 통한 내면세계의 묘사를 순수이성의 발현으로 본다면 지나친 비약일지도 모르지만, 칸트와 칸딘스키가 공유하는 창조적 영감과 사고에는 무한한 경외감이 느껴진다.

13 브레히트의 서사극 이론과 소외효과
영화 「간첩 리철진」에 나타나는 서사극적 요소

> 낯설게 하기와 거리 두기라는 지점에서 출발하여
> 이성적 인식과 비판으로 전환되는 과정은 서사극
> 고유의 기법인 소외효과를 통해서 가능해진다.

앞에서 우리는 아리스토텔레스의 극작법에 충실한 고전적 드라마 형식인 폐쇄극과 현대 드라마에 널리 사용되는 열린 형식의 개방극에 관하여 알아보았다. 독일 출신의 세계적인 극작가이자 연극이론가인 베르톨트 브레히트(Bertolt Brecht, 1898-1956)는 개방극의 특성을 수용하고 이를 독창적으로 발전시킨 서사극을 창시한다. 드라마의 구조적 측면에서 서사극은 개방극에 속하며, 현대적 의미에서 서사극은 비(非)아리스토텔레스적 드라마를 대변한다. 서사극은 개방극과 마찬가지로 개별 장면의 독립성과 열린 결말을 지향하며 사회적 모순의 인식과 개혁의 의지를 목적으로 한다. 그렇지만 서사극은 관객의 객관적이고 비판적인 사고를 위하여 서사에 필요한 장치를 중요하게 생각한다. 이러한 장치는 소위 '소외효과(疏外效果, Verfremdungseffekt)'를 야기시켜 대상과 사건을 감정이 아닌 비판의 시선으로 바라보게 한다. 연극과 마찬가지로 시간과 공간을 매개체로 하는 입체적 예술인 영화에서도 경우에 따라 서사극적 구성과 소외효과가 사용된다. 이러한 맥락에서 이번 장에서는 비아리스토텔레스적 드라마를 대변하는 브레히트의 서사극과 소외효과에 관해 알아보고, 나아가 영화 「간첩 리철진」에 나타나는 서사극적 요소에 대해서도 논의하고자 한다. 서사극은 대체로 규모가 크고 여러 가지 장치들이 동원되기 때문에 상연이 쉽지 않으며, 따라서 실제로 접할 기회도 많지 않다. 연극 자체도 쉽게 접할 수 없는 현실에서 서사극은 더더욱 그러하다. 그렇지만 현대 문학과 예술에서 서사극 이론은 중요한 의의를 지니기에, 쉽게 접할 수 있는 영화를 통해서라도 서사극이라는 예술의 본질에 접근해보자.

1. 영화 「간첩 리철진」

영화 「간첩 리철진」은 장진 감독의 두 번째 작품으로서 1999년에 제작되었다. 젊은 장진 감독은 이 영화에서 재기발랄한 상상력과 독특한 유머감각을 동원하여 이전에 볼 수 없었던, 개체로서의 간첩, 인간적이고 입체적인 존재로서의 간첩을 그려낸다. 데뷔작 「기막힌 사내들」과 「간첩 리철진」, 그리고 다음 영화인 「킬러들의 수다」는 기발한 창의력과 새로운 시도로 가득하며, 장진 감독의 재능을 주목하게 만든 작품들이라고 볼 수 있다. 영화 「간첩 리철진」에는, 지금은 주연으로 활동하며 훌륭한 연기를 보여주는 수많은 연기자들이 등장한다. 이들의 멋진 앙상블을 지켜보는 것도 매우 흥미롭다. 여기에서는 영화의 줄거리에 대해 알아보자.

대남 공작요원 리철진(유오성)은 북한의 식량난을 해결하기 위해, 슈퍼 돼지 유전자 샘플 입수라는 임무를 부여받고 남한으로 침투한다. 30년간 고정간첩으로 활동하고 있는 오 선생(박인환)과 접선하기 위해 서울로 택시를 타고 가던 철진은, 멀미로 인해 4인조 택시 강도들(정규수, 이문식, 정재영, 임원희)에게 무기력하게 폭행당하고 가방을 빼앗긴다. 이후 가방 안에서 권총과 무전기, 지도 등을 발견한 강도들은 철진을 안기부 형사로 오인한다.

우여곡절 끝에 철진은 한강에서 오 선생과 접선하는데, 오 선생은 강도를 당한 그의 몰골을 확인하고 적잖이 당황한다. 생활비를 걱정하는 부인 김 여사(정영숙)의 심정을 잘 아는 터라, 내심 공작금을 기대한 오 선생의 실망 또한 크다. 오 선생은 철진을 비웃고 나무라지만 결국 집으로 데려온다. 집에는 오 선생과 함께 청소년 상담소를 운영하는 부인과 미대를 다니는 딸 화이(박진희), 사고뭉치 고등학생 우열(신하균)이 함께 살고 있다.

한편 발각되지 않기 위해 가르마를 바꾸고 다니던 4인조 강도들은 아는 조폭들에게 놀림을 당하고, 분을 참지 못한 한 명이 총을 쏘고 만다. 예기치 못한 사태에 겁을 먹은 강도들은 고민 끝에 총과 장비가 든 가방을 국가정보원 앞에 두고 도주한다. 이 모습은 뉴스에 방영되고 그들은 간첩으로 내몰린다.

고등학생 우열은 학교의 짱이 되기 위해 수업 시간에 싸움을 벌이고, 선생님(손현주)은 학생지도실에서 우열과 면담을 한다. 선생님은 우열의 마음을 잘 다독이고 이에 우열은 감동한다. 상담이 끝난 후 아버지의 직업을 묻자, 우열은 간첩이라고 대답하고 선생님은 분노하여 주전자로 내려친다. 우열과 함께 오 선생의 청소년 상담소를 방문한 철진은 우연히 옆 사람이 떨어뜨리고 간 즉석복권을 줍는다.

술을 먹고 늦게 들어온 화이는 철진과 마주치고, 그림을 떨어뜨린 채 방으로 들어간다. 다음 날 화이는 학교에서 돌아와 잃어버린 과제물을 찾고 철진은 손바닥 그림이냐고 묻는다. 그렇다고 대답하자 철진은 미안해하며 그림을 건네주는데, 거기에는 손목시계가 채워져 있다. 화이를 지하철역으로 데려다주던 철진은 자신이 간첩임을 알고 있는 화이에게 무섭지 않느냐고 묻는다. 화이는 간첩이 지옥 가는 사람도 아니고 여기에 무서운 것들이 훨씬 많다고 대답한다. 철진은 화이에게 이끌려 '퍼포먼스'라는 행위예술이 진행되는 미술관까지 오게 된다. 다양한 인간 군상을 묘사하는 퍼포먼스를 본 철진은 남한 사람들이 이런 것을 좋아하느냐고 묻는다. 이에 화이는 사는 게 더 퍼포먼스 같으니 신기해하지도 않을 것이라고 말한다.

즉석복권 2,000만 원 당첨을 확인한 철진은 은행 창구에서 돈을 찾으려 하고, 이때 은행 강도들이 들이닥친다. 어쩔 수 없이 철진은 이들을 제압하고, 이 모습은 TV뉴스에 고스란히 나오게 된다. 이를 본 우열은 철진을 찾아가 싸움 기술을 가르쳐달라고 하고, 배운 기술을 사용해 결국 학교의 짱이 된다.

철진은 배신한 동지를 처단하라는 명령을 받고 이를 수행하기 위해 이어폰에서 흘러나오는 지시대로 움직이는데, 현장인 호텔에서 마주한 사람은 함께 고생하며 훈련하던 친구이다. 총 쏘기를 주저하는 철진에게 이어폰의 목소리는 발사를 강요하고 재촉한다. 어쩔 수 없이 철진은 방아쇠를 당긴다. 자책감에 홀로 술을 마신 철진은 택시를 타고 평양으로 가자고 소리치고 결국 파출소로 오게 된다. 직업이 뭐냐는 순경의 질문에 철진은 간첩이라고 대답한다. 이에 순경은 알았다고 웃어넘기며, 그냥 하룻밤 여기에서 자고 가라고 말한다. 자신이 간첩임을 믿지 않는 파출소에서 철진은 난동을 부리고 결국 오 선생이 와서 데려간다. 화장실에서 오열하는 철진을 본 화이는, 자신의 운명이 조금은 나을 것이라며 그의 손을 잡고 자신의 손금을 빌려준다.

여관에서 TV를 보고 있던 4인조 강도들은, 자신들이 국가정보원에 침투하려던 간첩으로 추정된다는 뉴스를 접한다. 이에 발끈한 그들은 진짜 간첩을 잡기 위해 가발을 쓰고 살해 현장인 호텔로 간다. 수사 중이던 국정원 요원들은 엘리베이터에 함께 탄 그들의 해괴한 모습에 웃음을 참지 못한다. 이에 비위가 상한 4인조 강도들은 그들과 난투극을 벌인다. 한바탕 소동이 끝난 후 강도들은 국정원 조사실로 끌려오게 되고 사건의 전말을 밝힌다.

어느덧 작전 개시일이 되어 철진과 오 선생은 유전공학 연구소에 잠입하고, 우여곡절 끝에 슈퍼 돼지 유전자 샘플을 손에 넣는다. 떠나는 날 새벽 오 선생은 집 앞에서, 미리 일어나 차의 시동도 걸어놓고 기름도 채워놓은 화이를 발견한다. 철진은 자고 있는 우열의 머리맡에 당첨된 복권을 두고 나온다. 세 사람은 목적지까지 동반한다. 차 안에서 화이는 자신의 손목에 그려진 시계를 철진에게 몰래 보여주고, 두 사람은 미소 짓는다. 화이가 잠든 동안 목적지는 다가오고, 운전하던 오 선생은 철진에게 말한다: "살기 위해 필요한 건 오직 믿음뿐이었던 시절에는 신념, 사상, 그게 없으면 죽을 것 같았지. 그런데 이놈의 나라가 좋은 게 뭐든 쓰니까 없어지더라고. 투쟁도 이념도

다 쓰니까 없어지더라고." 이어 오 선생은 자신이 공산주의자로 보이냐고 묻는다. 철진은 못 들은 걸로 하겠다고 말하고, 뒷좌석에 잠들어 있던 화이의 얼굴에는 한 줄기 눈물이 흐른다. 목적지인 "꿈의 궁전"이라는 레스토랑에 도착한 철진은 화이에게 빌린 운명인 손금을 다시 돌려주고 그들과 작별한다. 레스토랑에서 대기하던 철진은, 남한정부가 식량난에 허덕이는 동포를 돕기 위해 슈퍼 돼지 유전자를 북한에 원조하기로 결정했다는 뉴스를 접한다. 잠시 후 철진은 곤란한 정치적 상황을 무마시키기 위해 자신을 죽이러온 간첩들과 마주한다. 철진이 완강히 반항하자, 그들은 유전자 샘플을 총으로 파괴한다. 잠시 머뭇거리던 철진은 자신의 머리에 방아쇠를 당긴다.

영화의 마지막은 철진과 화이가 지하철을 타고 가는 장면이다. 철진은 '간첩신고 1억 원'이라는 문구를 보고, 여기에서 그 돈으로 무엇을 할 수 있냐고 묻는다. 화이는 변두리에 조그만 아파트나 괜찮은 외제차 한 대 정도 살 수 있다고 대답한다.

2. 브레히트의 서사극

앞에서 우리는 드라마(희곡)의 형태인 개방극과 폐쇄극에 관하여 알아보았다. 기억을 상기시켜보자. 드라마의 완결된 형식을 지향하는 폐쇄극은 아리스토텔레스의 『시학』에서 유래하는 시간, 장소, 줄거리의 일치원칙을 준수한다. 따라서 줄거리는 연속적, 인과적 전개 과정을 따르며 결말에서는 모든 갈등이 해소된다. 더불어 관객은 보편적, 도덕적 감정 이입의 결과물인 카타르시스에 도달한다. 그렇지만 열린 결말을 지향하는 개방극은 삼일치의 원칙에 얽매이지 않는다. 개별 장면은 주제나 내용 면에서 독립성을 유지하기 때문에 다양한 공간이 등장하고 시간 또한 연속적이지 않다. 따라서 줄거리의 인과성은 약해지거나 존재하지 않는다. 즉 개별 장면은 독립성과 자율성을 지니는데, 이는 다양한 인물과 계층의 묘사에 대한 의도에 기인한다. 그렇지만 개방극 또한 필요할 경우 아리스토텔레스적 드라마 원칙을 사용하기도 하며, 전자가 후자의 무조건적 부정을 고집하는 것은 아니다.

이제 브레히트의 서사극(敍事劇, Episches Theater)에 대해 구체적으로 알아보자. 고전적인 아리스토텔레스적 드라마는 인간 사이의 관계와 갈등을 다룬다. 하지만 현대의 개체는 외적, 사회적 요소에 의해 규정되며, 이로 인해 개체의 균열, 고립, 단절이라는 특성들이 발생한다. 브레히트는 이러한 사회적 상황과 개체의 현실을 묘사하기 위해서는 비아리스토텔레스적 드라마 형식이 필요하다고 생각한다. 그가 중요하게 생각한 지점은 배우와 관객이 극에 몰입하지 않고 드라마 자체에 객관적 거리를 둠으로써, 사회적 현상에 대한 비판적 사고를 가능하게 하는 것이었다. 이러한 사유의 결과로 나타난 것이 바로 서사극이다. 독일어의 '서사(episch)'라는 용어는 '서술하다(erzählen)', '나열하다(reihen)', '전달하다(mitteilen)' 등의 의미를 지닌다. 따라서 서사극이란 감정 이입의 요구가 아니라 관객 스스로의 사고와 비판을 목표로 삼고, 객관적인 거리를 유지하며 사건을 보여주고 전달하는 드라마의 형태를 의미한다. 이제 아리스토텔레스적 드라마와 서사극을 명확하게 구분하기 위해 양자의 차이점을 도식화해보자.

(1) 아리스토텔레스적 드라마

  a) 주제는 개인과 개인, 개인과 사회, 개인과 운명의 갈등이다.

  b) 어떤 과정을 주관적으로 형상화시킨다.

  c) 관객을 극 속으로 끌어들여 감정을 이입시킨다.

  d) 관객의 에너지를 소비시킨다.

  e) 관객을 극에 동화시킨다.

  f) 도덕과 보편성을 강요한다.

(2) 서사극(비아리스토텔레스적 드라마)

  a) 주제는 사회, 정치, 경제적 상황의 인식 및 사회의 변혁에 대한 의지이다.

  b) 어떤 과정을 객관적으로 설명한다.

  c) 관객을 관찰자로 머무르게 한다.

  d) 관객의 에너지를 자극시킨다.

  e) 관객이 극에 거리를 두고 지켜보게 한다.

  f) 관객의 인식과 결정을 강요한다.

위의 도식에서 나타나듯 서사극은 관객의 사회적 인식을 일깨우는 사회 비판적, 교육적 드라마로 간주할 수 있다. 브레히트는 서사극에서 관객이 극과 거리를 두고 객관적으로 판단하게 하기 위해 여러 가지 극적 장치들을 사용하는데, 이는 '소외효과'라는 용어로 대변될 수 있다. 널리 알려진 연출기법인 브레히트의 소외효과에 대해서는 다음에서 자세히 알아보도록 하자.

3. 소외효과

브레히트가 만들어낸 소외효과(疏外效果, Verfremdungseffekt)에서 소외라는 용어는 낯설게 하기, 거리 두기라는 의미를 지닌다. 소외효과의 기법을 사용하는 이유는, 관객의 감정 이입을 방지하고 이성적 판단과 변화의 의지를 요구하는 서사극의 목적에 부응하기 때문이다. 좀 더 구체적으로 접근해보자.

소외효과는 대상을 낯설게 표현함으로써 대상의 본질을 인식하게 하는 방법이다. 예를 들어 익숙한 대상을 과거 또는 생소한 공간으로 이동시키거나, 익숙한 공간에 의인화된 동물을 배치시킨다. 이러한 상황이 처음에는 낯설지만 이성적 판단과 인식의 과정을 거쳐, 관객은 대상과 사건을 더욱 객관적으로 이해할 수 있게 된다. 즉 소외효과를 통해 사회적 상황과 폐단이 보다 정확하게 관찰될 수 있다. 이는 카프카가 그의 작품에서 사용하는 장치와 동일하다. 카프카는 익숙한 대상을 낯선 환경에 집어넣거나, 낯선 대상을 익숙한 환경에 투입함으로써, 대상이 체험하는 '위치의 괴리'를 통하여 그 본질을 확인한다. 앞에서 우리가 다룬, 자본주의 사회의 '포세이돈'이 그러하며 또한 인간에 의해 영웅성이 망각된 '프로메테우스'가 그러하다. 결론적으로 소외효과의 목적은 관객의 사고와 인식을 자극하여 변화와 개혁에 대한 의지와 용기를 갖게 하는 것이다. 소외효과의 반대 개념은 감정 이입이다. 서사극에서 가장 나쁜 관객은 무비판적으로 극에 몰입하는 사람이다.

위에서 든 예 이외에 소외효과를 위해 사용되는 장치로는 다음과

같은 것들이 있다: 공연 도중 갑자기 연사가 나와서 해설을 시도한다. 공연 도중 판토마임이나 노래, 음악을 삽입한다. 장면과 장면 사이에 스크린을 사용하여 텍스트로 사건을 설명한다. 장면과 장면 사이에 연사가 등장해서 다음 장의 내용을 미리 말한다.

이러한 장치들로 인해 관객은 극에 대한 환상을 버리고, 극에 대한 비판적 거리를 유지하며 현실을 자각하게 된다. 나아가 내용을 미리 알게 된 관객에게는, 이제 '무엇'이 묘사되느냐가 아니라 '어떻게' 묘사되느냐가 중요한 문제로 남는다. 즉 결말이 아니라 사건과 과정 자체에 대한 이해와 인식이 중요하게 된다. 결론적으로 이러한 소외효과는 사회적 상황에 대한 객관적 인식과 개혁의 의지를 요구하는 서사극의 목적과 직결된다.

소외효과의 기법이 가장 잘 드러난 작품은 유럽의 30년 전쟁을 다룬 브레히트의 드라마 『억척어멈과 그 자식들(*Mutter Courage und ihre Kinder*)』이다. 이 드라마는 장소의 변화가 잦은 12개의 장으로 구성되어 개방극의 형식을 갖추고 있으며, 각 장이 시작되기 전에 자막을 투사하거나 플래카드를 사용하여 일어날 사건을 미리 보여준다. 또한 억척어멈의 도덕적 타락 과정을 노래에 실어 묘사하기도 하며, 그 시대에 사용되지 않는 소재를 사용함으로써 대상을 낯설게 하는 동시에 대상의 객관화를 시도한다.

이상에서 브레히트의 서사극에서 널리 사용되는 기법인 소외효과에 관하여 알아보았다. 지금까지 다루어진 서사극 이론과 소외효과의 개념을 바탕으로 다음에서는 영화 「간첩 리철진」에 나타나는 서사극적 요소에 대해 살펴보자.

4. 영화 「간첩 리철진」에 나타나는 서사극적 요소 — 형식과 주제

앞에서 우리는 영화 「간첩 리철진」의 줄거리와 브레히트의 서사극에 관하여 알아보았다. 다루어진 내용을 바탕으로 영화 「간첩 리철진」에 나타나는 서사극적 요소를 살펴보자. 우선 여기에서는 영화의 형식적, 주제적 측면에서의 서사극적 요소에 관하여 알아보고, 다음에서는 영화에 사용된 소외효과에 관하여 논의하도록 하자.

서사극은 개방극과 마찬가지로 열린 형식의 드라마이며, 이로 인해 개별 장면은 독립성과 자율성을 지니게 된다. 개별 장면의 독립성은 다양한 인물과 사건의 표현을 가능하게 하며, 이는 사회적 모순과 불합리에 대한 관객의 비판적 의식을 고양시키는 역할을 한다. 영화 「간첩 리철진」은 형식적 측면에서 완전한 서사극으로 간주할 수는 없다. 전체적으로는 특정한 결말을 향하여 진행되는 인과적, 연속적 장면들로 구성되어 있기에 아리스토텔레스적 드라마 형식에 더 가깝다고 볼 수 있다. 그렇지만 우열과 선생님의 면담 장면, 퍼포먼스 장면, 철진과 화이의 지하철 장면 등은 주제와 내용의 측면에서 독립성을 지닌다. 즉 언급한 개별 장면들은 줄거리상의 인과관계와 상관없이 영화의 어느 부분에 배치되어도 무방하다. 따라서 영화는 외형적으로는 폐쇄적 형식을 취하고 있으며, 일정 부분은 개방적 형식을 차용하고 있다. 그렇지만 경우에 따라서 이 영화는 서사극으로 볼 수도 있다. 첫 번째 이유는, 서사극이라 할지라도 의도와 목적에 따라서는 아리스토텔레스적 기법을 거부하지 않기 때문이다. 다시 말해 이 영

화는 일반적으로 감상하기에 무리가 없는 인과적 진행과 결말의 폐
쇄 형식을 차용할지라도, 드라마 전체의 주제는 결말과 상관없이 독
립성과 자율성을 지닌 개별 장면들에서 충분히 구현되고 있다. 두 번
째 이유는, 이 영화를 형식적 측면이 아니라 연출 방법과 주제적 측
면에서 본다면 명백하게 서사극적 특징들로 구성되어 있기 때문이다.
즉 영화는 간첩이라는 대상과 결부된 우리의 관념과 감정을 배제하
고 대상을 객관적 시선으로 관찰하는 동시에, 남한 사회의 자본주의
적 가치관의 실체와 허상을 폭로함으로써 사회적 현상에 대한 인식
과 비판이라는 서사극의 과제를 충실히 수행하고 있기 때문이다.

위에서 영화가 서사극으로 간주될 수 있는 첫 번째 이유인 형식적
측면을 다루었다면, 이제 두 번째 이유인 주제적 측면에서 영화에 접
근해보자. 이미 언급한 것처럼 영화 「간첩 리철진」의 주제는 간첩이
라는 소재를 통해 드러나는 사회적 실체에 대한 인식과 자각이다. 이
러한 주제는 개별 장면의 독립성과 열린 형식을 지향하는 서사극적
구조에서 체계화될 수 있으며, 기존의 인과적, 폐쇄적 진행구조에서
는 다루어지기 힘들다. 서사극에서 개별 장면의 독립성은 주제의 독
립성을 의미하는 동시에 드라마 전체의 주제를 대변한다. 역으로 드
라마 자체의 주제는 개별 장면의 독립성으로 인해 더욱 구체화된다.
주제와 내용적인 측면에서 독립성을 갖는 영화의 해당 장면들을 구
체적으로 살펴보자.

면담 장면에서 선생님은 사고뭉치인 우열을 이해하고 감싸지만,
아버지의 직업이 간첩이라는 우열의 대답에 분노한다. 다분히 희극
적인 진실의 외면과 분노의 근간에는, 대한민국 국민에게 간첩은 인

간적 동질성을 지니지 않으며 함께 존립할 수도 없다는 사고가 존재한다. 즉 우리에게 간첩이란 규범화되고 공식화된 지식 안에서나 존재하는 가상이며 인간적 실체는 실재하지 않는 허상과 다름없다. 이러한 사고는 역설적으로 간첩을 인간적 존재로서, 감정적 존재로서, 고뇌하는 존재로서, 먹고 살기 위해서 일하는 개체로서 이해하려는 영화적 주제를 더욱 부각시킨다.

퍼포먼스 장면은— 아래에서 자세히 소개하겠지만— 자본주의 사회에서 타인뿐 아니라 자신과도 단절되어 있는 개인의 모습과, 우리의 모습일지도 모르는 우스꽝스런 행위를 보여준다. 이 장면은 우리가 불행하다고 생각하는 간첩의 삶과 우리의 삶이 큰 차이가 없음을 암시한다. 결국 퍼포먼스 장면 또한 독립된 주제를 갖는 동시에 영화 전체의 주제를 대변한다.

지하철 장면은 1억이라는 커다란 환상을 변두리 아파트나 외제차라는 실재로 전환시킨다. 이는 실체로서의 행복을 꿈꾸지 않고, 가상으로서의 막연한 부와 가치에 집착하는 우리와 남한 사회의 모습이 얼마나 무의미하고 무기력한지를 보여준다. 따라서 지하철 장면 또한 독립된 주제를 지니며, 이는 남북의 개인에 대한 소박한 인간적 이해라는 드라마 전체의 주제에서 크게 벗어나지 않는다.

결론적으로「간첩 리철진」은 개별 장면과 극 전체의 관계에서 나타나는 주제의 독립성과 동질성을 통해 간첩과 소시민적 삶에 대한 객관적 고찰을 시도하는 동시에, 사회적 현상에 대한 인식과 비판을 요구하는 서사극적 영화이다. 개별 장면의 주제가 전체를 대변하며 전체의 일부도 전체의 힘을 고스란히 지니는 서사극적 구조의 특성은, 폐쇄 형식의 인과성과 일관성의 제약에서 벗어나― 위의 개별 장면에서 나타나는 것처럼―다양한 현상과 사건의 묘사를 가능하게 함으로써 관객의 비판적 사고를 일깨우는 원동력이 된다.

5. 영화 「간첩 리철진」에 나타나는 서사극적 요소 ― 소외 효과

서사극은 개방극의 일종이므로 개방극의 특성을 고스란히 지닌다. 앞에서 다룬 내용 또한 서사극적 요소인 동시에 개방극적 요소이다. 그렇지만 서사극 고유의 특징적 기법은 바로 소외효과이다. 여기에서는 서사극만이 지니는 특성인 소외효과의 장치들을 영화 「간첩 리철진」에서 찾아보기로 하자.

아버지의 직업을 묻는 선생님의 질문에 우열은 간첩이라고 대답한다. 어디로 가느냐고 묻는 택시기사의 질문에 철진은 평양이라고 말한다. 직업이 무엇이냐는 순경의 질문에 철진은 간첩이라고 한다. 우리의 현실을 고려할 때 실제로는 일어날 수 없는 상황이다. 관객의 입장에서도 이러한 상황이 낯설고 거리감 있게 느껴진다. 그래서 웃음도 유발된다. 하지만 동시에 우리는 실제라 해도 상황은 다르지 않을 것이라 생각한다. 우리는 당연히 그 대답이 거짓일 것이라 생각한다. 그래서 이 낯선 상황이 한편으로는 웃음을 다른 한편으로는 이성적 인식을 유발시킨다. 바로 여기에 낯설게 하기와 거리 두기를 매개체로 하는 소외효과의 본질이 있다. 이러한 소외효과의 결과, 간첩에 상응하는 이미지의 동일성은 붕괴되고 우리는 객관적으로 간첩의 본질에 다가가게 된다. 결국 간첩도 여느 소시민과 마찬가지로 고뇌하고 소외당하며, 타인과 사회로부터 단절되어 있음을 인식하게 하는 것은 바로 소외효과의 산물이다.

간첩인 철진은 소박하며 인간적이다. 고정간첩 부부와 자녀는 서울의 여느 소시민과 다를 바 없는 평범한 기본적 욕구를 지닌 개체들이다. 4인조 강도들은 그들을 비웃는 국정원 요원들과 난투를 벌인다. 강도들은 조사실에서 자신들의 애국심을 강조하며 간첩을 맨손으로 때려잡았다고 주장하고 애국가를 4절까지 부르기도 한다. 간첩의 인간적인 면모, 공권력을 대변하는 국정원 요원과의 패싸움, 강도들의 공고한 애국심 등은 실제와는 동떨어진 사실이라 생각할지라도 이러한 영화적 상황에 거부감을 갖는 관객은 없다. 이는 낯선 상황이 이성적, 객관적 사고로 전환되었음을 의미한다. 즉 낯선 상황으로 인해 관객은, 간첩은 인간적이어서는 안 되는지, 정보기관이 갖는 공권력은 항상 정당한지, 범죄자들은 애국심을 가질 수 없는지를 스스로에게 질문하게 된다. 결국 낯설게 하기와 거리 두기라는 지점에서 출발하여 이성적 인식과 비판으로 전환되는 과정은 서사극 고유의 기법인 소외효과를 통해서 가능해진다.

영화에서 소외효과를 대변하는 부분은 퍼포먼스 장면이라고 할 수 있다. 퍼포먼스 장면의 행위 하나하나가 낯설고 신기한 모습들이지만, 관객은 곧 그들의 행위가 우리가 겪는 일상임을 인식하게 된다. 볼 수 없었던 자신의 모습을 객관적으로 보게 되면서 관객은 일종의 수치심과 부끄러움을 느끼며, 이는 다시 삶에 대한 자각과 인식으로 전환된다. 영화에서 소외효과의 기법이 잘 드러난 퍼포먼스 장면의

구체적인 내용은 다음과 같다:

'쫑파티'라는 제목의 퍼포먼스는 '최후의 만찬'에 나타난 구도를 패러디하며, 참가자 모두가 각자의 휴대폰으로 통화만 하고 있는 모습을 보여준다.

'백설공주'라는 퍼포먼스는 거울의 노예가 된 듯 거울 앞에서 수많은 포즈를 취하는 여인의 모습을 보여준다.

'매니아'라는 퍼포먼스에서는 좌석에서 팝콘과 콜라를 들고, 웃고 정색하기를 반복하는 관람객의 모습을 보여준다.

'무제'에서는 넥타이를 맨 남자가 입과 몸이 묶인 채 몸부림치며 절규한다.

지금까지 영화 「간첩 리철진」에 나타나는 서사극적 요소인 소외효과에 관해 알아보았다. 그렇지만 영화는 기존의 어느 누구도 시도하지 않았던 서사극적 장치를 남겨두며, 이는 소외효과의 극대치에 도달한다. 엔딩 크레딧이 모두 올라간 후, 영화는 한 줄의 자막을 보여준다: "아직도 간첩신고는 113"

6. 마무리하며

이번 장에서는 브레히트의 서사극 이론과 소외효과에 관하여 알아보았다. 나아가 영화 「간첩 리철진」에 나타나는 서사극적 요소도 살펴보았다.

Wer kämpft,
kann verlieren.
Wer nicht kämpft,
hat schon verloren.

좌측 사진은 브레히트(1898-1956)의 모습이다. 사회적 모순의 인식과 개혁의 의지를 표방하는 서사극의 정신에서 나타나는 것처럼, 브레히트는 적극적으로 나치 정권에 대한 반대운동에 참여하고 덴마크와 미국 등지에서 망명 생활을 한다. 브레히트는 독일의 분단 이후 동독에서 거주하며 창작 활동을 하고, 1951년 동독(독일민주공화국) 정부로부터 예술 문학 부분 일급 국가상을 수상한다. 동독 정부는 그가 독일의 위대한 작가이며, 그의 작품이 평화와 진보를 위한 투쟁 및 인류의 행복한 미래를 위한 투쟁에 기여했다는 사실을 선정 이유로 밝힌다. 우측 사진은 브레히트의 출생 90주년을 맞아 1988년에 동독에서 발행한 기념우표이다. 우표 아래의 문장은 삶과 예술에 임하는 브레히트의 자세를 짐작할 수 있는 경구이다: "투쟁하는 자는 패할 수 있다. 그렇지만 투쟁하지 않는 자는 이미 패했다."—베르톨트 브레히트.

「간첩 리철진」은 간첩과 남한 사회의 소시민적 삶을 담담하게 묘사하는 영화이다. 영화는 상투적이고 규범화된 이데올로기의 중압감을 해체하고, 진지하고 무거운 소재를 때로는 유머러스하게 때로는 진중한 시선으로 풀어나간다. 그렇지만 영화가 요구하는 것은 통상적인 감정 이입이 아니라 현실에 대한 이성적 판단과 자각이다. 다시 말해 영화는 간첩에 대한 객관적 고찰을 시도하는 동시에 분단국가에서 살아가는 현대인의 가치관에 대한 비판적 인식을 요구한다. 서사극은 사회적 현상과 모순에 대한 인식 및 개혁에 대한 의지라는 시대적 과제를 떠맡고 있다. 이런 의미에서 「간첩 리철진」은 서사극의 온전한 영화적 구현과 다름없다.

14 비동일성의 사고와 차연

영화 「간첩 리철진」에 나타나는 비동일성과 차연

> 삶에 대한 긍정은 불완전하고 단편적인 존재의
> 수용과 이해에 의해서만 가능해진다. 이것이 바
> 로 '비동일성의 사고'의 본질이다.

헤겔과 그 이전의 수많은 철학자들은 동일성의 사고를 기반으로 하여, 존재와 대상을 인식하고 진리를 규명하고자 했다. 동일성의 사고란 주체와 객체를 일치시키는 사고로서 인식의 주체가 완벽하다는 사실을 전제해야 한다. 다시 말해 인식의 주체인 인간은 객체의 본질, 즉 객체의 동일성을 완전하게 이해할 수 있으며, 인식의 대상인 객체는 주체에 의해 온전히 파악되고 수용된다. 따라서 동일성의 사고에서는 존재이해와 진리인식이 가능한 것으로 간주되고 존재와 진리의 총체성, 보편성, 일반성이 중요한 의미를 지닌다. 그렇지만 아도르노와 데리다는 전통적인 동일성의 사고에 제동을 걸고, 각각 비동일성 이론과 차연(差延, différance)의 개념을 도입함으로써 현대를 대변하는 철학적 사고의 포문을 연다.

이번 장에서는 현대 철학을 이해할 수 있는 단초인 아도르노의 비동일성 이론과 데리다의 차연 개념을 다루고자 한다. 나아가 영화 「간첩 리철진」에 나타나는 비동일성과 차연의 구체적인 사례를 살펴봄으로 써 아도르노와 데리다적 사고의 본질에 접근해보자.

1. 비동일성의 사고

아도르노가 주장하는 '비동일성의 사고(Das Denken des Nicht-identischen)'를 논하기 전에 우선 '동일성의 사고(Das Denken des Identischen)'에 관하여 알아보자. 철학의 역사에서 동일성의 사고를 대변하는 인물은 게오르크 빌헬름 프리드리히 헤겔이다. 이미 언급한 것처럼 동일성의 사고에서는 인식의 주체가 인식의 객체인 대상을 완전하게 파악함으로써 양자 사이에 동일성이 존재한다. 따라서 실질적인 존재이해가 가능하다고 생각하며 진리나 가치의 보편성, 총체성, 일반성이 중요시된다. 그렇지만 동일성의 사고에서 주체와 객체 사이에 존재하는 동일성은 엄밀히 말하면 상호 동일성이 아니라 배타적 동일성이다. 즉 객체와의 동일성을 주장하는 주체는 객체와 동일한 위치가 아니라 객체보다 우월한 지위에 놓여 있다. 예를 들어 우리가 어떤 나무를 바라볼 때 색과 크기, 수령(樹齡) 등을 파악하고 난 후 나무라는 대상을 이해했다고 생각한다. 다시 말해 주체는 나무의 본질, 즉 나무의 동일성을 이해했다고 믿고, 이제 주체와 객체 사이에 상호 동일성이 존재한다고 생각한다. 그렇지만 나무는 스스로 자신의 본질을 우리에게 알려준 적도 없고 우리는 알 수 있는 범위 내에서 또는 알고 싶은 것만 인식했을 뿐이다. 인식의 대상이 타인이나 동물 등일 경우에도 마찬가지이다. 헤겔은 동일성의 사고를 기반으로 '정-반-합'이라는 변증법을 주장하며, 변증법의 진행 과정에서 주체가 획득한 개념과 보편성을 통해 역사는 끝없이 발전한다는 결과를 도출한다. 그렇지만 동일성의 사고는 타자, 사물, 대상에 대한 주체의 폭력 행위인 동시에 객체를 주체에 종속시키는 사유이다. 다시 말해 객체와의 동일성을 주장하는 주체는 보편성과 일반성에 근거하여 개념을 만들어내고, 개념과 대상을 동일시하게 된다. 이는 보편성을 지니지 않은 객체 또는 개념에 일치하지 않는 대상은 그 존재 자체도 인정받지 못함을 의미한다. 나아가 동일성의 사고를 토대로 하는 예술에서는 보편적 가치와 절대적 진리, 온전한 미적 가능성이 추구되며, 파편적이고 불완전하고 특수한 것들은 희생되고 배척당한다.

아도르노는 철학의 역사에서 오랫동안 의문시하지 않았던 헤겔의 동일성 이론에 반기를 든다. 아도르노의 수많은 저술을 관통하는 핵심적 사유는 '비동일성의 사고'이다. 용어 자체는, 인식의 주체와 객체는 동일하지 않다는 의미를 내포한다. 우선 아도르노는 주체 자체를 의문시한다. 즉 주체의 절대성과 고유성을 의문시한다. 그 다음 일반성과 보편성에 의해 희생되는 개별성과 특수성이 무의미한 것인지에 대한 질문을 던진다. 결론적으로 아도르노의 견해에 의하면 삶과 세상은 단편적이고 파편적인 것들로 구성되어 있으며 일반성과 보편성은 오만한 주체가 만들어낸 허상과 다름없다. 따라서 동일성의 사고에서는 본질과 가상의 역할이 전도되어 있으며, 진정한 인식과 비판을 위해서는 주체의 동일성의 사고를 버려야 한다. 다시 말해 일반성과 보편성에 근거한 개념적 사고를 버림으로써 삶과 세상을 구성하는 근본 요소인 객체(客體), 개별자(個別者), 특수자(特殊者)는 구원되고 해방될 수 있다. 나아가 예술의 영역에서는 어둠, 부정적인 것, 부조화, B급 또는 삼류의 특성들조차도 삶과 세상의 본질을 표현하는 중요한 요소가 된다. 결국 아도르노가 주장하는 비동일성의 사고란 개별적 개체나 특수자가 전체나 보편적 가치를 위해 존재하는 것이 아니라 개별적 개체나 특수자가 전체를 구성하는 근원으로서, 어떤 개체나 가치라도 그 자체로서 의의를 지니며 전체와 보편성이라는 강제에 의해 가상과 본질이 전도되지 않아야 함을 의미한다. 이미 앞에서 다룬 아도르노의 '부정 변증법' 또한 비동일성의 사고에서 출발하며 동일한 결론을 도출하기 때문에 실질적으로 양자는 동일한 사유라고 간주해도 무방하다.

이제 앞에서 다루어진 카프카의 단편 「프로메테우스」의 내용을 상기시켜보자. 신화는 완전한 인식의 주체가 생산한 보편적이고 절대적인 진리체계이다. 이는 동일성의 사고에 근거한다. 신화는 자신의 보편성과 절대성에 근거하여 다양한 단편성과 특수성을 가진 전설을 억압한다. 따라서 진리의 가능성을 내포할 수도 있는 개별 전설은 절대적 보편성인 신화에 의해 의미를 상실한다. 그렇지만 역설적으로 카프카는, 개별 전설에 대한 인식 없이 신화는 결코 파악될 수 없으며, 어떤 경우에도 신화적 총체성이나 절대성에는 다다를 수 없음을 암시한다. 카프카의 단편 「프로메테우스」가 지니는 의의는 신화라는 보편성의 가치를 의문시하고, 개별 전설에 부여된 단편성, 파편성, 특수성을 구원하고 해방시키려는 시도에 있다. 카프카의 시도는 '비동일성의 사고'의 연장선상에 있으며, 신화의 절대성에 대한 주체의 믿음을 버리고 진리의 가능성을 내재하는 개별성, 파편성, 부분성, 특수성으로서의 전설을 이해하고 수용해야 함을 암시한다.

2. 차연

비동일성의 사고가 의도하는 바는 특수자를 보편자에서 구원하고 해방시키는 것이다. 특수자(特殊者)란 용어는 광의의 의미에서 특수성, 특수한 것, 구체적 개체 또는 개별적 인간을 포괄하며 단편성과 개별성의 의미도 내포한다. 개별자(個別者)의 의미 또한 특수자와 다르지 않다. 보편자는 특수자의 상대 개념으로서 개별자들이 지니는 공통적 특성을 의미하며 일반성과 총체성을 내포한다. 경우에 따라서는 이상적 원형이자 참된 실재로 가정하는 이데아를 의미하기도 한다. 데리다의 차연 개념은 사유의 방법은 다를지라도 비동일성의 사고와 마찬가지로 특수자의 구원과 해방이라는 목표를 추구한다. 이제 데리다가 동일성의 사고를 해체하는 과정과 방법에 대하여 자세히 살펴보자.

소쉬르(Ferdinand de Saussure)로 대변되는 구조주의 언어학에서는 기표(記標, signifiant)와 기의(記意, signifié) 개념이 중요한 역할을 한다. 예를 들어 하나의 원 안에 있는 또는 어떤 사회에 존재하는 '사랑, 우정, 연민'이라는 단어를 정의하고자 한다. 이전의 철학적, 언어학적 사고는 기표(각각의 단어 또는 기호)에 일치하는 명확한 기의(단어나 기호의 의미)가 존재한다고 주장한다. 그렇지만 구조주의 언어학에 의하면 다른 단어와의 상관관계 없이 각각의 단어에 독립적으로 의미가 부여될 수는 없으며, 각 단어의 의미는 세 가지 단어의 차이에서, 즉 구조적 차이에서 규정될 수 있다. 사랑은 우정과 연민에 의해 구분되고 의미가 부여되며, 우정의 의미는 사랑과 연민이 아닌 다른 영역에 존재하며, 연민은 사랑과 우정에 의해 구분되는 위치에서 의미를 부여받는다. 또한 구조라는 것은 상황에 의해 어떤 영역이 다른 영역에 의해 침해받거나 다른 영역을 침해할 수 있는 가변적 공간이기에, 기표와 완벽하게 일치하는 기의는 존재하지 않으며 기표는 정의될 수 없고 기표 간의 차이와 구분만이 존재한다.

구조주의의 기표와 기의 개념은 공간의 차이와 구분만을 고려한다. 데리다는 한 걸음 더 나아가 기표와 기의 개념에 시간성을 추가한다. 그 결과 구분과 차이에 의존하는 기의는 시간(시대)과 공간(사회, 국가 등)에 의해 항상 변화하므로, 기표에 대한 기의는 절대로 규정될 수 없다. 기표와 기의의 차이, 기표와 기표의 차이, 기호와 기호의 차이, 이로 인한 의미의 끝없는 유예(연기)를 데리다는 **차연**(差延, différance)이라고 명명한다. 예를 들어 도덕과 악덕이라는 단어를 정의해보자. 과연 각각의 기표에 일치하는 영원하고 보편적인 기의는 존재하는 것일까? 물론 우리는 각 단어의 구조적, 공간적 차이와 시대 변화에 의한 의미의 움직임에 주목해야 한다. 결국 기표와 기의의 관계에서 차연의 사태는 필연적인 것이 되고, 나아가 진리, 보편성, 일반성과 같은 개념 또한 규정될 수 없는 성질의 것이며 진리란 차이를 인식하는 끝없는 과정으로 존재한다. 참고로 '해체'라는 용어는 차이의 움직임에 의해 발생하는 의미의 파괴인 동시에 재구성을 뜻한다.

그렇다면 데리다는 왜 이런 시도를 하는 것일까? 대답은 간단하다. 지금까지 철학의 역사에서 기의에 종속되었던 기표를 해방시키기 위해서이다. 철학의 역사는 의미 중심주의였으며 기표와 기의가 대립할 경우 항상 기의가 우위를 점했다. 예를 들어 '어머니'라는 기표에는 희생, 사랑, 책임이라는 절대적 기의가 부여되어 있다. 그 기표에는 성적 이미지나 열정, 대담성 등의 수많은 의미 가능성이 존재할 수도 있지만, 의미 중심주의의 역사에서 '어머니'라는 기표는 '사랑과 헌신'이라는 기의로 포장되어 있다. '빨간색'이라는 기표가 주는 기의 또한 공산주의 내지는 정열 등으로 제한되어 있다. 이는 민주주의의 선동 방식이자 자본주의의 광고 방식이지만 어느 누구도 이의를 제기하지는 않는다. 이미 우리는 기의에 의해 지배당하는 의미 중심주의의 사고에 익숙하기 때문이다. 데리다는 이러한 의미 중심주의에 반기를 들고, 절대적 기의에 종속된 기표를 해방시키고자 한다. 기표의 해방은 보편성에 종속된 수많은 의미의 구원뿐만 아니라 보편자에 대한 특수자의 구원을 의미하기도 한다. 역으로 기표와 기의의 일치 불가능성은 보편성, 절대성, 총체성의 불가능 및 진리의 불가능성을 의미한다. 헤겔을 위시한 수많은 철학자들은 기표와 기의의 일치라는 동일성의 이데올로기에 빠져 수많은 의미 가능성을 놓치는 동시에 특수자를 보편자에 종속시키는 우를 범했다. 이에 대한 데리다의 반기, 즉 차연의 사고는 기표를 해방시킴으로써 수많은 의미 가능성을 열어놓고, 사유와 인식의 전환을 유도하여 개별성과 특수성의 가치에 주목하게 한다.

  데리다의 철학적 사유를 다시 한 번 카프카의 단편 「프로메테우스」

와 관련시켜보자. 카프카의 단편은 확고부동한 진리체계, 즉 절대적 기의가 부여된 기표로서의 신화를 해방시키려는 시도이다. 카프카는 단편 「프로메테우스」에서 신화의 진리나 근원은 설명 불가능하다고 말한다. 이는 신화가 보편성과 총체성이라는 절대적 기의를 갖지 않음을 의미한다. 나아가 카프카는 개별 전설이라는 다양한 기의를 통해 다양한 진리의 가능성을 제시한다. 따라서 신화라는 기표는 절대적 기의로부터 해방되며, 보편성에서 자유롭게 된 신화는 개별자이자 특수자인 전설에 의해 다양한 의미를 부여받는다. 결국 카프카의 의도 또한 데리다와 마찬가지로 의미 중심주의의 탈피, 구체적으로 말하자면 신화라는 기표의 해방 및 전설이라는 개별자에 대한 가치 부여와 의미 부여에 그 본질이 있다. 이로써 신화는 절대적 기의와 불변의 진리체계로서의 압박에서 벗어나며, 전설은 더 이상 부수적, 주변적인 것이 아니라 신화 또는 진리의 의미 있는 구성원이 된다.

결론적으로 아도르노의 '비동일성의 사고', 데리다의 '차연', 카프카의 「프로메테우스」는, 사고의 방법은 다를지라도 오랫동안 철학의 역사를 지배해온 동일성의 사고, 즉 보편적 가치와 절대적 진리에 대한 맹신을 버리고 인간 자신을 포함한 개별자와 특수자를 해방시킨다는 사실에 그 사유의 공통점이 있다.

3. 영화 「간첩 리철진」에 나타나는 비동일성의 사고

동일성의 사고는 대상과 개념의 일치를 추구하며 보편성과 절대성을 지향한다. 예를 들어 간첩이라는 대상은 '정당하지 않은 방법으로 비밀리에 임무나 공작을 수행하는 냉철한 사람'이라는 개념을 갖는 동시에 '나쁘다'라는 일반성을 지닌다. 따라서 동일성의 사고에서 '간첩은 나쁘다'라는 명제는 항상 '참'이 된다. 그렇지만 영화 「간첩 리철진」은 이러한 동일성의 사고를 의문시하며 '간첩은 나쁘다'라는 참 명제를 비틀고 전복시킨다. 강인하고 냉정하기만 할 것 같은 간첩 리철진은 차멀미에 시달리고 택시 강도를 당한다. 배신한 동료를 처단한 후 고뇌와 번민에 사로잡혀 술을 마시고 택시와 파출소에서 난동을 부린다. 민주주의 국가인 남한에서 권력과 자본을 이용하여 또는 이를 목표로 하여 수많은 사람을 희생시키고도 아무 죄의식을 갖지 않는 이들에 비하면, 자신의 임무를 수행했을 뿐인 간첩은 너무 순진하고 인간적이다. 간첩이 고뇌하면 고뇌할수록 진실을 밝히면 밝힐수록, 순경은 진실에 점점 더 무관심해지고 택시기사는 진실을 조롱한다. 이 순간 민주주의를 대변하는 시민과 공무원의 행위는 간첩의 태도와 전도되어 있다. 순경과 택시기사, 나아가 우리는 스스로가 만들어낸 일반적 가치와 개념적 사고를 통해 개인의 절박함과 욕구, 특수성을 애써 도외시한다. 이 모든 것은 동일성의 사고에 길들여진 무의식적 강박관념의 발로와 다름없다. 그에 반해 비동일성의 사고는 가치와 통념, 보편적 논리로 인해 개인의 절박함과 특수성이 침해되지 않아야 함을 논증한다. 개별적 개체의 고뇌와 번민은 가치나 논리와 무관하게 살아 숨 쉬는 현실이며 피할 수 없는 삶의 일부이다. 그 자체를 인정하고 수용함으로써 모든 존재와 사회 구성원을 가치 있게 만드는 일이 '비동일성의 사고'가 추구하는 본질이다. 특히 복지와 행복이 가치와 이념을 대신하는 현대 사회에서 비동일성의 사고는 자신과 타인, 나아가 세상에 존재하는 모든 대상을 가치 있게 만드는 근원적 사유이다.

비동일성의 사고에 의한 장치는 영화 곳곳에서 드러난다. 남한 사회의 여느 소시민과 다를 바 없이 평범하고 치열하게 생활하는 고정간첩 오 선생과 그의 가족, 평범한 시민보다 더욱 애국심이 투철하고 애국가를 4절까지 외우는 4인조 강도, 남한에는 간첩보다 훨씬 무서운 것이 많다는 화이의 대답, 진실을 진실로 믿지 않는 순경과 택시기사 등등. 이 모든 것은 동일성의 사고에 빠져 존재, 가치, 현실의 진정한 의미를 도외시하는 우리 모두에게 경종을 울린다.

오랫동안 우리는 반공이 보편타당한 가치라는 동일성의 사고에 빠져 있었다. 따라서 간첩은 인격적 개체가 아닌 이념적 수단과 도구를 의미하는 동시에 증오와 타도의 대상으로 간주되었으며, 그들에게는 괴뢰도당 또는 빨갱이라는 동일성이 부여되었다. 영화「간첩 리철진」은 더 이상 동일성의 사고의 결과물인 이념과 가치에 대해 말하지 않는다. 삶과 현실에는 인간적 개체의 개별성과 특수성, 불완전함이 존재할 뿐이다. 그렇지만 삶에 대한 긍정은 불완전하고 단편적인 존재의 수용과 이해에 의해서만 가능해진다. 이것이 바로 '비동일성의 사고'의 본질이다.

4. 영화「간첩 리철진」에 나타나는 차연의 사고

데리다의 차연 이론은 대상을 정의하는 절대적 기의는 없으며, 기표와 기의의 차이 및 이로 인한 의미의 파편성과 불완전성마저도 수용해야 한다고 주장한다. 나아가 이러한 사고의 본질에는 수많은 의미 가능성을 열어놓음으로써 오랫동안 보편타당성에 의해 희생되었던 특수자의 가치를 해방시키려는 의도가 존재한다. 이러한 데리다적 사고가 의도하는 바는 영화 「간첩 리철진」에서도 구체적으로 형상화되어 있다.

오 선생은 무사히 임무를 마친 철진을 목적지까지 차로 배웅한다. 그 사이에 함께 동행한 화이는 잠이 들고 오 선생은 철진에게 진지하게 이야기한다: "살기 위해 필요한 건 오직 믿음뿐이었던 시절에는 신념, 사상, 그게 없으면 죽을 것 같았지. 그런데 이놈의 나라가 좋은 게, 뭐든 쓰니까 없어지더라고. 투쟁도 이념도 다 쓰니까 없어지더라고. 동무, 아직도 내가 공산주의자로 보이나?"

오 선생에게 더 이상 이념과 사상에 대한 절대적 기의는 존재하지 않는다. 공산주의 이념이든 주체사상이든, 이는 젊은 날 자신의 믿음에 대한 수많은 기의 중 하나였을 뿐이다. 지금 오 선생에게 믿음과 신념이란 가족과 함께 생계를 유지하는 모든 방법과 수단이다. 한때의 절대적 기의였던 당에 대한 충성심은 구조와 시대의 변화에 의해 변질되거나 소멸되었다. 이처럼 이념과 사상에 대한 기의는 유동적이며 미래에도 이에 대한 보편타당한 절대적 기의는 존재하지 않을 것이다. 오 선생의 삶에 남아 있는 것은 절대적 기의가 아니라 생존을 위한 수많은 의미 가능성이다. 수많은 의미 가능성은 바로 단편적이고 불완전한 현실의 수용과 이해의 노력에 있다. 이제 그에게 있어 이념과 사상이란 변화와 생존의 의지, 불완전한 존재의 이해와 수용을 의미한다.

어느 순간 잠에서 깨어 아버지 오 선생의 고백을 듣고 난 화이의 눈에는 눈물이 흐른다. 화이의 눈물은 분리된 체제, 분단된 국가, 이중적 이데올로기, 아버지와 철진의 생각, 이 모든 것을 옳고 그름의 잣대로 파악할 수 없기에, 무수한 의미와 견해를 인정하고 수용할 수밖에 없기에 흘리는 눈물이다. 따라서 화이의 눈물은 차연의 사고의 투사물인 동시에 동일성의 사고에 대한 부정이다. 오 선생의 고백처럼 화이의 눈물처럼, 어떤 믿음과 신념도 옳거나 그르지 않으며, 기표의 의미는 영원히 유보된다. 결국 차연의 사고는 차이 및 변화의 현실에 대한 인식과 불완전한 존재에 대한 수용만이 삶에 대한 의미의 가능성인 동시에 나와 타자에 대한 긍정임을 증명한다.

오 선생의 고백과 화이의 눈물이라는 장치 이외에도 영화는 도처에서 차연이 야기하는 의미의 끝없는 유예와 무수한 의미 가능성을 암시한다. 철진이 입수하려던 슈퍼 돼지 유전자 샘플의 기의는, 공작의 대상이자 인민의 식량난을 해결해줄 희망이다. 그러나 남한정부가 슈퍼 돼지 유전자를 북한에 원조하기로 결정한 이후, 철진이 입수한 유전자 샘플은 오히려 정치적 걸림돌로 작용한다. 따라서 이제 유전자 샘플의 기의는 철진에게 있어 희망이 아니라 죽음에 대한 암시로 변화한다. 결국 철진은 자신의 믿음과 신념이 배반당한 채 죽음을 맞이한다. 이 모든 것은 절대적 기의를 추종할 수밖에 없었던 철진의 동일성의 사고에 기인한다.

영화의 마지막은 철진과 화이가 지하철을 타고 가는 장면이다. 철진은 간첩신고의 포상금이 1억이라는 문구를 발견한다. 우리에게 포상금 1억이라는 기표의 절대적 기의는 행운 또는 아주 많은 액수라는 것이다. 그렇지만 그것이 변두리 작은 아파트나 외제차 한 대 정도라는 의미 가능성으로 구체화될 때 포상금에 대한 관심과 환상은 사라진다. 결국 우리는 1억이라는 포상금의 보편성과 일반성에 사로잡혀 있었을 뿐 포상금 1억을 구성하는 실체와 의미 가능성은 도외시한 것이다.

결론적으로 영화 「간첩 리철진」은 간첩과 고정간첩의 가족이라는 기표에 내재하는 수많은 의미 가능성을 암시하는 동시에, 차연의 사고를 통해 보편적 가치와 사회적 통념의 문제에 대한 화두를 제시하고 있다.

5. 마무리하며

아도르노의 비동일성의 사고와 데리다의 차연 이론은 양자 모두 동일성의 사고에 대한 비판에서 출발한다. 그 결과물은 절대적 기의라는 중심의 거부와 보편성, 일반성, 총체성이라는 허울 아래 종속되고 희생되었던 개별성, 특수성, 불완전성의 구원과 해방이다. 이러한 아도르노와 데리다의 사고는 이후 철학뿐만 아니라 예술의 영역에도 큰 영향을 미치고, 포스트모더니즘의 이론적 토대가 된다. 포스트모더니즘은 이성의 한계를 인식함으로써 의미와 논리 중심주의에 사로잡힌 철학적, 예술적 사유를 비판하고, 부분적, 파편적, 특수적 세계를 인정하고 존중함으로써 다양한 사고와 열린 예술을 추구하는 것에 그 본질이 있다.

영화 「간첩 리철진」은 비동일성의 사고와 차연의 이론이 구체적으

포스트모더니즘은 동일성의 사고를 대변하는 이성의 한계를 인식하고 보편적 가치추구를 거부함으로써 불완전하고 파편적인 대상과 다양성을 예술의 전면으로 부각시킨다. 모더니즘의 예술은 회화의 순수성이나 작품의 고유성을 최고의 가치로 삼는다. 그렇지만 포스트모더니즘은 예술의 순수성과 고유성을 거부하며 예술 감상의 대상을 소수 애호가나 상류층에서 다수의 대중으로 전환시킨다. 이러한 포스트모더니즘의 사고에 부합하는 대표적 예술 분야는 대량복제가 가능한 사진의 영역이며, 판화 또한 그러한 분야에 속한다. 위의 작품은 대량생산이 가능한 실크스크린 판화 기법으로 작업한 앤디 워홀(Andy Warhol)의 "코카콜라(Coca-Cola)"이다. 앤디 워홀은 물질문화와 대중문화의 의미에 대한 질문을 던지고 자본주의 시대의 상품성과 복제된 이미지에 주목함으로써, 포스트모더니즘을 대표하는 예술가의 반열에 오른다. 앤디 워홀의 예술관은 "코카콜라"에 대한 해설에서도 잘 나타난다: "미국이 위대한 것은 가장 부유한 소비자와 가장 가난한 소비자가 기본적으로 같은 것을 사는 전통을 만들었다는 데 있다. 당신도 똑같은 TV를 보고 똑같은 코카콜라를 마실 수 있다. 당신은 대통령도 콜라를 마시고, 엘리자베스 테일러도 콜라를 마신다는 사실을 알게 될 것이며, 당신도 콜라를 마실 수 있다. 콜라는 다 같은 콜라여서, 돈을 더 준다고 해서 길모퉁이의 부랑자가 마시고 있는 것보다 더 좋은 콜라를 구할 수는 없다. 콜라는 다 똑같고 다 좋다. 엘리자베스 테일러도 그 사실을 알고 있고, 부랑자도 그 사실을 알고 있으며, 당신도 그 사실을 안다." 예술의 순수성에 대한 조롱으로도 해석될 수 있는 "코카콜라"에 대한 설명 이외에, 앤디 워홀의 다음 진술은 자신의 작품에서 예술의 고유한 진리나 보편적 가치를 논하는 일이 무의미함을 암시한다: "나를 알고 싶다면 작품의 표면만 보십시오. 뒷면에는 아무것도 없습니다." 결국 포스트모더니즘이란 이성을 맹신하는 동일성의 사고에 대한 도전이자 보편성에 대한 특수성의 저항이다.

로 형상화된 작품이다. 철진의 고뇌, 오 선생의 고백, 화이의 눈물, 철진의 죽음, 포상금 1억. 이 모든 사실을 비동일성과 차연의 사고라는 측면에서 관찰했을 때, 영화의 대미를 장식하는 "아직도 간첩신고는 113"이라는 자막은 보편성과 절대적 기의라는 폭력 행위의 기만과 허구성을 대변하고 있는지도 모른다.

15 비트겐슈타인의 언어분석 이론

언어와 세계, 언어와 철학

> "말할 수 있는 것은 명료하게 말할 수 있고, 말할 수 없는 것에 대해서는 침묵해야 한다."

앞 장에서는 동일성의 사고에 대한 비판을 수행하는 아도르노와 데리다의 사고에 대해 알아보았다. 헤겔이 주장하는 이성 중심의 동일성 이론에서는 존재이해와 진리인식이 가능한 것으로 간주되고 존재와 진리의 총체성, 보편성, 일반성이 중요한 의미를 지닌다. 그렇지만 아도르노와 데리다는 보편적 가치와 절대적 진리를 추구하는 동일성의 사고에 대해 반기를 들며, 각자의 고유한 사유를 통해 보편성에 종속된 개별성과 특수성을 해방시킨다. 비트겐슈타인은 아도르노와 데리다 이전에, 일반성이나 절대적 진리와 같은 철학적 문제들이 허상이자 환영임을 논증한 철학자이다. 그는 철학이 혼란에 빠지는 가장 큰 원인 중의 하나가 '일반성에 대한 갈망'이라고 주장한다. 이는 아도르노 및 데리다의 주장과 일맥상통하는 철학적 사유이다.

비트겐슈타인의 철학적 사고는 언어비판을 통한 철학적 문제의 해소에 그 본질이 있다. 그의 견해에 의하면 철학의 제반 문제들은 언어의 오해에 기인하는 것으로, 언어의 명료한 분석을 통해 그 자체가 소멸될 수 있다.

　앞 장에서 다룬 비동일성의 사고와 차연 이론은 비트겐슈타인이 주장하는 철학적 사유의 연장선상에 존재한다. 이와 관련하여 이번 장에서는 비트겐슈타인이 어떤 과정과 방법으로 동일성의 사고가 지향하는 보편성과 일반성의 허구를 밝히는지 알아보고자 한다. 설명에 필요한 간단한 실례는 앞에서 다룬 영화「간첩 리철진」에서 차용할 것이다.

1. 비트겐슈타인

　루트비히 비트겐슈타인(Ludwig Wittgenstein, 1889-1951)은 20세기의 가장 위대한 철학자이자 20세기 철학 자체를 대변하는 인물로 간주된다. 그는 서양 철학사에서 어느 누구보다 언어에 대해 철저하게 분석하고 회의한 철학자이다. 기존의 철학자들은 신, 존재, 진리 등과 같은 형이상학적 문제들에 사로잡혀 있었지만, 정작 이러한 문제들을 사유하고 표현하는 언어 자체에는 관심을 두지 않았다. 그렇지만 비트겐슈타인은 언어야말로 사고의 시작과 끝이며 언어의 본질을 이해한다면 세상의 모습도 그려낼 수 있으며 철학적 제반 문제들 또한 사라질 것이라 생각한다. 20세기 영국과 미국에서 전개된 분석철학 또한 철학의 모든 문제가 언어에 기인한다는 사고 하에 언어의 분석과 이해라는 주제를 다룬다. 비트겐슈타인의 언어분석 이론은 분석철학자들에 의해 분석철학의 핵심적이고 모범적인 사고로 간주된다.

　비트겐슈타인의 철학적 사유를 탐구하기 전에 그 준비 단계로서

좌측의 사진은 비트겐슈타인의 모습이며 우측의 사진은 그의 출생 100주년을 맞이하여 모국 오스트리아에서 발행한 기념우표이다.

철학에 임하는 비트겐슈타인의 자세와 태도는 제자 노먼 맬컴(Norman Malcolm)에게 보내는 서한에서 어느 정도 드러난다: "철학의 연구가 단지 심오한 논리학의 문제 등에 대해 어느 정도 그럴듯하게 말할 수 있게 하는 것이라면, 그리고 그것이 일상의 중요한 문제들에 대한 사고를 개선시키지 않는다면, 그것이 자신의 목적을 위해 위험한 말들을 사용하는 여느 기자들보다 우리를 더 양심적으로 만들지 않는다면, 우리가 철학을 공부할 필요는 무엇인가. 확실성, 확률, 지각 등에 관해 잘 생각하는 일이 어렵다는 것을 나는 안다. 그러나 우리 각자의 인생과 다른 사람들의 삶에 대해 진정으로 정직하게 생각하는 것 또는 생각하려고 시도하는 것은, 가능하긴 하지만, 훨씬 더 어려운 일이다."

평생을 지극히 단순하고 검소하게 생활한 비트겐슈타인은 철학의 연구에 그치는 것이 아니라 철학하는 삶을 유지한다. 그는 삶에 대한 성찰과 실존적 체험을 위해 기꺼이 전쟁에 참여하고, 거대한 유산을 기부하고, 노동자의 삶을 동경하며, 전쟁터의 자원봉사자로 일하고, 외진 시골과 해안에서 연구하며 사색한다. 말년에 보낸 아일랜드의 해변 오두막에서의 삶은 어부들의 경외감을 일으킬 만큼 자연인에 가까운 삶이었다. 윤리적이고 종교적이며 예술적인 삶을 살았던 비트겐슈타인은 구도자로서의 철학자에 가깝다.

여기에서는 그의 생애에 관하여 살펴보자.

비트겐슈타인은 1889년 오스트리아의 빈에서 태어났으며 그의 아버지는 철강 재벌로서 오스트리아 최고의 재력가 가운데 한 사람이었다. 유복한 생활을 하던 그는 가정교육을 받다가 기계 다루는 것을 좋아하여 1903년에 린츠 실업학교에 편입한다. 당시 히틀러(Adolf Hitler)가 이 학교를 다니고 있었는데 1904년에 낙제하여 학교를 옮겼으니, 1년 동안 비트겐슈타인은 히틀러와 같은 학교를 다닌 셈이다. 그렇지만 한 명은 인류 역사상 가장 큰 전쟁과 대량학살로 세상을 비극의 장으로 빠뜨린 미치광이가 되고, 한 명은 인류의 역사에 길이 남을 정신적 유산을 남겼으니 아이러니한 일이다. 비트겐슈타인은 1906년에 독일의 베를린 공대에 진학하며 1908년부터 영국 맨체스터 대학에서 항공 엔진과 프로펠러 제작을 연구한다. 그는 연구와 관련하여 수학에 관심을 가지게 되고 당대의 유명한 수학자이자 철학자인 프레게(Gottlob Frege)와 러셀(Bertrand Russell)의 저서를 접하게 된다. 비트겐슈타인은 자연스럽게 그들의 철학에도 관심을 갖게 되고 케임브리지 대학의 러셀을 찾아가 자신의 철학적 자질에 대한 검증을 부탁한다. 러셀은 자신이 제시한 철학적 과제에 대한 비트겐슈타인의 보고서를 읽고 난 후 그의 재능에 매료된다. 이후 비트겐슈타인은 러셀의 제자이자 동료이며 후계자로서 케임브리지의 철학도가 되며 논리학을 핵심 분야로 여기고 자신의 고유한 철학적 사유를 수행한다. 1914년 제1차 세계대전이 발발하자 그는 오스트리아군에 자원입대한다. 목숨을 걸고 전투에 임하여 많은 공을 세운 그는 여러 개의 훈장을 수여받기도 한다. 삶과 죽음의 기로라는 전쟁의 극한 상황에서 그는 자신의 실존적 체험과 철학적 단상들을 기록해 나가는데, 이는 그의 전기 철학을 대변하는 저서 『논리철학논고(*Tractatus logico-philosophicus*)』의 바탕이 된다. 1918년 비트겐슈타인은 이탈리아군의 포로가 되어 포로수용소 생활을 한다. 포로 생활 당시 러셀은 그의 원고를 걱정하여 경제학자 케인스(John Maynard Keynes)의 도움을 받아 이를 입수한다. 그렇지만 논리적, 과학적 사고에 근거하여 논리학의 문제를 명확하게 해결해줄 것으로 기대한 러셀은 난해하고 신비주의적인 색채를 띠는 비트겐슈타인의 사고를 이해하지 못한다. 1919년 수용소에서 나온 비트겐슈타인은 아버지가 남긴 막대한 유산 모두를 가난한 예술가들에게 지원하고 가족에게 나누어준다. 유산 문제를 해결한 비트겐슈타인은 러셀을 찾아가 그의 원고에 대해 설명하지만 대화는 잘 진행되지 않는다. 그렇지만 비트겐슈타인은 그 원고로 철학적 문제를 모두 해결했다고 생각하고, 1920년에는 오스트리아 작은 시골 마을의 초등학교 교사로 부임한다. 1921년에 『논리철학논고』가 출판되는데, 비트겐슈타인은 그 책에 실린 러셀의 서문을 읽고 난 후 러셀이 자신의 사고를 전혀 이해하지 못했다고 생각하며, 이후 두 사람의 관계는 금이 가기 시작한다. 초등학교 교사로 근무하며 여전히 자신의 사유를 발전시켜나가는 동안 『논리철학논고』는 철학계의 핵으로 인식되며 주목을 받지만, 정작 비트겐슈타인 자신은 저서의 오류와 결함을 인식하게 된다. 1929년 그는 다시 케임브리지 대학으로 돌아와 몇 년간 강의와 연구에 전념하며 『논리철학논고』의 오류를 수정하고 새로운 사유의 저술을 시작한다. 이후 그는 노동자로 살기 위해 소련을 방문하기도 하며 제2차 세계대전이 일어나자 교수직을 포기하고 병원의 자원봉사자로 일한다. 그러한 시간들을 보내면서도 그는 여전히 자신의 후기 철학을 대표하는 저술들을 집필하며 1947년에는 아일랜드의 해변 오두막에서 자연에 동화되는 삶을 영위한다. 사망 직전까지 『확실성에 관하여(*Über Gewißheit*)』라는 글을 쓴 그는 "멋진 삶을 살았노라 전해주시오"라는 말을 남기고 1951년 4월 29일 60대 초반의 나이에 전립선암으로 세상을 떠난다. 그의 후기 철학을 대변하는 저술들은 1953년 제자들에 의해 『철학적 탐구(*Philosophische Untersuchungen*)』라는 제목으로 출판된다.

2. 『논리철학논고』

비트겐슈타인의 『논리철학논고』와 『철학적 탐구』는 그의 철학적 사유를 대변하는 저서들이다. 전자는 제1차 세계대전 참전 당시 틈틈이 기록한 저술로서 경구나 잠언의 형식을 띤 짧고 난해한 명제들로 구성되어 있다. 이 책의 집필 후 그는 철학의 모든 문제를 해결했다고 생각한다. 비트겐슈타인 철학의 본질은 언어의 분석에 있다. 그는 언어와 세계를 연결하는 논리적 형식을 조사함으로써 삶과 세상을 이해하고 철학적 문제들을 해결하고자 한다. 여기에서는 전기 철학을 대변하는 저서 『논리철학논고』의 조사를 통해 비트겐슈타인의 철학적 사유에 접근해보자.

『논리철학논고』의 내용은 그림 이론으로 요약될 수 있다. 이에 의하면 언어는 실재에 대한 논리적 그림이다. 언어가 실재 세계를 묘사하는 논리적 그림일 수 있는 이유는, 언어와 실재 세계가 구조적으로 동일한 형식을 공유하기 때문이다. 언어와 실재 사이에 존재하는 구조적 동일성을 비트겐슈타인은 '논리적 형식'이라고 부른다. 즉 언어의 존재 근거는 세계와 공유하는 논리적 형식에 있다. 예를 들어 기호인 악보와 연주된 음들의 향연인 음악이 공유하는 것은 양자의 구조적 동일성, 즉 논리적 형식인 것처럼, 언어와 세계가 공유하고 있는 것이 바로 논리적 형식이며 언어는 곧 세계의 형식이 된다. 다시 말해 언어가 세계의 그림이 될 수 있는 것은 명제(언어)와 사실 간에 '단일한 논리적 형식'이 존재하기 때문이다.

비트겐슈타인이 주장하는 언어와 실재 세계 사이의 구조적 관계는 다음과 같다: 이름–대상, 원자명제(요소명제)–원자사실(사태), 복합명제–복합사실(사건), 언어–세계.

양자 사이에는 구조적 동일성이라는 단일한 논리적 형식이 존재한다. 원자명제란 이름과 술어로 구성되며, 'A는 B이다'와 같이 더 이상 나누어질 수 없는 가장 단순한 사실에 대응하는 명제이다. 원자명제가 결합되어 사건을 의미하는 복합명제가 형성되고, 복합명제는 세계를 기술할 수 있는 언어의 구성 요소가 된다. 여기에서 중요한 것은 원자명제로서, 원자명제만이 세계의 그림과 대응되며 참과 거짓을 구분할 수 있는 기본 단위이다. 왜냐하면 복합명제의 구성 요소인 논리적 연결사(그리고, 그러나, 따라서 등등)는 자신에 대응하는 논리적 실재나 대상을 갖지 않기 때문이다. 따라서 원자명제만이 일대일 대응 방식을 통해 세상에 대한 그림을 그릴 수 있다. 결국 (원자)사실과 일치할 때 원자명제는 참이 되고, 불일치할 경우 거짓이 되며, 참인 원자명제에 상응하는 사실에 대한 그림이 세상에 대한 올바른 그림이 된다. 복합명제의 참과 거짓에 대한 구분을 위해 비트겐슈타인은 진리함수론을 제시한다. 이에 의하면 모든 복합명제의 진리 값은 그 복합명제를 구성하는 요소명제(원자명제)의 진리 값에 의해서 결정된다.

비트겐슈타인은 위의 도식처럼 언어와 세상이 공통된 논리적 형식을 통해 일대일로 대응한다고 보았으며, 언어에 대응하는 논리적 실재나 대상을 관찰함으로써 명제의 참과 거짓을 구분할 수 있다고 생각한다. 나아가 그는 개념, 보편성, 일반성 등과 같이 세계에 대응하는 논리적 형식이 없는 추상적 개념에 대해 참과 거짓을 논하거나 언어로 정의하려는 철학적 시도는 무의미한 것이라고 비판한다. 영화 「간첩 리철진」의 내용을 예로 들어보자. "간첩 리철진은 북한 사람이다"라는 문장은 원자명제로서 논리적 실재가 존재하므로 참과 거짓을 구분할 수 있는 명제이다. 하지만 "간첩은 나쁘다"라는 문장은 원자명제이지만 논리적 형식과 실재가 존재하지 않으므로 참과 거짓을 논하기 이전에 무의미한 명제이다. 따라서 개념, 보편성, 일반성 등은 논리적 실재가 존재하지 않으므로 참과 거짓을 논하기 이전에 무의미한 철학적 문제들이다. 결국 비트겐슈타인의 전기 철학을 대변하는 그림 이론은 개념, 보편성, 일반성 등의 철학적 제반 문제들을 해결하는 것이 아니라 그 자체를 소멸시킨다. 이는 동일성의 사고 자체를 무의미하게 만드는 철학적 시도와 다름없다.

언어와 세계의 논리적 형식에 의한 대응관계를 설명하는 비트겐슈타인은 다음과 같은 결론으로 『논리철학논고』를 마무리한다: "말할 수 있는 것은 명료하게 말할 수 있고, 말할 수 없는 것에 대해서는 침묵해야 한다."

비트겐슈타인의 견해에 의하면, 철학이란 언어비판이며 기존의 철학적 문제들은 언어의 논리를 오해했기 때문에 생겨난다. 언어의 논리를 올바르게 이해하여 언어의 한계선을 분명하게 그어주면, 언어의 논리 밖에 위치한 철학적 문제들은 사라지게 된다. 따라서 말할 수 있는 것은 명확하게 말할 수 있고, 말할 수 없는 것들에 대해서는 침묵하면 된다. 말할 수 있는 것은 세계와 논리적 형식을 공유하며 원자명제와 복합명제로 구성된 언어의 영역이며, 말할 수 없는 것은 형이상학, 윤리학, 종교, 예술 등과 같은 언어적 경계 밖의 영역이다.

비트겐슈타인이 말할 수 없는 것들에 대해 침묵해야 한다고 해서, 그가 종교, 윤리, 예술, 신 등과 같은 문제들을 부정한 것은 아니다. 오히려 이러한 가치들의 중요성을 부각시킨다: "말할 수 없는 것을 명확히 한계 지어주면 말할 수 없는 것은 스스로를 그대로 드러내준다."

비트겐슈타인에 의하면 스스로를 드러나게 하는 것의 본질은 실천과 행동에 있다. 그는 말로 표현할 수 없는 윤리나 종교적 신념이 타인에 대한 배려나 올바른 행동을 통해 스스로 드러날 수 있다고 말한다. 마찬가지로 아름다움의 가치 또한 규정하려 하지 말고, 음악이나 미술 등의 직접적인 예술 행위를 통해 스스로 드러나게 할 수 있다. 이러한 맥락에서 "말할 수 없는 것들이 보일 수는 있다"는 그의 주장은 실천과 행위의 중요성에 대한 역설이다.

말할 수 없는 것은 말하지 않음으로써 본연의 모습을 드러낼 수 있다는 비트겐슈타인의 사고는 러셀을 위시한 여러 철학자들에 의해 신비주의라고 비판받기도 한다. 그렇지만 전쟁의 참상과 인간의 잔혹함에 대한 체험의 결과로서 그의 깊이 있는 실존적 사고와 종교적 성찰을 고려한다면, 잠언과 경구 형식을 지닌 『논리철학논고』의 신비주의적 색채는 이해될 수 있을지도 모른다.

3. 『철학적 탐구』

『논리철학논고』가 철학계의 주목을 받는 동안, 정작 비트겐슈타인 자신은 그의 이론에 대한 오류와 결함을 인식하기 시작한다. 결국 그는 케임브리지 대학으로 다시 돌아오고 오류의 수정과 새로운 사고의 저술에 매진한다. 1929년 완성된 논문 "논리적 형식에 관한 몇 가지 의견들(Bemerkungen über die logische Form)"에서 비트겐슈타인은 언어와 세계를 연결시켜주는 논리적 형식은 단일하지 않고 다양하다고 말함으로써『논리철학논고』의 주장을 철회한다. 이는 기존의 원자주의가 오류이며 언어와 세계 사이에는 다양한 논리들이 관계되어 있음을 의미한다. 이러한 사유를 포함하여 비트겐슈타인의 후기 철학을 대변하는 저서『철학적 탐구』는, 사후 제자들이 그의 논문과 저술을 한데 모아 출판한 결과물이다. 좀 더 구체적으로『철학적 탐구』의 사유에 접근해보자.

『논리철학논고』의 비트겐슈타인은 일상 언어를 크게 신뢰하지 않았고, 러셀과 프레게의 주장처럼 일상 언어의 오류와 결함을 고치고 수정하여 완전하고 이상적인 언어를 만들면 철학의 제반 문제들을 해결할 수 있을 것으로 생각한다. 그렇지만 후기의 저작인『철학적 탐구』에서 비트겐슈타인은, 일상 언어가 그 자체로 질서정연하며 일상 언어의 애매함이나 모호함조차도 불완전한 것은 아니라고 주장한다. 문학이나 예술에서 또는 수사적 필요성에 의해 모호한 표현 또한 가치가 있기 때문이다. 『논리철학논고』에서 비트겐슈타인은 언어와 세계가 단일한 논리적 형식에 의해 연결되어 있으며 그 단일한 논리적 형식이 곧 세계의 형식이라는 다소 경직된 언어적 사고에 빠져 있다. 그렇지만 『철학적 탐구』에서 비트겐슈타인은 언어를 좀 더 유연하게 바라보고, 다양한 언어의 문법들이 다양한 세계의 상황들 속에서 사용된다고 주장한다. 비트겐슈타인에게 있어 문법이란 다양한 삶의 현장에서 사용되는 언어의 다양한 논리적 관계를 의미한다. 언어적 표현은 상황과 장소에 따라 각기 다른 문법적 규칙이 적용된다. 이러한 문법적 차이를 무시하고 모든 언어에 단일한 규칙을 적용하고자 한다면 오히려 언어를 왜곡하게 된다. 결국 비트겐슈타인은 자신이 생각했던 이상적 언어가 일상 언어의 왜곡을 바로잡는 것이 아니라 언어의 본질을 왜곡시킨다는 결론에 도달한다.

그림 이론이 『논리철학논고』를 대변한다면 『철학적 탐구』의 핵심 용어는 '언어 게임'이다. 언어 게임이란 삶의 현장에서 발생하는 무수한 언어사용 상황을 총칭하는 용어이다. 지극히 단순한 언어들도 하나의 완벽한 언어 게임으로 작동하고 있으며 우리는 언어 게임을 통하여 의사소통을 하고, 언어 게임의 참가라는 활동을 통하여 삶을 살아간다. 유아기, 청소년기, 성년기, 학교, 군대, 직장 등에서의 언어 게임뿐만 아니라 신호등, 표지판 등의 기호들로 이루어진 언어 게임을 포함하여 관습, 도덕, 규범 등의 관념으로 이루어진 게임에 이르기까지 우리 삶의 모든 활동들은 언어 게임들로 구성되어 있다. 다시 말해 우리의 삶은 언어 게임으로 구성된 끊임없는 활동이다.

단어는 보편적, 일반적 기의를 갖고 있는 것이 아니라, 개별 언어 게임의 상황에서 그 의미가 부여된다. 즉 단어의 사용은 그 단어가 쓰이는 언어 게임의 맥락을 의미하며, 단어는 언어 게임에 의해 비로소 의미가 부여된다. 기존의 수많은 철학자들은, 언어가 대상을 지칭하는 단 하나의 의미를 가진다고 이해했다. 하지만 비트겐슈타인의 견해에 의하면, 언어란 세상의 모습을 재현하는 복사물도 아니며 대상을 가리키는 지시물도 아니다. 언어는 정적인 체계가 아니라 역동적인 유기체이며, 언어 게임을 통해 무수한 활동들을 가능하게 하는 '다양한 논리적 형식'이다. 예를 들어 "나는 일한다"와 같은 문장은 수많은 언어 게임에서 사용될 수 있지만, 매번 다른 의미를 생성한다. 왜냐하면 일의 구체적인 내용은 언어 게임의 맥락과 상황에 따라 달라지기 때문이다. 따라서 모든 언어들을 하나로 묶을 수 있는 공통성이나 일반성은 존재하지 않으며, 단지 개별적인 고유한 언어 게임으로 구성되는 수많은 언어 게임들이 있을 뿐이다. 만약 언어 게임들 사이에 어떤 관련성이 있다면 '가족 유사성' 정도만이 존재하고, 언어 게임들 사이에 일반적이고 공통적인 속성은 존재하지 않는다. 가족 유사성은, 외형 또는 성격이 닮았을지라도 동일한 존재는 없다는 사실을 뜻하는 용어이다. 이러한 맥락에서 같은 단어일지라도 개별 언어 게임에 따라 그 의미는 동일하지 않으며 가족 유사성 정도만이 존재한다. 예를 들어 칼이란 단어는 사무실, 식당, 병원, 조직 세계 등의 다양한 언어 게임에 의해 의미의 차이가 생기며, 빨간색이라는 단어는 사회나 국가, 민족에 따라 각기 다른 의미가 부여된다. 따라서 언어란 대상을 지칭하는 단 하나의 의미가 아니라 때와 장소에 따라, 즉 개별 언어 게임에 따라 다양한 의미를 생성하는 유기체이다.

결국 확고하고 단일한 언어의 규칙은 존재하지 않으며, 삶의 양식들을 몸에 익히는 자연스러운 훈련과 활동은 언어 게임에 의해서만 가능해진다.

비트겐슈타인의 사고에 의하면, 언어 게임에서 우리가 혼란에 빠지는 이유는 특정 단어를 어떤 상황이나 어떤 맥락에서 사용하고 있는가를 확인하지 않는 경우이고, 또다른 이유는 '일반성에 대한 갈망' 때문이다. 예를 들어 영화 「간첩 리철진」에서, 철진이 술을 마시고 파출소에서 간첩임을 주장해도 순경과 택시기사는 이를 믿지 않는다. 철진은 공작원으로서, 순경과 택시기사는 평범한 소시민으로서 각기 다른 언어 게임에 참여하고 있기 때문이다. 상담을 하는 우열과 선생님의 상황 또한 마찬가지이다. 아버지의 직업이 간첩이라는 대답에 자신을 놀린다고 생각하는 선생님은 분노한다. 이는 우열이 이중적 체제 하의 언어 게임에, 선생님은 민주주의 사회의 학교라는 다른 언어 게임에 참여하고 있기 때문이다. 또한 안기부 요원들이 4인조 강도의 애국심을 의심하는 것은 동일한 언어 게임에 참여한 적이 없기 때문이다. 이상의 예에서 우리가 겪는 언어적 혼란이, 상황이나 맥락의 몰이해에 근거한다는 사실을 확인할 수 있다.

비트겐슈타인에 의하면 언어적 혼란의 또다른 이유는 일반성에 대한 갈망 때문이다. 위의 예들에서 간첩이라는 단어의 동일성은 존재하지 않는다. 다시 말해 단어의 보편적, 일반적 의미, 즉 모든 언어 게임에서 통용될 수 있는 단일한 의미는 존재하지 않는다. 참가하는 언어 게임에 따라 어떤 단어가 누군가에게는 정직하고 올바른 의미로, 누군가에게는 장난이나 조롱으로 여겨지기 때문이다. 결국 언어 게임에서 중요한 것은 보편적 개념과 일반성이 아니라, 언어 게임의 환경과 참여자에 대한 올바른 관찰과 적용이다. 따라서 언어를 기반으로 하는 철학 또한 존재하지 않는 일반성에 대한 갈망을 버려야 한다. 결국 일반성을 요구하는 존재, 진리, 개념 등은 그 자체가 무의미한 철학적 문제들이다. 이로써 언어비판을 통한 철학적 문제의 해소라는 비트겐슈타인의 철학적 사고는 마무리된다.

4. 마무리하며

이번 장의 주제는 비트겐슈타인이 동일성의 사고를 지양하는 과정, 즉 언어분석을 통해 보편성과 일반성의 허구를 밝히는 방법에 관한 고찰이다. 이러한 과정과 방법은 그림 이론과 언어 게임을 통해 명확하게 기술된다. 비트겐슈타인의 철학적 사고에 의하면, 철학자들이 진리나 존재, 본질 등에 대한 질문을 던지고 답을 구하려는 시도는 다채로운 세상의 모습 그 자체를 인정하고 수용하려 하지 않고, 일반성이나 보편성 등과 같은 하나의 모습으로 환원시키고자 하기 때문이다: "일반 용어의 의미를 명료하게 만들기 위해서 그 용어를 적용한 모든 사례들 속에 있는 공통적인 요소를 발견해야만 한다는 관념은 올바른 철학적인 탐구를 방해한다. 왜냐하면 그러한 관념은 어떠한 결과도 만들 수 없는 곳으로 인도할 뿐만 아니라, 일반 용어의 사용법을 이해하도록 도와줄 수 있는 구체적인 사례들을 부적절한 것으로 간주하고 철학의 대상에서 배제하기 때문이다."

아도르노의 비동일성 이론과 데리다의 차연 개념은 개별적이고 특수한 것들의 인식과 수용이라는 결론을 도출하고, 비트겐슈타인의 철학적 사고는 수많은 언어 게임의 현장과 구성원에 대한 세밀한 관찰과 적응으로 귀결된다. 결국 아도르노, 데리다, 비트겐슈타인이 수행하는 철학적 사유의 본질은 동일성의 사고가 야기하는 일반성, 보편성, 절대성의 거부인 동시에 특수적, 개별적 존재에 대한 관찰과 관심이다.

비트겐슈타인에게 있어 철학이란, 세계의 형식이자 세상을 투영하는 언어에 대한 면밀한 관찰과 탐구이다. 그는 기존의 철학이 추구한 보편적 가치와 절대적 진리를 거부하는 대신, 풍성한 일상 언어의 세계와 가치를 되돌려준다. 그렇지만 철학의 역사에서 결정된 것은 없다: 불변의 철학적 진리를 추구할 것인가, 살아 숨 쉬는 유기체로서의 가변적 언어를 인정할 것인가. 비트겐슈타인의 노력에도 불구하고 우리는 여전히 선택의 기로에 서 있을 것이다.

16 하이데거의 『존재와 시간』
현존재와 시간성

> "현존재의 존재는 '자신을 앞질러, 세계 내적으로 만나는 존재자 곁에 있는 존재로서 이미 세계 속에 있음'을 의미한다."

하이데거는 비트겐슈타인과 더불어 20세기를 대표하는 위대한 철학자로 손꼽힌다. 1927년 발표된 『존재와 시간(*Sein und Zeit*)』은 진일보한 철학적 사유라는 극찬을 받으며 세계의 주목을 받는다. 하이데거는 자신을 대변하는 저서인 『존재와 시간』에서 서양의 형이상학이 존재의 문제를 다루는 존재론에서 잘못된 길을 걸어왔다고 비판한다. 존재론에서는 존재의 문제를 다루어야 하는데 기존의 존재론은 존재자의 문제만 다루어왔다는 것이 그의 주장이다.

존재자(存在者, das Seiende)란 인간을 포함하여 존재하는 모든 대상과 사물을 지칭한다. 존재(存在, das Sein)란 말 그대로 '있음'을 의미한다. 독일어 동사 'sein'은 '-이다, -이 있다'라는 의미를 갖는데, 하이데거는 이 단어를 명사화하여 '있음', 즉 '존재'라는 단어로 사용한다. "동물원에는 원숭이가 있다"라는 표현에서 '원숭이'는 존재자를, '있다'는 존재를 의미한다. 각기 다른 의미를 갖지만 기존의 존재론은 존재의 의미를 존재자에 포함시키거나 존재자와 동일시한다. 그렇지만 우리가 실제로 보았든 그렇지 않든, (원숭이가) 있기 때문에(=존재하기 때문에) 우리는 존재자를 이해하는 것이다. 이런 맥락에서 하이데거는 "존재는 존재자의 존재, 존재자를 존재자로서 규정하는 바로 그것, 존재자가 이미 그것으로 이해되어 있는 바로 그것이다"라고 표현한다. 따라서 존재론의 대상은 존재자가 아니라 존재(있음)에 대한 물음이 되어야 한다. 그렇지만 기존의 철학자들은 '존재한다(있다)' 또는 '존재(있음)'의 의미를 묻지 않는다. 원숭이, 강아지, 사람, 꽃 등의 존재자들이 존재하는 것은 당연하다고 간주하는 동시에, 존재함은 정의할 수도 없다고 생각하기 때문이다.

하이데거의 견해에 의하면, 기존 형이상학의 오류는 존재와 존재자를 구분하지 못하고 동일한 것으로 오인하고 있다는 사실에서 발생한다. 구체적으로 말해, 기존의 형이상학은 '존재자란 무엇인가?'에 대한 질문을 던지고 답변을 시도하지만, 그보다 더 근원적인 존재자의 존재에 대한 물음은 망각한다. '왜 존재하는가?'라는 존재자의 존재에 대한 질문은 존재의 의미에 대한 물음이다. 이 존재 물음이야말로 존재론이 다루어야 할 유일한 과제라고 하이데거는 주장한다. 그는 『존재와 시간』의 서두에서 사람들이 '존재'라는 용어를 이해하지 못한 채 일상에서 사용하며, 익숙함 때문에 그 의미에 대한 질문조차 하지 않음을 지적한다. 따라서 그는 『존재와 시간』의 집필 이유가, 존재의 의미에 대해 묻는 것이 얼마나 의미 있는 일인가를 사람들에게 이해시키기 위함임을 서두에서 밝힌다.

하이데거의 『존재와 시간』은 극도로 이해하기 어려운 저술이다.

이는 사고와 내용의 독창성에 기인하기도 하지만, 그에 의해 만들어진 고유한 신조어나 합성어도 이해의 어려움에 일조를 한다. 새로운 표현과 새로운 용어의 창조는, 그가 관습적 사고를 해체하고 독창적이며 확고한 존재론적 사유를 전개하기 위해 얼마나 노력하고 있는가를 가늠하게 한다. 하이데거가 사용하는 용어는 사전적 의미와 다르게 사용될 경우도 많다. 따라서 혼동의 여지를 피하기 위해 또는 독자 스스로가 필요한 경우를 대비해, 단어에 원어(독일어) 표기를 병행할 것이다.

하이데거는 『존재와 시간』에서 존재론의 근거가 인간이자 시간임을 밝히며 현대의 존재론적 사유에 대한 새로운 방향을 제시한다. 이번 장의 과제는 『존재와 시간』에 나타나는 인간 존재의 규명 및 시간과 존재의 관계에 대한 탐구이다. 이해에 다소 어려움이 있을지라도 기존의 형이상학을 전복시키는 하이데거의 존재론적 사고를 흥미롭게 지켜보자.

이 책에서 우리는 꾸준히 예술 작품을 철학적 사유와 접목하여 이해하고 해석하는 시도를 하고 있다. 이번에 우리가 하이데거의 존재론적 사유를 접목할 작품은 배트맨 시리즈인 영화 「다크 나이트」이다. 그렇지만 이번 장에서는 현대 철학에서 하이데거가 지니는 중요성을 고려하여 그의 철학적 사고를 비교적 상세히 다룰 예정이기에 이전의 장들에 비해 다소 분량이 많아진다. 따라서 우리의 집중력을 감안하여 영화 「다크 나이트」의 존재론적 분석은 다음 장에서 시도하기로 한다.

1. 하이데거

마르틴 하이데거(Martin Heidegger, 1889-1976)를 대표하는 저서 『존재와 시간』을 본격적으로 다루기 전에, 우선 준비 과정으로 그의 생애에 관하여 알아보자.

하이데거는 1889년 9월 26일, 독일 서남부 바덴-뷔르템베르크 주의 메스키르히에서 태어난다. 그의 고향인 메스키르히는 인구 4,000여 명의 작은 마을이다. 이 마을은, 숲이 우거져 낮에도 어둡다고 해서 붙여진 이름인 슈바르츠발트(검은 숲) 지역에 속한다. 슈바르츠발트는 독일 최대의 삼림지역이다. 기계 문명을 멀리하고 자연을 좋아했던 그는 생의 대부분을 슈바르츠발트 지역에서 보낸다. 성당지기였던 아버지는 매우 가난해서, 하이데거는 초등학교 이후 공부를 계속할 수 없었다. 그렇지만 그의 비상함을 알아본 메스키르히 성당 신부가 교회 장학금을 주선함으로써 하이데거는 학업을 이어갈 수 있게 된다. 장학금을 받는 조건은 신부가 되는 것이었다. 김나지움(중고등학교) 졸업 후 신부가 되기 위해 예수회의 수련생으로 들어간 하이데거는 14일 만에 심장병으로 퇴소하고, 이후 프라이부르크 대학에서 신학 공부를 시작하지만 다시 심장병이 발병하여 학업을 포기한다. 1911년 2월 요양을 위해 고향으로 돌아온 그는 오랜 고민 후에 철학을 공부하기로 결심한다. 1911년 겨울 학기부터 프라이부르크 대학에서 본격적인 철학 공부를 시작하고, 2년 후인 1913년 "심리주의에서의 판단론(Die Lehre vom Urteil im Psychologismus)"이라는 논문으로 박사학위를 취득한다. 다음 해에 제1차 세계대전이 발발한다. 하이데거는 심장병 때문에 병역을 면제받지만, 1915년에는 군에 소집되어 1918년까지 전쟁에 참여하게 된다. 전쟁의 참상을 목격하고 경험하면서 그의 철학에는 큰 변화가 일어난다. 1915년 "둔스 스코투스의 범주론과 의미론(Die Kategorien-und Bedeutungslehre des Duns Scotus)"이라는 논문으로 교수 자격을 취득했을 때만 해도 독실한 가톨릭 신자이던 그는, 제1차 세계대전을 겪으면서 이성과 신앙에 대한 믿음이 무너진다. 그와 동시에 그동안 비이성적이며 비합리적인 것으로 간주하고 거부했던 실존주의나 생철학에 관심을 갖게 된다. 1916년 현상학의 창시자 후설이 프라이부르크 대학 교수로 부임한다. 대학 때부터 후설의 사상에 빠져 있던 하이데거는 후설의 학술적 조력자로 일하게 된다. 후설은 하이데거를 후계자로 생각했으나, 그가 거부했던 생철학과 실존주의 사상을 하이데거가 적극적으로 받아들이자 둘의 관계는 소원해진다. 하이데거는 1923년부터 마르부르크 대학의 교수를 역임하며, 1927년에 그간의 강의와 연구를 체계적으로 정리하여 기술한 『존재와 시간』을 발표한다. 1928년에는 후설의 후임으로 프라이부르크 대학 정교수로 취임한다. 1933년 프라이부르크 대학 총장으로 선출된 하이데거는 취임 직후 나치에 가입한다. 기계 문명과 빈부 격차의 문제점을 지적하던 그는, 새로운 체계를 바탕으로 독립적인 국가를 만들자는 나치의 생각에서 자신의 철학 사상을 실현할 수 있다는 믿음을 갖는다. 그렇지만 유대인 교수 추방, 유대인 저술 소각 등의 정책에 동참하지 않는 문제로 나치와 자꾸 부딪히자 1934년 스스로 총장직에서 물러난다. 그렇지만 유대인이기에 어려움을 겪은 스승 후설을 외면하고 적극적으로 나치에

왼쪽 사진은 하이데거의 모습이며 오른쪽 사진은 '토트나우베르크'의 오두막이다. 1922년, 하이데거는 슈바르츠발트 지역 토트나우베르크라는 시골 마을의 숲속에 작은 오두막을 짓고, 오랫동안 이곳을 연구와 사색의 공간으로 사용했다. 하이데거가 삶의 대부분을 슈바르츠발트(검은 숲) 지역이라는 자연에서 지낸 것처럼, 그는 기계와 소음, 복잡한 일상으로 대변되는 도시의 삶을 싫어했다. 하이데거가 말하는 본래적인 삶이란, 자신의 고유한 삶인 동시에 모든 존재자들을 경외하고 존중하는 삶이다. 이러한 본래적인 삶의 모범을 하이데거는, 자연을 경외하며 경건한 마음으로 대지를 가꾸는 농부의 삶에서 발견한다. 그가 『예술 작품의 근원(Der Ursprung des Kunstwerkes)』이란 저서에서 고흐가 그린 "농부의 신발"을 예로 들며 해설하는 이유 또한 거기에서 자연과 대지를 비롯한 모든 존재자를 경외하는 농부의 심성이 드러나기 때문이다. 문명과 기술에 대한 하이데거의 우려는 모든 존재자에 대한 존중과 경외의 상실에 대한 염려에 기인한다. 그에게 토트나우베르크의 오두막이란 자연에 대한 경외이자 존재자에 대한 존중이며, 그가 생각하는 본질적인 삶을 대변하는 장소이다.

반대하지 않은 점은 많은 논란이 된다. 이러한 이유로 전후 연합군은 그의 강의를 금지한다. 1951년 많은 학자들의 탄원으로 하이데거는 다시 강의를 할 수 있게 되지만 한 학기만 강의하고 바로 은퇴한다. 이후 그는 프라이부르크의 집이나 토트나우베르크의 오두막에서 저술 활동을 하며 여생을 보낸다. 1976년 5월 26일 하이데거는 심장마비로 사망하고, 자신의 희망대로 고향인 메스키르히에 묻힌다.

2. 『존재와 시간』

하이데거가 계획한 『존재와 시간』은 원래 제1부 세 편, 제2부 세 편으로 구성되어 여섯 가지의 주제를 다룰 예정이었으나 실제로 출판된 글은 제1부의 1편과 2편뿐이다. 하지만 『존재와 시간』에 실리지 않은 나머지 주제들은 이후 그의 여러 논문과 저술에서 다루어진다. 따라서 하이데거의 전체 작품을 고려한다면 내용적인 측면에서 『존재와 시간』은 어느 정도 완결성을 지닌다고 볼 수 있다. 이 글에서는 『존재와 시간』에 실린 제1부 1편과 2편만을 다루기로 한다. 1편 "현존재의 기초분석 준비(Die vorbereitende Fundamentalanalyse des Daseins)"는 현존재의 존재를 규명한다. 2편 "현존재와 시간성(Dasein und Zeitlichkiet)"에서는 현존재의 존재 의의로서 시간성을 설명한다. 이제 본격적으로 하이데거의 존재론적 사유에 대해 살펴보자.

1) 이성과 존재론

하이데거는 존재론의 잘못된 역사가 데카르트적 사고에 원인이 있다고 생각한다. 데카르트는 "나는 생각한다. 고로 나는 존재한다"라는 합리주의의 시금석과 같은 명제를 발견함으로써, 이성을 절대적 가치로 격상시킨다. 따라서 중요한 것은 생각, 즉 이성일 뿐 "나는 존재한다"라는 명제는 부차적 산물로 간주한다. 데카르트의 명제에서 출발하는 합리주의자들과 실증과학은 존재자가 '존재'한다는 것의 의미는 자명한 것으로 생각한다. 그들은 이성의 가치를 절대시하며 과학적 탐구와 수학적 사고를 모범으로 삼는다. 그 결과 세계의 중심이었던 신은 이성에게 자리를 내어주고, 이성의 주체인 인간은 전에 없던 자부심으로 세상을 대면한다. 그렇지만 풍요로운 삶을 선사할 것이라는 낙관적 기대와는 달리, 이성의 발전은 기계 문명으로 인한 환경오염, 인간 소외, 대량살상 무기의 개발 등과 같은 끔찍한 재앙을 초래한다. 하이데거는 이런 비극적인 결과가 이성과 인간을 중심으로 써온 존재론의 역사에 기인한다고 생각한다. 따라서 이러한 위기의 극복을 위해서는 잘못된 존재론의 역사를 거슬러 올라가 존재에 대한 물음부터 다시 시작해야 한다고 주장한다. 이것이 바로 하이데거가 『존재와 시간』을 쓴 이유이다.

2) 존재와 실존의 현상학

하이데거의 존재론은 존재한다는 것은 무엇인가를 질문한다. 다시 말해 존재자의 존재가 물음의 대상이다. 있다는 사실, 즉 존재한다는 사실이 전제되어야 우리는 존재자를 만날 수도 이해할 수도 있기 때문이다. 존재자는 인간을 포함한 세상의 모든 대상과 사물을 의미하며, 존재는 '있음'을 뜻한다고 서두에서 밝혔다. 존재를 또는 존재하고 있음을 스스로 이해하고 있는 존재자는 인간뿐이다. 다른 존재자와의 관계에 관심을 가지는 존재자 또한 인간뿐이다. 따라서 하이데거는 존재 물음에 대한 해명을 인간 존재의 분석에서 시작한다.

합리주의나 실증주의처럼 존재와 존재자를 혼동한다면, 망치가 무엇이냐는 질문에 나무와 쇠로 구성된 도구라고 답변할 수도 있다. 이는 망치라는 도구를 존재자로 바라보고 이성의 수단으로 분석하기 때문이다. 존재자가 아닌 존재로서 망치를 이해한다면 못을 박기 위한 도구가 망치임은 분명해진다. 인간 자신에 대한 분석도 마찬가지이다. 기존의 존재론은 세계와 사물을 기준으로 인간을 이해하는 방법에 익숙하며, 인간을 존재자로서 세계를 구성하는 대상의 일부로 파악한다. 그렇지만 하이데거는 존재자가 아닌 존재로서의 망치가 자신의 존재 근거를 증명하듯, 인간 또한 존재의 분석을 통해 자신의 존재 의미를 밝힐 수 있다고 주장한다.

하이데거가 인간의 존재 분석을 위해 선택한 근본적인 탐구 방법은 현상학(現象學, Phänomenologie)이다. 현상학은 하이데거의 스승인 후설이 창시한 인식론적 사고로서, 있는 그대로의 존재자가 우리의 의식에 나타나는 현상을 탐구하는 학문이다. 다시 말해 우리의 의식이 지향하는 현상을 있는 사실 그대로 분석하고 기술하는 방법이다. "사태 그 자체로!(Zu den Sachen selbst!)"라는 말은 현상학의 인식론적 사유를 대변하는 표현이다. 하이데거의 견해에 의하면 후설의 현상학이 인간에 대해 내리는 결론은 다음과 같다: "후설은 한편으로는 내가 세계에 속한다고 주장하고, 동시에 다른 한편으로는 나를 통해 세계가 구성된다고 주장함으로써 자가당착과 해결불능의 상태에 빠진다." 후설의 현상학은 여전히 존재자로서의 인간에 대한 인식에 머물러 있으며, 그 결과 인간은 세계에 존재하는 객체로서의 나와 세계를 구성하는 주체로서의 나로 분열된다. 다시 말해 하이데거는 후설이 창시한 의식의 현상학이 주체와 객체의 분열, 세계와 나의 분열을 야기시킨다고 주장한다. 하이데거의 견해에 의하면 세계는 인간과 대치하여 독립적으로 존재하는 것이 아니라 인간의 존재 자체에 속한다. 즉 세계는 이미 특정한 방식으로 인간에게 열려 있고 관계하며, 동시에 인간은 세계와 존재의 근거를 공유한다. 이는 다른 존재자와 달리 존재에 대해 문제 삼고 이해를 시도하는 인간 고유의 '실존적' 특성에 기인한다. 인간이 실존한다는 것은 이미 세계에 던져져 '있다'는 사실, 이미 어떤 방식으로든 세계와 관계를 맺고 있다는 사실, 스스로의 존재에 대해 고민한다는 사실을 의미한다. '실존(實存, Existenz)'은 인간과 다른 존재자들을 구별해주는 특징이며 인간 고유의 존재 방식이다. 존재론이라는 학문이 가능한 것도 인간이 실존하기 때문이다. 하이데거는 실존의 현상학을 통해 후설의 현상학이 초래한 인간과 세계의 균열을 극복한다. 즉 하이데거는 후설의 사태 자체를 분석하는 현상학을 수용하는 동시에 의식의 현상학은 해체함으로써, 존재론에 대한 독창적인 방법론으로서 실존의 현상학을 완성한다. 실존의 현상학적 방법을 적용한 존재의 구체적인 분석은 다음에서부터 자세히 다루어진다.

3) 현존재와 실존

하이데거의 존재론은 존재의 의미를 규명하는 것을 목적으로 하며, 인간이 자신의 존재에 대해 질문하는 것에서 출발한다. 하이데거는 이것을 '현존재 분석론'이라고 지칭한다. '현존재(現存在, Dasein[다자인])'는 『존재와 시간』에서 가장 중요한 용어이며, 인간이라는 단어를 대체하는 하이데거식의 표현이다. 독일어의 'da'는 거기, 'Sein'은 있음 또는 존재를 의미한다. 하이데거에게 있어 'da'는 인간을 포함하여 모든 존재자들이 머물러 있는 공간, 즉 세계를 의미한다. 따라서 'Dasein'은 다른 존재자들과 함께 세계에 있는 존재, 즉 현존재가 된다. 결국 현존재는 수많은 존재자들과 관계를 맺으면서 존재하고, 세계는 현존재가 다양한 존재자들과 함께 어우러져 사는 공간이 된다.

하이데거가 인간 대신 현존재라는 용어를 사용하는 이유는, 인간이라는 단어에서 다른 존재자에 대한 편견이나 차별을 떠올리기 때문이다. 즉 그는 인간이라는 단어가, 이성 중심의 사고에 입각하여 세계의 중심에 자리한다는 인간 우월적 시각을 내포한다고 생각한다. 그렇지만 하이데거가 고안한 현존재라는 용어는 인간을 다른 존재자와 마찬가지로 '있음' 자체로서 편견 없이 바라보게 하는 기능을 수행한다.

하이데거는 현존재의 독특한 존재 방식을 '실존'이라고 명명한다. 이는 현존재가 세상에 있음을 스스로 자각하고 자신의 존재에 대해 고민함을 의미한다. 또한 실존은 현존재의 존재 가능성을 의미한다. 존재 가능성은 현존재가 원하는 미래의 존재 방식을 뜻한다. 따라서 실존이란, 자신의 존재 가능성을 위해 매순간 주어진 문제를 스스로 고민하고 결정하고 해결해야 하는 현존재의 특수한 존재 방식이다. 결국 현존재가 다른 존재자들과 구분되는 유일한 특징은 '실존'이라는 존재 방식이다. 하이데거는 현존재가 지니는 이러한 실존적 특성 때문에 현존재가 다른 존재자들에 비해서 존재적–존재론적 우위에 있다고 표현한다. 존재적–존재론적 우위는 다른 존재자에 대한 우월함을 의미하는 것이 아니라 실존이라는 존재 방식에 기인한다. 이로써 존재의 의미에 대한 해명을 현존재의 분석에서 출발하는 하이데거의 시도는 명확하고 정당한 이유를 지닌다.

4) 세계-내-존재의 현상학적 고찰

하이데거는 존재의 의미를 찾기 위해 현상학적인 방법으로, 즉 현존재가 존재하는 모습 그대로를 설명하고자 한다. 그 결과 하이데거는 현존재의 존재 방식을 '세계-내-존재(In-der-Welt-Sein)'라고 정의한다.

데카르트 이후의 근대 철학자들은 이성을 이용한 대상의 인식 방법을 철학의 주요 과제로 삼는다. 이미 예로 든 것처럼, 망치는 우선 쇠와 나무로 구성되어 있음을 분석하고 이해한 후, 망치의 용도에 관해 논하는 과정을 따른다. 이는 망치를 존재로서가 아니라 철저하게 존재자로 대하는 방식이다. 하지만 현존재는 망치를 존재 그대로 이해하고, 실천적 관점에서 사용한다. 즉 못을 박기 위하여 자연스럽게 망치의 존재를 인정하고 사용할 뿐, 망치를 분석하고 인식하는 과정을 거치지는 않는다. 하이데거의 견해에 의하면 세계는 수많은 존재자들이 단순히 분석과 인식의 대상으로 자리를 차지하는 공간이 아니다. 개별 존재자와 현존재는 다양한 경험을 통해 구체적 관계를 형성함으로써, 현존재의 존재뿐만 아니라 개별 존재자의 존재(있음) 또한 그 자체로서 고유한 의미를 지니게 된다. 예를 들어 만년필이라는 도구는 사용자가 선생님이냐, 연예인이냐, 졸부냐 등에 의해 각기 다른 존재 의미가 부여되며, 현존재는 어떤 목적으로 존재자들과 관계를 맺느냐에 따라 자신의 고유한 세계를 형성할 수 있다. 따라서 하이데거는 모든 존재자들이 단지 세계의 구성 요소로서, 인식과 분석의 대상으로서, 객관적 실재로서 특정 공간을 차지하고 있다는 견해를 거부한다. 현존재와 다른 존재자들, 즉 현존재와 세계는 서로를 향해 근원적으로 열려 있고 상호간의 다양한 체험을 통해 구체적 관계를 형성한다. 따라서 양자는 본질적으로 떨어질 수 없는 불가분의 관계이다. 하이데거는 세계와 불가분의 관계를 맺고 있는 현존재의 존재 방식을 '세계-내-존재'라고 명명한다. 굳이 '-'을 사용하며 '세계-내-존재'라고 표현하는 것은 현존재가 세계와 연결된 관계임을 강조하는 동시에 현존재 고유의 독특한 존재 방식을 각인시키기 위해서이다. 존재론적 탐구의 결과로서 현존재의 존재 방식이 세계-내-존재라는 사실은, 있는 그대로를 관찰하고 기술하는 현상학적 방법론에 근거한다. 동일한 방법론에 근거하여, 하이데거는 현존재가 아닌 존재자를 '세계 내적 존재자'라고 표현한다.

5) 실존의 현상학

하이데거는 현존재를 현상학적인 방법으로 관찰함으로써, 현존재의 존재 방식이 세계-내-존재임을 밝힌다. 나아가 그는 세계-내-존재로서의 현존재를 실존적 이해의 측면에서, 구체적으로 말하자면 실존의 현상학으로 명명될 수 있는 고유한 방법론을 사용하여 분석한다. 그 결과, 하이데거는 현존재에 대해 다음과 같은 결론을 도출한다:

(1) 던져짐(Geworfenheit) : 이미 세계 안에 던져져 있다.

(2) 설계(Entwurf) : 자신을 앞질러 간다.

(3) 세계로의 예속(Verfallenheit an die Welt) : 모든 세계 내적 존재자들 곁에 함께 있다.

던져짐은, 현존재가 자신이 원하든 원하지 않았든 선택의 여지없이 세상에 존재하게 되었음을 의미한다. 나아가 현존재가 스스로의 의지와 상관없이 이미 사회적 구성원으로서 역사적, 문화적 실체 안에 편입되어 있음을 의미한다.

설계는, 현존재가 세계의 문제에 직면하여 고민을 통해 여러 가지 가능성을 선택할 수 있음을 의미한다. 다시 말해 현존재는 미래로 미리 달려가 예측할 수 있기에, 자신의 존재 가능성을 스스로 계획하고 설계할 수 있다. 이는 현존재의 본질적 존재 방식이 곧 실존임을 의미한다.

세계로의 예속이란, 현존재가 세계 내적 존재자들과 맺는 필연적이고 강제적인 관계를 의미한다. 현존재는 필연적으로 타인, 사물, 도구 등과 대면함으로써 다양한 체험을 하고 구체적 관계를 맺는다. 이를 통해 타인의 시선을 의식하는 평균적 삶을 선택할 수도 있고, 고민과 결단을 통해 스스로의 고유한 삶을 개척할 수도 있다. 그렇지만 어떤 경우에도 현존재는 세계 내적 존재자들과의 강제적이고 필연적인 관계를 피할 수 없으며, 세계로의 예속은 현존재의 이러한 속성을 의미한다.

이상에서 기술한 현존재의 실존적, 존재론적 특징을 하이데거는 다음과 같이 축약하여 표현한다: "현존재의 존재는 '자신을 앞질러, 세계 내적으로 만나는 존재자 곁에 있는 존재로서 이미 세계 속에 있음'을 의미한다—Das Sein des Daseins besagt: Sich-vorweg-schon-sein-in-(der-Welt) als Sein-bei(innerweltlich begegnendem

Seienden)."

하이데거가 현존재에 대해 정의한 이 문장에는 이미 존재와 시간의 관계가 기술되어 있다. 현존재의 존재는 미래, 현재, 과거의 시간성을 동시에 지닌다. 존재의 시간성에 대해서는 나중에 자세히 살펴보기로 하자.

6) 염려, 귀속, 그들

현존재의 존재 방식은 세계-내-존재이다. 이는 현존재가 자신의 존재와 관련하여 타인, 사물, 도구 등의 세계 내적 존재자들과 마주하면서, 그들 곁에서 그들과 함께 살아감을 의미한다. 즉 현존재는 존재자들과 왕래하면서 구체적 관계를 맺으며 살아간다. 이때 현존재가 타인에 대해 구체적 관계를 형성하는 것은 심려(Fürsorge)라고 표현하며, 현존재의 도구적 존재자들에 대한 왕래와 관계 형성은 배려(Besorge)라고 부른다.

세계로 던져진 현존재는 자신의 존재 가능성을 스스로 결정해야 한다. 현존재가 세계 내적 존재자를 배려하고 타인을 심려하는 것은 자신의 존재 가능성과도 밀접한 관련이 있기 때문이다. 자신의 의지와 상관없이 던져진 현존재는 끊임없이 자신의 존재 가능성을 고민하면서, 동시에 배려와 심려의 과정에서 스스로의 존재 방식을 결정해야 한다. 이런 맥락에서 하이데거는 현존재의 존재 방식을 '염려(Sorge)'라고 부른다. 나아가 그는 현존재의 존재, 즉 현존재의 실존적 전체 구조를 염려로 간주한다. 이때 염려는 실존적, 존재론적 개념으로서, 현존재가 세계 속에서 자신을 재발견하고, 세계를 이해하면서 해석하고, 동시에 다른 존재자에 주목하는 모든 과정과 행위를 의미한다.

현존재는 자신의 존재 가능성을 결정하기 위하여 타인의 삶이나 세상의 시선을 의식한다. 또한 어떤 목적을 가지고 도구를 사용하지만 주객이 전도되어 도구적 존재자 자체를 탐닉하게 되는 경우도 빈번하다. 예를 들어 명품이나 좋은 차에 대한 집착 등이 이에 속한다. 실존적 고민 없이 타인의 가치판단에 의존하고 평균적인 삶을 지향하는 것을 하이데거는 '귀속(또는 예속, Verfallenheit)'이라고 표현한다. 이는 자신의 존재 가능성에 대한 선택과 결정이 스스로의 의지가 아니라 세계의 보편적인 기준에 의존함을 의미한다. 귀속의 방식으로 이루어지는 삶을 하이데거는 '비본래적(uneigentlich)' 삶이라고 지칭한다. 결론적으로 귀속과 비본래적인 삶은, 현존재가 실존에 대한 진지한 고민 없이 스스로의 고유한 존재 가능성을 포기하고 세계와 타인 속에 자신을 던지는 행위이다.

하이데거에 의하면 귀속과 비본질적인 삶은 현존재의 평균적인 출발 상태이다. 즉 현존재는 필수적으로 문화적, 대중적 산물의 영향력 하에 놓여 있다. 이들은 현존재에게서 실존의 의미를 제거한다. 나아가 현존재는 타자, 즉 타인의 사고, 취향, 이념, 존재 방식 등의 지배 하에 있다. 여기에서 타자는 특별한 누군가가 아니라 일상에서의 평범한 현존재이다. 하이데거는 일상에서의 평범하고 평균적인 현존재를 '그들(das Man)'로 표현한다: "우리는 그들이 즐기는 것처럼 즐긴다; 우리는 읽고 보면서 그들이 판단하는 것처럼 문학과 예술에 관하여 판단한다; 하지만 우리는 또한 그들이 물러나는 것처럼 그 거대한 퇴적물에서 물러난다.……각자는 타자이며 어느 누구도 그 자신이 아니다." 'das Man'은 일반적인 독일어 사전에서는 발견할 수 없는 단어이다. 독일어 단어 'man'은 '(일반적인) 사람들'이라는 의미를 지닌다. 일반적인 명사와는 달리 소문자로 시작하며 특정한 대상이 아니기에 정관사를 사용할 수 없다. 그렇지만 하이데거는 이 단어를 대문자로 시작하고 정관사를 부여함으로써 특정 대상을 지칭하는 보통명사로 재창조한다. 따라서 'das Man'이라는 신조어는 '일상에서 평균적인 기준에 의존하여 평범하게 살아가는 사람들'이라는 특정한 의미를 지니는 보통명사가 된다.*

7) 불안, 죽음, 양심

귀속과 비본래적인 삶은 타인과 다른 존재 방식을 선택함으로써 야기되는 '불안(Angst)'의 회피에 그 본질이 있다. 불안과 마주하는 현존재는 익숙한 삶과 세계를 낯설게 느끼며 막연한 두려움에 휩싸인다. 실체를 알면 극복할 수 있는 공포와 달리 불안은 실체가 없거나 분명하지 않기에, 이에 대한 현존재의 해결 방법은 외면이다. 불안을 야기하는 상황을 만들지 않고 피해감으로써, 다시 말해 귀속과 평균적 삶을 선택함으로써 현존재는 평온을 유지하고 만족의 감정을 느낀다. 그렇지만 불안의 외면을 통한 평온과 만족은 오랫동안 지속되지 않는다. 어느 순간 예고 없이 찾아오는 불안은 존재에 대한 실존적 물음을 필연적으로 동반한다. 결국 불안에 대한 근본적인 해결

---

* 기존의 철학 서적에서는 대부분 '귀속(Verfallenheit)' 대신 '퇴락'이라는 단어를, '그들(das Man)' 대신 '세인(世人)'이라는 단어를 사용한다. 참고하기 바란다.

책은 실존의 의미를 부정하지 않고 자신의 존재 방식과 존재 가능성을 스스로 선택하고 결정할 용기를 갖는 것이다. 세계 내적 존재자들에 대한 현존재의 존재적-존재론적 우위는, 현존재가 주어진 세계에 주저앉지 않고 자기 자신으로 실존할 가능성을 지니기 때문이다. 일상적이고 평균적인 세계에서 불안을 정면으로 응시하며 용기 있게 자신의 존재 방식을 결정하는 현존재의 모습에서 실존은 스스로를 증명한다.

존재 가능성, 즉 무엇이 될 수 있다는 것은 하나의 가능성이지 확실함은 아니다. 현존재의 존재 가능성은 불확실하지만, 현존재에게 단 하나의 확실한 가능성은 죽음(Tod)의 가능성이다: "죽음이란 현존재의 가장 고유하고, 극단적이며, 다른 가능성들이 뛰어넘을 수 없는 가장 확실한 가능성이다." 어느 누구도 죽음을 대신할 수 없으며 죽음은 각자의 죽음이며 죽음은 전적으로 나의 문제이다. 죽음에 의해 한정된 존재라는 자각은 중대한 실존적 문제로서, 그들의 삶에서 자신의 고유한 삶으로의 변화를 유도한다. 결국 죽음이라는 확실한 가능성은 현존재의 존재 가능성에 대한 선택과 결정을 우연이 아닌 필연적 사태로 전환시킨다.

불안과 죽음은 현존재의 존재 방식과 존재 가능성에 대한 필연적 선택을 요구한다는 사실에 그 공통점이 있다. 또한 죽음과 불안은 매 순간 현존재의 절대적 개별성과 고유성을 각인시킨다. 불안의 기분과 죽음의 자각은 신뢰할 수 있는 자기 고유의 삶, 하이데거의 표현에 의하면 '본래적인 삶(eigentliches Leben)'을 위한 출발점이 되며, 일상적 사회에 귀속된 그들과 구분되는 계기가 된다.

하이데거에 의하면 불안과 죽음에 직면하여 현존재의 실존을 자각하고 본래적인 삶을 살도록 유도하는 것은 '양심(Gewissen)'의 기능과 역할이다. 하이데거가 말하는 양심이란 도덕적으로 옳고 그름을 판단하는 일반적 의미와는 차이가 있다. 실존과 존재 가능성으로서 현존재는 자신의 삶을 신중히 검토하여 노력할 가치가 있는 목표를 향해 살아야 한다. 이를 위해 요구되는 것이 바로 양심의 소리이다. 양심은 현존재가 자신의 행위를 더 이상 그들에 의존하지 않고, 존재 방식을 스스로 결정하게 하는 기능을 한다. 결국 양심은 자신의 고유한 삶, 실존적인 삶, 본래적인 삶을 살도록 요구하는 내면의 소리이다.

8) 현존재와 시간성

배려, 심려, 불안, 죽음에 대한 자각 등에 내재하는 공통의 감정은 염려이다. 하이데거에 의하면 현존재의 존재 구조는 염려이며 시간성(時間性, Zeitlichkeit)은 염려의 근본 구조이다. 이는 염려라는 존재 구조 안에 이미 현재, 과거, 미래라는 시간성이 내재함을 의미한다. 구체적으로 말하자면 현존재는 흘러간 과거에 대해서 책임을 지며, 미래로 앞질러 나가 스스로의 삶을 계획하고, 이러한 책임과 계획을 지닌 채 현실을 마주하여 삶에 대한 결정을 내리는 염려의 존재이다. 따라서 염려의 구조는 과거, 미래, 현재를 동시에 공유하는 현존재의 시간성과 다름없다. 현존재의 근본 구조인 염려와 시간성의 관계를 하이데거는 다음과 같이 표현한다: 이미 세계 속에 있음(과거), 존재 가능성을 설계하며 자신을 앞질러 있음(미래), 지금 염려하며 마주하는 것과 함께 있음(현재).

하이데거의 시간성은 시계로 측정되는 시간과 달리 현존재의 '근원적 시간성'이어서, 과거와 현재와 미래는 순차적 시간이 아니라 동시 발생적인 현상이며 스스로 발현하는 유기체이다. 구체적으로 말해, 현존재가 과거를 책임지는 동시에 현재를 자각하며 미래를 설계하는 시간은 동시 발생적인 '근원적 시간성'이며 실존의 본래적이고 고유한 시간이다. 이에 반해 흘러간 과거, 세계에 예속된 현재, 저절로 다가오는 미래는 분절된 비본래적 시간으로서 현존재의 존재 방식인 염려와 실존의 근거를 형성하지 못한다.

실증주의나 유물론을 기반으로 하는 철학자들은 하이데거의 시간성을 단지 주관적 관념에 의해 생성된 무의미한 것으로 간주한다. 그들에게 의미 있는 것은 물리적이고 객관적이며 과학적인 시간, 즉 과거, 현재, 미래로 이어지는 연속성으로서의 시간이다. 그렇지만 물리적, 연속적 시간성 하에서 인간은 시간에 종속된 유한한 존재이며 실존의 의미 또한 지닐 수 없다. 실존은 현재, 과거, 미래의 공유를 의미하기 때문이다. 실존이 제거된 유한한 존재로서의 인간은 다른 존재자들과 마찬가지로 생성과 시듦을 반복하며 특정한 공간과 시간을 채우는 세계의 구성 요소일 뿐이다. 또한 시간이 연속성의 의미만 지닌다면, 순간순간을 살아가는 인간에게 다른 존재자에 대한 배려나 관심은 단지 우연적이고 소모적인 행위이다. 그렇지만 하이데거가 생각하는 인간의 존재 여정에는, 즉 과거, 미래, 현재를 동시에 마주하고 스스로의 존재 가능성을 결정하는 현존재의 실존적 삶에서는, 타자에 대한 고려와 관심이 필연적이다. 현존재의 존재 방식은 다른 존재자들과의 왕래와 관계가 필수적인 세계-내-존재이기 때문이다.

하이데거의 『존재와 시간』은 현존재가 존재에 대한 물음을 던질 수 있는 유일한 존재자라는 사실에서 출발한다. 이는 누구도 부인할 수 없는 사실이다. 동시성으로서의 시간성 또한 유일하게 현존재에게 부여된 고유한 시간성이다. 현존재는 죽음에 이르는 제한적 존재이지만 단절되지 않은 온전한 시간을 체험한다. 동시성으로서의 시간성은 실존을 자각하는 현존재에게 주어진 특성이며, 이는 필연적으로 다른 존재자에 대한 고려와 관심을 수반한다. 결국 하이데거의 시간성을 주관적 관념에 의해 생성된 것으로 간주할지라도, 동시성으로서의 시간성은 현존재의 고유한 존재 구조이며, 이로 인해 현존재가 세계-내-존재로서 자신의 존재 가능성을 선택할 수 있음은 부인할 수 없는 사실이다.

3. 마무리하며

이번 장에서는 하이데거의 『존재와 시간』에 나타나는 현존재의 존재 의의 및 시간성에 관하여 알아보았다. 하이데거는 현존재의 존재 방식을 세계-내-존재로 규정하며, 현존재는 세계 안에서 다른 존재자들과 구체적 관계를 맺으며 살아간다. 현존재의 근본적인 존재 구조는 염려이며, 이는 배려, 심려, 불안, 죽음에 대한 자각 등으로 나타난다. 그렇지만 현존재는 염려라는 존재 구조를 통해 죽음에 이르는 불안한 존재임을 자각함으로써, 오히려 현실을 마주하고 자신의 고유하고 본래적인 삶을 선택하는 실존의 존재가 된다. 현존재의 실존에 대한 자각은, 과거에 대한 책임과 미래에 대한 구상을 동시에 지닌 채 현실을 마주함에 그 본질이 있다. 결국 존재의 시간성은 과거, 미래, 현재의 동시성이며, 존재와 시간은 서로에 의해 구체화되는 상호 동일성과 다름없다.

『존재와 시간』은 현존재의 실존적, 존재론적 고찰이라는 새롭고 독창적인 이론의 정립에 철학사적 의의가 있다. 그렇지만 하이데거의 진정한 의도는 세계에 귀속되어 그들(das Man)의 삶을 살고 있는 동시대인들에게 경종을 울리는 것이다. 실존을 망각한 채 타자의 삶을 살고 있는 그들에게 하이데거는 자신의 고유한 삶, 본래적인 삶을 살 것을 권유한다. 산업혁명으로 인해 인간은 노동력으로 전락하고, 자본주의와 산업사회는 인간의 소외를 극대화시키고, 과학 기술의 발달은 세계대전과 대량살상이라는 참혹한 결과를 초래한다. 이러한 혼돈의 시기에 발표된 『존재와 시간』은 역사상 어느 시대보다 인간 존재에 대해 진지하게 고민하던 세계인들에게 한 줄기 빛과 같은 역할을 한다. 사르트르를 비롯한 수많은 실존주의 사상가들이 하이데거의 실존적, 존재론적 사고에 빚을 지고 있음은 주지의 사실이다.

삶의 방식은 다를지라도 실존의 문제는 언제 어디서나 존재한다. 여전히 수많은 사람들이 하이데거를 논하고 존재의 의미를 찾는 것은 현존재의 존재 근거가 실존 그 자체이기 때문이다.

17 현존재와 실존
영화 「다크 나이트」의 존재론적 이해

> '우연'이 제공하는 고뇌 없는 기회의 삶이냐, '실존'이 요구하는 고민과 결단의 삶이냐. 존재와 시간의 역사에서 현존재는 항상 선택의 기로에 놓여 있다.

2008년에 제작된 영화 「다크 나이트(The Dark Knight)」는 크리스토퍼 놀런(Christopher Nolan) 감독의 작품으로서 배트맨 시리즈 가운데 하나이다. 후속작품이 나오기 전까지 제목에 '배트맨'이라는 단어를 사용하지 않은 유일한 영화이기도 하다. 이는 배트맨의 영웅성을 부각시키기보다는 고뇌하는 인간의 내면을 그려냄으로써 관객의 현실적 공감을 이끌어내려는 시도로 보인다. 감독의 의도는 성공적인 듯하다. 영화는 어둠의 기사인 배트맨의 사고와 행위를 통해 선과 악, 어둠과 정의, 법과 심판 등의 규정할 수 없는 딜레마를 흥미롭고 진지하게 풀어낸다. 블록버스터의 외형을 지닌 예술 영화라고 간주해도 손색이 없을 정도로 영화의 윤리적, 철학적 깊이는 상당하다. 그렇지만 사고의 깊이가 블록버스터 영화의 재미를 반감시키는 것은 전혀 아니다. 배트맨이자 브루스 웨인 역을 맡은 크리스찬 베일(Christian Bale)의 고뇌에 찬 연기도 나무랄 데 없지만, 조커 역할을 맡은 히스 레저(Heath Ledger)는 다른 어떤 배우도 대체할 수 없을 만큼 인상적인 연기로 광기와 비정형성, 염세적, 허무주의적 분위기가 공존하는 독특한 악의 화신을 창조한다. 영화 촬영이 종료된 후 약물 복용으로 갑작스럽게 사망한 히스 레저는, 고인이 되어 아카데미 남우조연상을 수상한다.

이번 장의 과제는 영화 「다크 나이트」의 존재론적 분석과 이해이다. 이 영화에서는 하이데거가 『존재와 시간』에서 말하는 현존재, 존재 의의, 실존, 불안, 양심, 본래적인 삶 등의 개념이 현실의 모습으로 구체화되어 재현된다. 세계-내-존재로서 서로 다른 존재의 양상을 보이는 인물들을 지켜보며 존재의 의미를 묻는 것은 예술이 선사하는 과제이자 또한 즐거움이다. 다음에서는 존재론적 분석을 시도하기 전에 우선 영화의 줄거리를 살펴보자. 러닝 타임이 152분에 달하는 만큼 줄거리의 소개도 다소 길어진다.

1. 영화 「다크 나이트」

영화는 조커가 잔인하고 폭력적인 방법으로 마피아 소유의 은행을 터는 것으로 시작한다. 조커는 얼굴의 광대 분장과 양쪽 입가의 찢어진 흉터로 인해 기묘한 인상을 준다. 브루스 웨인은 배트맨이자 웨인 엔터프라이즈라는 거대한 기업의 소유주이다. 그렇지만 고담 시의 범죄 현장에는 소시민적 영웅 심리로 가득 찬 다수의 배트맨이 나타나 법과 질서를 어지럽힌다. 웨인은 고담의 무법화를 염려하며 범죄 전담반 반장 제임스 고든과 협의하여, 고담의 희망이자 신임 검사인

하비 덴트를 범죄와의 전면전에 백기사로 내세우고 그들은 조력자가 되기로 한다. 고든은 웨인의 정체를 알고 도움을 주는 협력자이며, 덴트는 웨인의 옛 연인이었던 변호사 레이첼과 사랑하는 사이이다.

라우 안보투자사 대표인 중국인 라우는 고담 시의 마피아들이 소유한 5개 은행의 자금을 관리하고 있다. 좁혀오는 수사망으로 인해 위기감을 느낀 마피아 보스들은 자금 관리 대책을 논하기 위해 모임을 갖는다. 라우는 마피아 보스들과의 화상 통화를 통해 자신이 홍콩으로 가고 있으며 경찰의 수사망을 피하기 위해 5개 은행의 자금을 중국으로 이전시켜놓았다고 말한다. 그때 조커가 모임을 찾아와, 라우의 관리는 신뢰할 수 없으며 근본적인 대책은 배트맨을 죽이는 것이라고 주장한다. 조커는 배트맨 제거의 대가로 은행 자금의 절반을 요구하고 자리를 떠난다.

웨인은 홍콩으로 건너가 라우를 잡은 후, 그를 고담 경찰에 넘겨준다. 덴트는 라우의 자백으로 인해 수많은 마피아를 잡아들이고 일약 고담의 영웅이 된다. 이 사건으로 인해 자금 관리에 위기감을 느낀 고담의 마피아 보스들은 배트맨을 제거하겠다는 조커의 제안을 수락한다. 조커는 TV 방송을 통해, 고담을 지키기 위해 배트맨은 가면을 벗고 경찰서로 가야 하며, 그렇지 않을 경우 매일 한 사람씩 죽이겠다는 메시지를 전달한다. 그 후 마피아를 처벌한 판사와 경찰청장은 차례로 죽임을 당한다.

웨인은 덴트의 정치적 미래를 위한 모금 파티를 개최하고 그를 미래의 밝은 얼굴로 소개하며 법에 근거한 올바른 영웅으로 만들고자 한다. 조커는 덴트를 죽이기 위해 모금 파티 현장으로 오지만 이를 알아챈 웨인은 덴트를 피신시키고 위험에 빠진 레이첼을 구한다.

경찰청장의 장례식에 잠입한 조커는 추도문을 낭독하는 시장을 저격하지만, 고든이 그 대신 총탄을 맞고 사망한다. 조커는 다음 희생양이 레이첼임을 암시하며 자리를 빠져나간다. 고든의 죽음에 분노한 배트맨은 마피아 보스를 위협하여 조커의 행방을 묻지만 그의 무규칙성만 확인할 뿐이다. 덴트 또한 조커를 찾고 있는데, 배트맨은 분노와 감정을 다스리지 못하는 그에게 정당한 방법으로 고담의 빛이 되어달라고 부탁하며 다음 날 아침 자수하겠다고 말하고 떠난다. 다음 날 덴트는 기자회견 자리에서 자신이 배트맨이라 밝히고 스스로 체포된다. 덴트는 조커가 이송 중인 자신을 공격할 것이며, 그때 배트맨이 그를 잡을 것이라고 믿는다. 그렇지만 조커는 덴트의 이송 차량을 손에 넣고, 그를 구하러온 배트맨마저 죽음의 위기에 빠뜨린다. 그 순간 사망한 것으로 생각했던 고든이 배트맨을 구하고 조커를 체포한다. 이 사건으로 덴트는 다시 한 번 고담의 영웅이 되지만, 그는 기자회견 직후 납치된다.

시장의 임명에 의해 경찰청장이 된 고든은 체포된 조커와 배트맨을 대면시킨다. 분노에 차 덴트의 행방을 묻는 배트맨에게 조커는 차분히 말한다: "내가 널 죽이지 않는 이유는 네가 나를 완성시키기 때문이지. 저들은 너 또한 나와 마찬가지로 미치광이로 생각해. 너는 역할이 완료되면 버려질 거야. 도덕적이고 상식적인 저들은 문제가 생기면 손을 떼고 세상이 원하는 만큼의 역할에만 충실하지. 내가 저 문명화된 인간들의 야만성을 보여줄 거야." 배트맨이 여전히 덴트의 행방을 캐묻자, 조커는 덴트와 레이첼이 있는 두 개의 주소를 가르쳐주며 하나를 선택하라고 한다. 배트맨은 레이첼을 선택하지만 그곳에는 덴트가 있다. 배트맨은 덴트를 구하지만 레이첼은 폭발로 사망하며, 이로 인해 근처에 있던 덴트 또한 얼굴 절반이 일그러지는 화상을 입는다. 그 사이 조커는 감시관을 도발하여 제압한 후, 라우를 데리고 경찰서를 빠져나온다. 사실 조커는 의도적으로 체포되었으며, 그 이유는 라우가 숨긴 마피아의 은행 자금을 회수하기 위해서였다. 마피아 자금의 절반을 대가로 받은 조커는 한 치의 망설임도 없이 금액 모두를 불태움으로써 인간적 소유욕 또한 없음을 확인시킨다.

웨인 그룹의 회계를 담당하면서 웨인이 배트맨이라는 사실을 알게 된 콜먼 리스는 돈을 받기 위해 뉴스에서 그의 정체를 폭로하고자 한다. 그렇지만 조커는 뉴스와의 전화 연결을 통해 배트맨이 없는 세상의 지루함을 토로하며 리스가 한 시간 안에 죽지 않으면 병원 하나를 폭파하겠다고 선언한다. 그 후 조커는 아수라장이 된 고담 종합병원에 잠입하여 병실에 누워 있는 덴트를 만난다. 조커를 본 덴트는 그가 레이첼을 죽였다며 분노하지만, 조커는 자신이 한 짓이 아니라고 한다: "나는 계획적인 인간이 아니야. 마피아나 경찰, 고든은 계획을 하지. 계획을 하는 모사꾼들은 자신의 작은 세상을 통제하려고 하지. 나는 사물의 본질을 통제하려는 그들의 시도가 얼마나 허점이 많은가를 보여주려 해. 질서를 무너뜨리면 혼돈에 빠지지. 나는 혼돈의 대행자야. 혼돈의 가장 큰 미덕은 누구에게나 공평하다는 거지." 이를 증명하기 위해 조커는 덴트에게 총을 쥐어주고 동전을 던져 그의 생사를 결정하라고 한다. 동전을 던진 결과, 조커는 살게 되고 광기에 찬 덴트는 조커의 생각에 동의하게 된다. 덴트를 옮겨주고 병원을 빠져나온 조커는 고담 종합병원을 폭파시킨다.

조커는 고담 뉴스 방송을 통해, 콜먼 리스가 죽지 않았기 때문에 시민들을 게임에 동참시키고자 하며 다리와 터널을 조심하라는 경고의 메시지를 송출한다. 고든과 시장은 차단된 다리와 터널 때문에 고립된 수많은 사람들과 덴트가 체포한 죄수들을 이동시키기 위해 페리호 두 대를 띄우기로 결정한다. 죄수를 태운 배와 일반 시민을 태운 배는 양쪽 모두 운항 중 엔진 고장으로 멈추게 된다. 확인을 위해 엔진실로 내려간 승무원은 폭발물이 부착된 수많은 기름통과 리모컨을 발견한다. 조커는 방송을 통해 리모컨이 상대쪽 배를 폭발시키는 기폭장치이며, 자정이 되기 전에 리모컨을 누르면 그 배는 살려주겠다고 말한다. 남은 시간은 30분이고 모두는 패닉 상태에 빠진다. 일반 시민의 배에서는 투표를 실시하고 다수가 리모컨을 누르는 것에 찬성한다. 그렇지만 배의 인솔자는 상대방이 아직 누르지 않았으니 좀 더 기다려보자고 말한다. 폭파 시간이 눈앞에 닥치자 다른 배에서는, 죄수 한 명이 지휘관을 압박하여 기폭장치를 넘겨받은 후 배 밖으로 던져버린다. 시민을 태운 배에서는 상황이 다급해지자 한 명이 급히 나서지만 결국 리모컨 누르기를 포기한다.

웨인은 회사의 첨단 감청장비를 사용하여 조커의 위치를 파악한다. 그 사이 조커는 배가 폭파되지 않았음을 확인하고 직접 기폭장치를 작동시키고자 한다. 일촉즉발의 상황에서 배트맨은 조커를 발견하고, 그를 제압한다. 그렇지만 조커는 자신의 비장의 카드가 덴트이며, 고담의 백기사를 자신의 레벨로 끌어내리는 일은 아주 쉬웠다고 말한다. 이에 배트맨은 조커를 경찰에 넘기고 서둘러 덴트를 찾아 떠난다.

레이첼의 복수를 다짐하는 덴트는, 돈에 매수되어 그녀를 넘긴 경찰들을 찾은 후 동전 던지기로 그들의 목숨을 결정한다. 그의 동전은 원래 양면이 같은 그림이었지만 폭발 사고로 인해 한쪽 면이 그의 얼굴처럼 손상되었다. 덴트는 마피아 보스 마로니를 납치하고, 그가 모든 사건의 배후 조종자였음을 알게 된다. 그를 처단한 후 덴트는 마지막으로 고든의 가족을 납치하고 고든을 유인한다. 덴트는 고든이 마피아 검거를 위한 목적으로 레이첼의 납치를 의도적으로 방조했다고 생각한다. 가족을 구하러온 고든 앞에서 덴트는 그의 아들을 죽이고자 한다. 그 순간 배트맨이 도착하고 덴트를 만류한다. 덴트는 그에게 세상의 유일한 미덕은 우연이며, 동전이 주는 기회는 공평하다고 말한다. 덴트는 동전 던지기의 결과로 배트맨을 쏘고, 이어 고든 아들의 생사를 결정하기 위해 동전을 던진다. 그때 슈트로 인해 부상을 입지 않은 배트맨은 덴트를 밀어 건물에서 떨어뜨리고 고든의 아들을 구한다. 덴트의 죽음을 확인하자 고든은 웨인에게 조커가 이겼다고 말한다. 고담 최고의 인물이자 영웅이었던 덴트를 변절시켰기 때문이다. 그렇지만 웨인은 덴트의 범죄를 알리지 말자고 한다. 조커가 이겨서도 안 되고 고담 또한 진정한 영웅을 필요로 하기 때문이다. 웨인은 덴트의 죄를 자신이 덮어쓰겠다고 하며, 고든에게 경찰을 풀어 자신을 쫓으라고 한 후 홀연히 자리를 떠난다. 고든은 도망가는 배트맨을 이상하게 생각하는 아들에게, 배트맨은 침묵의 기사이자 어둠의 기사라고 말한다.

경찰청장 고든은 덴트의 추도식에서 그가 영웅이었음을 밝히고, 고담의 상징이었던 배트맨 조명을 파괴한다.

2. 영화 「다크 나이트」의 존재론적 이해

'현존재'라는 용어는, 다른 존재자에 대한 우월의 의미를 내포하는 인간이라는 단어 대신에 하이데거가 창안한 표현이다. 그의 견해에 의하면 현존재의 존재 방식은 세계-내-존재이며, 이는 현존재가 세계 안에서 다른 존재자들과 구체적 관계를 맺으며 살아감을 의미한다. 현존재의 근본적인 존재 구조는 염려이다. 그렇지만 현존재는 염려를 통해 죽음에 이르는 불안한 존재임을 자각함으로써, 오히려 현실을 직시하고 자신의 고유하고 본래적인 삶을 선택하는 실존의 존재가 된다. 이상에서 기술한 현존재의 기본적인 특성을 생각하면서 여기에서는 영화 「다크 나이트」의 주요 등장인물들을 존재론적 관점에서 살펴보자.

1) 하비 덴트

신임 검사인 하비 덴트는 고담의 영웅이자 희망으로서 법과 질서를 준수하며 마피아와 범죄자의 검거에 큰 공헌을 한다. 그렇지만 연인 레이첼을 잃고 난 후 법과 정의에 대한 그의 신념은 무너지고 분노와 복수의 감정이 그를 지배한다. 자신과 레이첼이 납치되는 사건이 있기 전까지 덴트가 항상 지니던 동전의 양면은 동일한 그림이었다. 양면이 같은 동전은 덴트가 추구하는 선과 정의 및 자신의 결정에 대한 확신의 상징이다. 동전 던지기는 자신감과 여유의 표출이며, 이는 법과 정의의 수호가 강요가 아닌 자의이자 본능임을 의미한다. 법과 정의에 대한 덴트의 자발적 수호 의지는 기자회견에서도 잘 나타난다. 배트맨이 자수하겠다는 말을 남기고 떠난 후 다음 날 아침 기자회견에서 덴트는 "배트맨은 무법자이며 그로 인해 사람들이 죽어나가고 있다. 그렇지만 그 대가는 미치광이 조커에 의해서가 아니라 나중에 고담 시민들에 의해 치러져야 한다"라고 말한다. 그렇지만 배트맨 때문에 더 이상 사람들이 죽어서는 안 된다는 대답에 덴트는 자신이 배트맨이라 밝히고 스스로 체포된다. 이러한 덴트의 사고와 행동은 실존을 자각하는 현존재의 모습을 대변한다. 범죄는 저지르지 않지만 경계선을 오가며 적당한 삶을 유지하는 고담 시민과 달리 그의 행동과 결정은 '실존' 자체이며 '본질적인 삶'이다. 그렇지만 확고할 것만 같았던 덴트의 실존적 존재 방식은 화상을 당하고 사랑하는 연인을 잃음으로써 서서히 무너진다. 현존재의 근본적인 존재 구조가 염려인 것처럼, 실존의 위기 또한 염려에서 시작한다. 법과 정의에 대한 믿음의 동요, 연인으로 인한 죽음의 자각, 조커의 설득으로 인한 가치관의 붕괴, 이 모든 염려의 작용은 불안과 분노로 이어지고 확고했던 존재의 의미는 위협받는다. 불안과 죽음에 대한 자각은 필연적으로 존재의 의미와 실존에 대한 물음을 동반하지만 고민과 결정은 현존재의 몫이다. 존재에 대한 확고한 의미를 상실한 덴트에게 또다른 실존의 의미를 부여하는 이는 조커이다. 덴트가 입원한 병원을 찾아간 조커는 세상의 유일한 미덕이 혼돈에 의한 공평함이라고 말한다. 경찰, 고든, 배트맨 등과 함께 고담을 위해 일했지만 결국 모든 것을 잃은 것은 자신뿐이라고 생각하는 덴트에게 조커의 말은 더욱 설득력 있게 들린다. 조커의 목숨을 걸고 덴트가 직접 동전을 던진 후, 그는 세상의 유일한 믿음은 우연이며 우연만이 공정하다는 신념을 갖는다. 이제 화재로 인해 한쪽이 검게 탄 동전은 덴트의 또다른 실존이다. 양면이 같았던 동전이 법과 정의의 수호를 위한 단호한 의지의 표현이었다면 지금의 동전은 삶이 우연이며 우연은 공평하다는 신념을 대변한다.

현존재의 존재 방식으로서 실존은 동전과 같은 양면성을 갖는다. '그들(das Man)'의 삶도 실존의 양상이고 고유의 본래적 삶도 실존의 양상이다. 그렇지만 현존재의 실존은 존재자의 존재와는 구분되어야 한다. 그들의 삶 또한 실존의 어떤 양상일지라도 거기에는 존재자의 존재라는 의미만 있을 뿐, 그들의 삶에는 세계 내적 존재자와 구분되는 배려, 심려, 양심이라는 현존재의 근원적 특성이 제거되어 있다. 현존재는 염려의 존재인 동시에 이를 극복할 수 있는 용기를 지닌 양심의 존재이기도 하다. 여기에서 양심은 착하고 정의롭게 살아야 한다는 도덕적 요구가 아니다. 법과 정의를 내포할 수도 있지만 양심의 소리는 그보다 훨씬 광범위하다. 양심은 도덕과 정의보다 훨씬 창의적이며 생산적인 내면의 소리이다: 의미 있는 길을 가야 하는 것뿐만 아니라, 내가 가기 때문에 의미 있는 길을 만들어야 한다. 즉 양심은 나의 내면과 타자의 내면에 내재하는 공감이자 생명력이며, 나의 실존과 우리의 실존이 배타적인 것이 아님을 증언하는, 즉 양자의 실존에 동일성을 제공하는 근원적 존재 가능성이다. 덴트는 우연에 자신을 맡김으로써 나와 우리의 실존으로 살아갈 수 있는 존재 가능성으로서의 양심을 외면한다. 검사 덴트의 동전이 실존과 양심을 의미했다면 투페이스가 된 덴트의 동전과 얼굴은 생명력 없는 존재자의 우연과 감정을 대변한다. 우연이 미덕이며 동전이 주는 기회가 공평하다고 믿는 덴트의 행보는 분노와 적개심의 표출, 그리고 살인으로 이어진다. 덴트가 신뢰하는 우연의 삶에는, 양심의 소리도 존재의 의미도 타자에 대한 이해와 존중도 없다. 현존재의 존재 방식으로서 우연은 공평함이 아니라 무의미함이다.

실존을 우연에 맡긴다면 현존재는 고민과 선택이 필요하지 않은 세계 내적 존재자인 사물이나 도구와 다름없다. 즉 스스로의 존재에 대해 물음으로써 존재적−존재론적 우위를 보이는 현존재는 우연이라는 존재 방식을 통해 스스로 도구와 사물로 변모한다. 이는 존재 의의를 찾을 수 있는 유일한 존재자로서의 고유성, 즉 실존의 존재 방식을 스스로 포기함을 의미한다. 결국 실존의 의미를 거부한 덴트의 죽음은 자신이 선택한 존재 방식인 우연의 '우연한 귀결'이다.

2) 조커

현존재의 근본 구조인 염려는 불안과 죽음에 대한 자각을 통해 필연적으로 존재의 의미에 대한 물음을 던지며, 그들의 삶과 고유한 삶의 기로에서 선택을 요구한다. 다시 말해 우리의 존재 방식을 묻고 결정하는 실존적 체험은 염려, 즉 불안, 권태, 죽음에 대한 자각 등의 감정을 통해서 일어난다. 그렇지만 조커의 존재 방식에는 현존재의 근본 구조인 염려가 배제되어 있다. 염려는 실존적 결단과 본래적 삶(eigentliches Leben)을 유도하지만 조커의 존재 방식은 불안을 모르는 무지향성과 우연이다. 이는 자신이 맹목적으로 차를 쫓아가는 개이며 그냥 저지르고 본다, 라는 덴트와의 대화 내용에서도 잘 드러난다. 실제로 그는 마피아의 자금을 찾아준 대가로 받은 어마어마한 금액을 거리낌 없이 불태우고, 덴트를 설득하기 위해 자신의 목숨을 서슴없이 맡김으로써 맹목적인 무지향성과 우연에 대한 믿음을 행동으로 증명한다. 또한 조커는 자신의 우연과 기회에 대한 신념으로 발생하는 수많은 사람의 죽음에는 관심이 없다. 결국 조커에게는 현존재의 근본 구조인 염려에 기인하는 심려, 배려, 불안, 죽음에 대한 자각 등이 존재하지 않는다. 이는 조커가 실존의 존재가 아님을, 다시 말해 자신의 존재 의미에 대한 물음을 던지고 의미 있는 삶을 선택할 근원적 계기가 없음을 의미한다. 실존이 제거된 존재자는 존재에 대한 물음을 제기하지 않는 세계 내적 존재자일 뿐이다. 즉 다른 존재자보다 존재적−존재론적으로 우월한 현존재는 존재 의미에 대한 질문을 포기하고 본래적 삶에 대한 고민을 멈추는 순간 실존이 제거된 세계 내적 존재자와 동일한 대상이 된다. 실존이 배제된 현존재는 조커의 표현처럼 맹목적으로 차를 쫓아가는 존재자인 개와 다름이 없다. 조커에게는 실존을 가능하게 하는 구성 요소인 양심 또한 존재하지 않는다. 다시 말해 그는 현존재의 근본 구조인 염려를 알지 못하므로, 본래적 삶을 요구하는 내면의 소리인 양심은 원천적으로 그 기능을 박탈당한다. 결론적으로 조커는 현존재의 근본 구조인 염려와 실존의 가능성인 양심을 근원적으로 차단함으로써 스스로 현존재이기를 거부한다. 또한 존재 의미에 대한 물음을 거부함으로써 스스로 현존재가 아닌 단순한 존재자로 머무른다. 이로써 조커의 신념인 무지향성과 우연은 존재와 실존의 의미를 자각할 수 없는 세계 내적 존재자의 무의미한 산물임이 증명된다.

영화에서 조커는 무규칙, 무계획, 혼돈, 우연을 대변하는 인물이다. 그는 덴트에게 자신이 계획적인 인간이 아니며 혼돈의 대행자라고 설명한다. 이는 조커에게 현존재의 기본적 존재 방식인 시간성이 배제되어 있음을 의미한다. 현존재는 흘러간 과거에 대해서 책임을 지며, 미래로 앞질러나가 스스로의 삶을 계획하고, 이러한 책임과 계획을 지닌 채 현실을 마주하여 삶에 대한 결정을 내리는 실존적 존재이다. 그렇지만 조커는 미래로 달려가 계획하지 않으며, 과거에 구애받지 않고 '우연'이 제공하는 기회의 현실에 의지한다. 즉 미래, 과거, 현재가 동시 발생적인 현상으로 체험되는 현존재의 시간성과 달리 조커에게는 현재만이 존재한다. 그는 마피아나 경찰처럼 계획하지 않으며 그들처럼 세상을 통제하려고 하지도 않는다. 그는 질서를 무너뜨림으로써 세상을 혼돈에 빠뜨리고 혼돈이 제공하는 우연의 기회만이 공평하다고 믿는다. 이는 그에게 존재하는 시제가 오직 현재밖에 없음을 의미한다. 구체적으로 말하자면 조커의 시간성은 흘러간 과거, 있는 현실, 우연의 미래로 구성된 분절된 시간이다. 어느 시제에도 존재의 의미와 실존에 대한 자각의 순간은 없다. 조커의 신념인 무규칙, 무계획, 혼돈은 현존재의 근원적 시간성인 동시성의 거부인 동시에 시간 자체의 거부이다. 무계획과 혼돈에는 시간이 자리할 영역이 없으며 시간은 단지 지나가는 것일 뿐 그 외의 어떤 의미도 지니지 않는다. 결론적으로 조커의 시간성은 현존재가 아니라 세계 내적 존재자, 즉 도구나 사물이 체험하는 방식으로서의 시간이다. 현존재의 근원적 존재 방식인 동시성으로서의 시간성을 거부함으로써 조커는 또다시 단순한 존재자로 머무른다. '존재와 시간'은 불가분의 관계이며 현존재의 실존은 시간성 없이는 불가능하다. 즉 현존재가 세계 내적 존재자가 아니라 실존의 존재임은, 과거를 떠맡고 책임지는 동시에 현재를 자각하고 미래를 설계하는 동시 발생적 시간성을 체험하기 때문이다. 이로써 조커의 시간성은 현존재의 실존적 시간성이 아닌 세계 내적 존재자의 시간과 다름없음이 증명된다.

조커는 사물의 본질을 통제하려는 시도가 얼마나 허점이 많은가를 보여주려 하며, 혼돈을 통해 공평함의 미덕을 증명하려고 한다. 사물의 본질을 통제하려는 시도란 지배와 통치의 편의를 위해 법, 도덕, 규범 등으로 인간의 본능과 자유를 제한시키는 것을 의미한다. 다시 말해 본질의 통제는 공공의 선과 이익을 위한 제도적 장치라기보다는 힘, 권력, 자본을 가진 소수세력 스스로의 존속과 유지를 위한 안전장치이다. 따라서 조작된 통제는 조커의 말처럼 허점을 노출하고 부작용을 초래할 수밖에 없다. 관료주의적 자본주의 산업사회에서는 법과 공권력 자체가 규격화된 '그들'의 삶을 살기를 강요한다. 일상의 평균적 삶은 사회의 관리와 유지를 위한 최적의 조건이기 때문이다. 따라서 관료주의와 자본의 논리가 지배하는 현실에서 양심의 소리에 귀 기울이고 실존의 의미를 존중하며 자신의 고유한 삶을 사는 것은 결코 쉬운 일이 아니다. 이러한 맥락에서 조커의 주장이 관료제도와 자본주의의 본질을 꿰뚫고 있음은 부인할 수 없는 사실이다. 그렇지만 조커가 공평함의 미덕으로 간주하는 혼돈에서의 삶은, 인간에게 고민하고 노력하며 선택할 최소한의 기회조차 부여하지 않기에 그들의 삶보다 더 무의미하고 가치 없는 삶이다. 그들의 삶에서는 실존을 자각하고 스스로의 노력과 의지에 의해 본래적 삶을 살 기회라도 주어지지만, 혼돈의 삶은 동물적 본능과 우연에 의존하며 고민, 노력,

배려, 존중과 같은 현존재 고유의 가치를 무의미하게 만든다. 결국 조커의 시간성과 무지향성이 현존재를 단순한 세계 내적 존재자로 머물게 하는 것처럼, 그의 혼돈에 대한 믿음 또한 존재의 의미를 자각하며 본래적 삶을 살기 위해 노력하는 현존재의 실존적 존재 방식을 근원적으로 차단한다.

3) 브루스 웨인 / 배트맨

배트맨이자 거대기업의 소유주인 웨인은 시간이 지날수록 자신의 존재 의미에 대한 의구심을 갖게 된다. 조커와의 대면은 그의 존재 의미에 대한 불확실성을 다시 한 번 구체화시킨다. 조커는 그에게, 대중은 자신과 마찬가지로 그 또한 미치광이라고 생각하며 그의 역할이 완료되면 즉시 폐기처분할 것이라고 말한다. 웨인의 혼란은 자신의 힘과 판단으로 범죄자를 제압하고 정의를 실현하는 행위의 정당성에 대한 의문과 불확실성에서 발생한다. 그의 행위는 법의 테두리를 벗어난 또다른 범법 행위일 수도 있다. 또한 어느 순간 분노와 감정을 통제하지 못하고 표출되는 그의 폭력적 행동은 본능대로 움직이고 저지르는 조커의 광기와 닮아 있기도 하다. 웨인은 자신이 미치광이일 수도 있음을 배제하지 않는다. 조커의 표현처럼 도덕적이고 상식적이며 문명화된 대중의 야만성이, 문제가 생기면 바로 그를 버릴 수 있음도 알고 있다. 그렇지만 웨인은 자신이 추구하는 가치에 대한 신념을 포기하지는 않는다. 이러한 사실을 바탕으로 웨인의 존재 방식에 대해 좀 더 구체적으로 살펴보자. 웨인은 본질적으로 양심의 소리에 귀 기울이고 타인과 사회를 배려하고 존중하며, 타자의 안위를 위해 자신을 희생할 수 있는 실존적 인간이다. 이러한 실존의 삶을 살아가는 현존재는 **그들**이 아닌 고유한 **자신**이다. 실제로 웨인의 행위는 고뇌와 갈등을 통한 실존적 존재이해의 결과이며, **그들**의 기준과는 무관한 것이다. 그렇다면 웨인, 즉 배트맨이란 현존재에 대한 근본적인 질문이 던져질 수 있다: "배트맨의 삶은 본래적인 삶인가." 그렇다, 라고 대답할 수는 없다. 본래적인 삶이 타자의 반감을 야기시키지는 않기 때문이다. 즉 배트맨의 임의적 처단 방법은 모든 이의 공감을 불러일으키지는 않는다. 그렇다면 법과 공권력은 항상 대중의 공감을 얻는가? 이 또한 그렇다, 라고 대답할 수는 없다. 법이 존재자 사이의 모든 관계를 규정할 수는 없기 때문이다. 배트맨의 존재 근거에 대한 딜레마는 바로 여기에 존재한다. 그는 제도와 실존 사이에서, 규정된 삶과 고유의 삶 사이에서 표류한다. 다시 말해 배트맨의 존재 방식의 불확실성은 인간 세계의 불완전성에 기인한다. 현존재는 세계의 불완전성을 이해하고 수용할 수도 있으며, 세계의 불완전성을 거부하고 개선할 수도 있다. 불완전한 체계를 또는 불완전할 수밖에 없는 체계를 인정하는 것도 실존적 사고이며, 개선의 의지와 노력을 통한 결함의 극복도 실존적 사고이다. 누구도 정답을 알지 못한다. 배트맨의 행위가 틀렸으며 타자의 반감이 정당하다고 말할 수는 없다. 또한 배트맨의 행위가 정당하며 타자의 반감이 틀렸다고 말할 수도 없다. 왜냐하면 현존재 자체가 불완전하기 때문이다. 즉 불안의 외면과 직시, 양심의 수용과 거부, 개인의 욕구와 공공의 선 등등, 항상 선택의 기로에서 고민하고 결정해야 하는 현존재의 실존은 불완전하다. 그렇지만 역설적으로 실존의 불완전성은 현존재의 존재 근거이기도 하다. 존재의 의미를 찾는 것은 현존재의 불완전성에 근거하며 고민, 배려, 노력, 결단과 같은 실존적 행위는 현존재가 불완전한 존재자라는 사실을 이해하고 수용하는 과정이기에 의미가 있다. 이제 원래의 질문으로 돌아가보자. 배트맨의 삶은 본래적인 삶인가? 이미 언급한 것처럼 그의 삶은 모든 이의 공감을 얻지는 못하기에 본래적인 삶은 아닐 수 있다. 그렇지만 그의 삶은 결코 **그들의** 삶은 아니다. 배트맨은 타자의 본래적 삶을 위한 삶, 즉 그만의 고유한 실존의 삶을 살아간다. 타자와 다른 비범한 능력을 지닌 그가 선택한 고유의 삶은, 어둠의 기사를 자처하며 모든 이의 공감을 얻지는 못하더라도 모든 이가 본래적 삶을 살 수 있는 기초를 마련하는 일이다. 웨인은 자신과 배트맨 사이에서, 제도와 실존 사이에서 고뇌한다. 그렇지만 영웅에서 괴물로 변한 덴트의 광기와 죽음을 목격한 후, 그는 스스로 괴물이 되지 않기 위해 자신의 심연을 들여다본다. 그 순간 그의 딜레마는 존재 의미에 대한 확신으로 변모한다: "끝까지 살아남아서 스스로 악당이 되겠소. 난 영웅이 아니니까. 고담을 위해선 뭐든 상관없소." 영화의 마지막 장면에서 우리는 스스로 악당이 되어 쫓기며 어둠 속으로 사라지는 배트맨의 모습을 목격한다. 이로써 어둠의 기사(The Dark Knight)는 과거를 책임지고 현실을 회피하지 않으며 미래를 계획하는 실존의 존재이자, 고담과 시민을 고려하고 존중하는 세계-내-존재가 된다.

이제 존재 방식의 관점에서 배트맨과 조커의 본질적인 차이를 규명해보자. 조커의 존재 방식은 배트맨과의 대화에서 확인된다. 조커는 배트맨을 죽이지 않는 이유가, 그가 자신을 완성시키기 때문이라고 말한다. 이는 선이 악에 의해 드러나듯, 누군가의 존재 또한 타자의 존재로 인해 각인됨을 의미한다. 정의와 질서를 대변하는 배트맨이 존재하지 않는다면 혼돈과 우연을 신념으로 여기는 조커는 자신의 존재감이 반감되거나 사라질 것으로 생각한다. 즉 배트맨의 존재는 자신의 존재를 확인할 수 있는 최고의 도구가 된다. 그렇지만 현존재가 이미 자신의 의지와 무관하게 세상에 던져진 것처럼, 존재의 의미 또한 누군가에 의해 부여되지 않는다. 현존재의 존재가 의미 있는 것은, 실존이라는 존재 방식을 자각함으로써 존재의 의미를 스스로 발견하고 부여하기 때문이다. 관객이 배트맨의 행동에 전적으로 동의할 수는 없을지라도 그의 존재에 공감할 수 있는 것은 그의 고민과 결정이 관객 자신의 실존을 반추하기 때문이다. 존재 의미를 물을 수 있는 유일한 존재자에게 가장 확실한 존재 의의는, 스스로에게 의미를 부여하며 고유한 삶을 살 수 있는 실존의 존재 방식 그 자체이다. 조커는 혼돈과 우연을 믿음으로써 현존재의 가장 확실한 존재 의의를 거부한다. 또한 자신을 완성시키는 본질은 배트맨이 아니라 혼돈을 위한 그의 끝없는 시도이다. 조커 자신의 말처럼 배트맨이 없다면 다소 지루할 뿐, 혼돈을 위한 그의 시도는 멈추지 않을 것이다. 결국 조커는 스스로 의미를 지닐 수 없는 우연을 통해 자신을 드러내며 우연히 자신의 존재를 확인하지만, 배트맨은 실존의 존재 방식을 통해 스스로 드러나며 스스로 완성된다. 배트맨의 존재 방식이 실존인 궁극적인 이유는, 의미 있는 길을 가는 것이 아니라 그가 가는 길이 의미 있는 길이 되기 때문이다.

4) 배 안의 사람들

영화에서 배 안의 상황을 묘사하는 장면은 하이데거가 『존재와 시간』에서 규명하는 현존재의 존재 방식과 특성이 그대로 시각화되어 있다고 봐도 무방하다. 차단된 다리와 터널 때문에 고립된 시민들은 **불안**에 가득 차 그들의 내일을 걱정한다. 시의 결정에 따라 고립된 시민들과 덴트가 체포한 죄수들은 두 대의 배를 타고 이동하지만 배는 도중에 멈추고, 조커는 방송을 통해 자신들의 배가 생존하기 위해서는 다른 쪽 배의 기폭장치를 누르라고 말한다. 구체적으로 주어진 운명의 시간에 그들은 **죽음**에 대해 자각하고 혼란에 빠진다. 죽음에 대한 자각은 중대한 **실존**의 문제로서 현존재의 **존재 가능성**에 대한 선택과 결정을 우연이 아닌 필연적 사태로 전환시킨다. 그들은 서로 살아남기 위해 먼저 기폭장치를 눌러야 한다고 소리치며 주장한다. 그렇지만 선택의 순간, 한쪽 배는 기폭장치를 버리고 다른 배는 리모컨 누르기를 포기한다. 즉 그들은 죽음을 목전에 둔 최후의 순간, **양심**이 요구하는 내면의 소리를 듣고 실존의 삶을 선택한다. 결정의 순간 직전까지 배에 탄 사람들은 평범한 일상의 **그들**(das Man)이었다. 그렇지만 죽음에 대한 자각이 초래한 존재 가능성의 필연적 선택 이후 그들의 삶은 고유의 삶, **본래적인 삶**, 실존의 삶이 된다. 즉 죽음의 가능성이 야기하는 불안은 필연적으로 실존적 선택을 요구하며, 이에 따르는 **결단**은 불안을 확고한 존재 방식으로 전환시킨다. 이제 살아남은 자들의 존재 방식은 진정한 의미에서 **염려**의 존재이자 세계-내-존재이다. 즉 그들은 고민을 통해 다른 존재자를 **심려**하고 존중하는 결단을 내림으로써 세계-내-존재라는 현존재의 존재 방식을 증명한다. 또한 그들은 동시 발생적 현상인 현존재만의 **시간성**을 체험함으로써 염려의 존재 방식을 입증한다. 다시 말해 그들은 염려를 통해 미래를 예견하고 수용하는 동시에 죽음의 현실을 마주하며 결단을 내린다. 결론적으로 그들의 실존은 양심이 외치는 내면의 소리를 외면하지 않음으로써 나와 타자의 불안을 소멸시켜가는 인도적 사유이자 행위이다. 이와 같은 현존재와 실존의 궁극적 관계를 사르트르는 '실존주의는 휴머니즘'이라는 구호로서 표현한다.

영화 「다크 나이트」는 '배 안의 상황' 한 장면만으로 현존재의 특성 및 존재와 시간의 의미를 재현한다. 즉 **현존재**는 **염려**의 존재이며, **죽음**에 대한 가능성으로 인해 **불안**해하고, 살아남기 위해 평범한 그들의 강요에 동의하지만 결국 **양심**의 소리를 외면하지 않고 타자를 존중하는 **실존**적 선택을 함으로써 진정한 **세계−내−존재**이자 고유한 자신이 된다. 이 모든 상황에서 현존재는 동시성으로서의 **시간성**이라는 고유의 시간을 체험한다. 하이데거의 『존재와 시간』이 제기하는 현존재의 존재론적 특성은 '배 안의 상황' 한 장면에 집약되어 있다. 배 안의 사람들이 증명하는 것은, 일상적인 세계에서 불안을 정면으로 응시하며 용기 있게 자신의 존재 방식을 결정하는 현존재의 실존 그 자체이다.

3. 마무리하며

우리는 일상의 평범한 삶이 무의미한 것인지, 본래적 삶은 어떤 것인지 판단하기 어려운 현실을 살고 있다. 실존의 존재 방식은 고민과 결정과 선택을 가능하게 하지만, 현존재가 삶의 내용과 방향을 결정하기란 여간 어려운 일이 아니다. 즉 실존은 염려, 불안, 고뇌, 결단, 양심, 고려, 존중 등의 다양한 정황이 혼재된 현존재의 복합적인 양상이며, 결정과 선택을 가능하게 하지만 삶이 나아갈 구체적 내용과 기준을 제시하지는 않는다. 따라서 현존재의 존재 방식은 항상 불투명하고 불확실하기에 자신을 직시하고 내면의 소리를 외면하지 않는 용기가 필요하다.

양심은 실존의 존재 방식을 가능하게 하는 조력자이자 길잡이의 역할을 한다. 존재론적 관점에서 양심은 옳고 그름의 기준이 아니다. 특히 수많은 가치가 공존하는 다원화된 현대 사회에서는 옳고 그름의 구분 자체가 무의미하다. 오히려 존재자에 대한 관심과 무관심, 존중과 경시 등의 구분이 타당하다. 양심은 관심과 관찰, 배려와 존중을 통해 존재자들의 존재 자체가 의미 있음을 주장한다. 다시 말해 양심의 본질은 가치판단에 있는 것이 아니라, 타자와 세계 내적 존재자에 대한 관심과 배려, 그리고 나 자신의 존중에 있다.

나아가 양심 이외에도 실존의 존재 방식을 가능하게 하는 것은 현존재의 시간성이다. 현존재는 미래의 모습을 그리면서 과거를 반성하고 현실의 문제를 고민하는, 즉 시간에 내재하는 존재이다. 그렇지만 시간은 스스로 현존재를 강요하거나 이끌지 않는다. 오히려 시간은 현존재가 실존을 자각할 때 자신을 온전히, 즉 과거, 미래, 현재를 동시에 드러낸다. 따라서 실존의 존재 방식에는 동시성의 시간성이 필연적이며, 시간은 존재의 본질이고 존재는 시간을 대변한다.

영화 「다크 나이트」의 배트맨은 실존의 방식으로 존재하는 현존재의 전형이다. 그의 존재 방식은 **그들**과 자신 사이에서 고뇌하는 염려의 존재이며, 타인과 사회를 배려하고 존중하는 세계−내−존재이며, 내면의 소리로서 양심에 귀 기울이는 실존의 존재이며, 과거를 책임지고 미래를 걱정하며 현실을 직시하는 시간의 존재이다. 이로써 영화는 삶이 나아갈 구체적 내용과 기준을 제시하지는 않을지라도, 현존재의 존재 방식이 다양하고 복합적인 실존의 양상으로 구성되어 있음을 증명한다.

현존재는 존재의 의미를 물을 수 있는 유일한 존재자이며, 실존의 존재 방식은 그에게 주어진 속성이자 권리이다. 그렇지만 현존재가 실존을 망각할 때 삶은 우연과 혼돈이 제공하는 기회의 공평함(?)에 내맡겨진다. '우연'이 제공하는 고뇌 없는 기회의 삶이냐, '실존'이 요구하는 고민과 결단의 삶이냐. 존재와 시간의 역사에서 현존재는 항상 선택의 기로에 놓여 있다.

18 삶과 철학
수필 「토요일 오후」에 나타나는 철학적 사유

> 아름다운 가상에서 생성되는 새로운 힘과 열정으로 나는 또다시 반복되는 디오니소스적 일상의 세계를 마주하며 그것과의 팽팽한 긴장 상태를 유지한다.

이번 장은 이 책의 마지막 장이다. 편안하게 삶과 일상에 대해 논할 수 있는 작품을 찾다가, 고심 끝에 필자가 예전에 쓴 글을 선택했다. 「토요일 오후」라는 수필은 독일 유학 초창기, 소모임에서 발표를 위해 쓴 짧은 글이다. 그 시절에는 매일 전공서적에 파묻혀 살다가, 주말에는 숨을 돌리고 라인 강을 산책하는 것이 습관화되어 있었다. 글은 산책을 하며 떠올랐던 생각들에 대한 묘사이다. 발표 후 참석자들의 공감대를 형성하며 함께 토론하던 기억이 난다. 자신의 글을 소개한다는 것이 상당히 겸연쩍고 부담이 되지만, 편안하게 삶과 일상을 이야기하며 이 책을 마무리하고자 한다.

1. 수필 「토요일 오후」

여기에서는 수필 「토요일 오후」의 내용을 살펴보고자 한다. 짧은 글이기에 전체를 번역하여 지면으로 옮긴다.

토요일 오후. 드디어 일상의 분주함에서 벗어난다. 의식하지는 못할지라도 일상에서 정신의 자유를 누릴 수 없음은 슬픈 일이다.

주말에는 시간이 날 때마다 라인 강을 산책한다. 이는 지나온 날들을 되새기는 소중한 체험의 시간이다.

라인(Rhein)처럼 강은 자신에 대한 의심 없이, 쉼 없이 흐른다. 나는 언제나 그 영원성에 매료된다. 그리고 언제나 그 불멸성 앞에 작아지며 겸손해진다. 시간의 존재 앞에 서 있는 인간이란 무엇을 의미하는가? 묻고 또 묻는다.

집으로 가는 길에는 항상 공원묘지에 들른다. 라인 강에서 그리 멀지 않은 곳이다. 나는 초로 밝혀진 공원묘지의 아늑한 분위기가 좋다. 영원한 휴식, 영원한 평화, 영원한 자유. 그것은 언제나 나에게 동경의 대상이다. 그것은 우리에게 내재하며 우리가 소망하는 근원적 감정일지도 모른다. 이제 나는 시간을 느끼지 못한다. 죽은 자 앞에서 숨 쉬고 있으나 언젠가는 영원히 그들과 함께 숨 쉴 것이다. 절대적 평온과 고요의 시간을 함께 하며. 이 순간 다른 세상에 대한 두려움은 사라지고, 비로소 인간은 시간이란 사슬의 하나뿐임을 깨닫는다.

2. 삶과 일상에 대한 단상

1) 산책과 사유

* 서술의 편의를 위해 필자를 '나'라고 칭한다.

대부분의 유학생들이 그러하듯 나도 평일에는 학교와 도서관을 떠나지 않았고, 일요일에는 수업 준비를 하느라 분주했다. 그나마 토요일에는 조금 여유를 갖고 밀린 일들을 처리한 후 산책을 하곤 했다. 라인 강을 따라 걷는 길에는 수많은 생각들이 동반된다. 학업과 현실적 상황에 대한 고민도 있지만 대부분은 과거의 기억들, 구체적으로 말하자면 한국에서 보낸 오랜 시간에 대한 기억들이다. 유학 생활 자체는 디오니소스적 고뇌의 세계와 다름없었다. 온종일 책과 씨름해야 하는 현실, 언어적 문제, 이방인으로서의 삶, 나를 돌보지 못하는 생활. 보이지 않는 미래를 위해서 현실의 나는 버려야 했다. 그렇지만 산책하는 시간만은 디오니소스적 현실에서 벗어났다. 그 순간만큼은 과거 속에 살았기 때문이다. 한국에서의 오랜 세월을 되새기는 회상의 세계에서는 고뇌하고 방황하던 나 자신도 아름다웠고, 나는 능동적 주체로서 삶의 주인공이었으며, 삶의 문제는 어떤 식으로든 극복했다. 존재감이라는 단어조차 떠올릴 수 없던 시절, 그렇게 나는 과거에 대한 회상을 통해서만 나의 존재를 확인했다. 현실은 디오니소스적 고뇌로 가득했지만, 기억 속에 그려진 모습들은 나의 유일한 위로와 도피처였으며 삶과 화해시키는 아폴로적 가상이었다. 나는 미래에 대해 꿈꾸지 않았다. 모든 게 좋아질 것이라는 생각도 하지 않았다. 그렇지만 나태함은 피하고자 했다. 미래를 기대하지 않았기에 나에게 위로란 오로지 과거의 기억, 과거이기에 아름다운 기억뿐이었다. 즉 나는 이성과 현실을 조화롭게 결합시키며 보다 나은 미래를 위해 노력하는 고전주의적 인간형은 아니었다. 나는 낭만주의자의 전형이었다. 삶은 고뇌였고 내일을 믿지 않았기에 과거를 동경하고 자연을 동경하며 예술의 세계를 동경했다. 과거와 자연과 예술의 세계에서 나는 내 안에 내재하는 가능성을 조화롭게 발전시키는 유기체였으며, 시적 세계를 펼치는 시인과도 같았으며 아름다운 자연을 화폭에 담는 화가와도 같았다. 이로써 나는 디오니소스적 고뇌의 현실 세계로부터 벗어날 수 있었다.

예전에도 지금도 산책은 과거에 대한 동경의 시간이며, 회상 속의 그림들은 위로와 화해의 아폴로적 가상이다. 아름다운 가상에서 생성되는 새로운 힘과 열정으로 나는 또다시 반복되는 디오니소스적 일상의 세계를 마주하며 그것과의 팽팽한 긴장 상태를 유지한다.

2) 고뇌와 진리

유학 시절 초기의 나는 대부분의 문학도와 철학도가 그러하듯 영원한 가치와 절대적 진리에 대한 집착을 가졌다. 학업의 문제도 삶의 문제도 그것을 발견하면 해결될 것만 같았다. 자신에 대한 의심 없이 쉼 없이 흐르는 라인 강을 바라보는 일은 영원한 존재나 불멸의 가치에 대한 확신과도 같았다. 그렇지만 돌이켜보면, 영원한 가치나 진리를 발견하려는 시도는 현실을 외면하고 나 자신의 공고한 도피처를 구축할 무의식적 의도였을 수도 있다는 생각이 든다. 현실적 문제를 하나하나 해결하는 것보다는 보편적 가치나 진리의 품으로 빠져드는 것을 더 편하거나 혹은 더 매력적인 것으로 생각했던 것 같다. 그렇지만 개별적 사태와 구체적 현실을 외면하는 보편적 진리나 영원한 가치는 없음을 깨달은 것은 오랜 후의 일이다. 비트겐슈타인은 진리나 존재, 본질 등에 대한 질문을 던지고 답을 구하려는 시도는 다채로운 세상의 모습 그 자체를 인정하고 수용하려 하지 않기 때문이라고 말한다. 나 또한 진리나 존재의 본질 등 허상을 논하면서 삶과 세상의 실재를 인정하지 않고 외면하려 했다. 나는 좀 더 일찍 내가 공부하는 철학적 사유의 본질이 일반성, 보편성, 절대성에 있는 것이 아니라 개별적 존재와 구체적 현실에 대한 관찰과 관심임을 깨달아야 했다. 세상의 모든 문제를 해결하거나 삶과 현실을 초월하는 절대적 가치와 보편적 진리는 존재하지 않는다. 내가 체험하는 고뇌와 번민은 가치나 논리와 무관하게 살아 숨 쉬는 현실이며 피할 수 없는 삶의 일부이다. 철학적 사고는 그 자체를 인정하고 수용함으로써 나 자신의 존재를 가치 있게 만드는 일이다. 다시 한 번 돌이켜보면 라인 강을 바라보며 영원한 가치와 절대적 진리를 확신하던 일은 현실로부터의 무의식적 도피였거나 얼치기 철학도의 치기였음이 분명하다.

3) 죽음과 시간

독일의 작은 공원묘지는 대부분 촛불로 밝혀져 있으며 무덤이 없고 묘비 내지는 기념비들로 채워져 있다. 평온한 분위기로 인해 죽은 자에 대한 거리감 없이 그들을 떠올리며 추모할 수 있다. 나는 묘비에 적힌 이름, 성별, 직업, 태어나고 죽은 해 등을 하나하나 확인하면서 그들의 삶을 상상하곤 했다. 아이들은 아이들대로, 노인은 노인대로, 직업인은 직업인대로. 거의 매주 이루어지는 이러한 습관으로 인해 언젠가부터 삶과 죽음의 경계가 희미해졌다. 또한 묘비 앞에 서면 삶의 문제들이 객관화되고 거리가 두어지며, 언젠가는 소멸되고 해결될 일이라는 생각에 마음의 평화를 얻게 되었다. 그 이전까지 죽음은 항상 두려운 존재였고, 영원한 평화와 안식은 언제나 동경의 대상이었다. 그렇지만 삶과 죽음이 단지 시간이라는 사슬의 일부에 지나지 않음을 깨달은 후에는 죽음도 삶의 일부이며 삶도 죽음의 일부인 것처럼 느껴졌다. 죽음이 선사하는 영원한 평화에 비하면 삶의 고뇌는 순간이다. 이로써 삶에 대한 나의 강박관념은 사라지고 사고와 행동의 자유는 확대되었다. 남은 것은 순간에 지나지 않는 짧은 삶에 나의 열정을 아끼지 않고 소진하는 일이었다. 고뇌의 현실을 두려워하던 나는 묘비 앞에서, 죽음과 평화라는 사고의 길 끝에서 심연에 존재하는 자유와 열정을 발견했다. 이와 함께 습관적이던 삶에 대한 도피는 서서히 삶에 대한 긍정으로 변모했다.

공원묘지의 산책, 즉 삶과 죽음에 대한 관조가 없던 시절의 나에게 시간은 분절된 것으로 존재했다. 과거는 흘러갔기에 아름답지만 더 이상 나의 의무나 책임이 아닌 시간이며, 현재는 나태해지지 않으려는 노력의 시간이지만 그 이상의 의미가 부여되는 시간은 아니었으며, 미래는 그냥 다가오는 시간이며 나의 의지와 무관하게 좋을 수도 나쁠 수도 있는 시간이었다. 나에게 각 시제들의 연관성은 미미했다. 그렇지만 묘비 앞에서 나는 죽음과 미래를 생각하며, 현실과 미래는 하나임을 깨달았다. 나는 죽음을 생각하는 동시에 미래의 존재 가능성을 함께 그렸기 때문이다. 미래의 존재 가능성은 바로 지금 나의 존재 방식과 존재 구조를 기반으로 한다. 즉 현실은 나의 미래이며 지금의 현실은 미래의 과거이다. 이 단순하고 명백한 사실을 나는 공원묘지에서 삶과 죽음의 관조를 통해 깨달았다. 이제 나는 과거와 예술의 세계를 동경하는 낭만주의적 인간임과 동시에, 죽음에 대한 자

첫 번째 사진은 라인 강을 품고 있는 도시 본(Bonn)의 전경이며, 두 번째 사진은 필자가 11년 동안 공부한 본 대학교(Rheinische Friedrich-Wilhelms-Universität Bonn)의 모습이다. 본은 독일 통일 이전까지 독일의 수도였으며, 1818년 설립된 본 대학교에서는 시인 하인리히 하이네(Heinrich Heine), 철학자 프리드리히 니체, 철학자이자 경제학자 카를 마르크스(Karl Heinrich Marx), 독일 제1대 수상 콘라트 아데나워(Konrad Adenauer) 등이 수학했고, 교황 베네딕토 16세(Benedictus XVI [Joseph Aloisius Ratzinger])가 교수로 재직하기도 했다.

각을 통해 현실을 직시하고 존재의 가능성을 염려하며 과거를 책임지는 실존의 인간이 되었다. 나의 과거와 현재와 미래는 각기 확고한 당위성을 지니며, 시간은 나의 존재 의의이자 존재 근거가 된다.

3. 책을 마무리하며

'서문'에서 밝힌 것처럼, 이 책의 의도는 예술 작품의 감상과 분석에 철학적 사고를 접목함으로써 작품 이해의 완성도를 높이는 동시에, 철학적 사고에 익숙해짐으로써 삶과 예술에 대한 사유의 능력을 확장시키는 데에 있다. 책의 의도에 상응하여 지금까지 우리는 다양한 철학적 사고를 통해 논리적이며 창의적으로 예술 작품을 분석하고 이해했다. 또한 철학적, 미학적 사유가 삶과 현실에서 동떨어지지 않은 실질적이고 생산적인 사고임도 경험했다. 아무쪼록 이 책이 진정한 예술적 체험과 철학적 사고의 생활화에 작은 도움이 되기를 바라며, 지금까지 함께한 독자들에게 진심으로 감사의 인사를 전한다.

지은이의 말

하필이면 고3 시절에 방황을 시작하며 공부와 멀어진 대가로 적성과는 무관한 전공을 공부했다. 학교를 그만두고 군복무를 마친 후에도 방황은 여전했다. 방황은 혹시나 하는 마음으로 다시 들어간 대학에서 멈춰졌다. 대학에서 나는 독일어와 독일 문학이라는 전공에 심취해 있었다. 사는 것이 덜 지루할 수도 있겠다는 생각에 덜컥 독일로 유학을 갔다. 독일 문학, 철학, 언어학을 11년 동안 공부하고 우여곡절 끝에 박사학위를 받았다. 그렇지만 힘든 적은 있어도 한순간도 지루한 적은 없었다. 문학과 언어학도 흥미로웠지만 철학은 끝이 보이지 않는 새로운 세계였다. 나는 존재하는 것들에 대해 크게 관심을 갖거나 의미를 생각해본 적이 없었다. 그냥 부딪히면 부딪히는 대로, 겪으면 겪는 대로 살았다. 그것이 삶이든 사람이든 예술이든. 그렇지만 철학을 공부하면서 삶과 사람, 역사와 예술 등 존재하는 것은 모두 나름의 의미가 있음을 깨달았다. 존재는 이해할 가치가 있으며 또한 사랑받을 가치도 있다. 삶도 그렇고 사람도 그렇고 예술도 그러하다. 존재의 의미를 깨우쳐준 철학, 방황을 멈추게 한 문학, 고단한 삶에 위로가 되었던 예술. 이 책은 내가 체험한 문학과 예술과 철학에 대한 깊은 경외와 감사의 표현이다.

삶의 대부분을 인문학의 탐구에 소비한 대가는 변변치 못한 현실적 능력이다. 인문학의 의미가 상실되어가는 시대의 당연한 귀결이지만, 앞으로 더는 인문학에 종사할 수 없을 것이라는 사실이 부족한 능력보다 더 마음 아프다. 마지막 기회라 생각하고 이 자리를 빌려 지금의 나라는 존재가 있게 해준 많은 이들에게 감사의 말을 전하고자 한다. 한두 마디 인사로 고마움을 대체할 수 없음을 잘 안다. 단지 소개일 뿐이지만 진심으로 감사의 마음을 전한다: 무조건적인 도움을 준 부모님과 동생, 유학 시절의 대부분을 함께한 독일에 있는 친구와 후배, 항상 걱정해주는 대전의 부부, 마음으로 응원해준 고향의 친구, 귀국 후 많은 의지와 위로가 되었던 대학 동기와 제자, 특히 망원동, 의정부, 인천의 그들.

끝으로 여전히 인문학에 대한 믿음을 저버리지 않는 사람들과, 오늘도 여전히 인문학적 탐구를 수행하고 있는 이들에게 진심으로 감사와 격려의 인사를 전한다.

참고 문헌

가아더, 요슈타인(Gaarder, Jostein): 『소피의 세계(*Sofies Welt*)』, München und Wien 1993.

괴벨, 롤프(Goebel, Rolf J.): 『비평과 검열. 신화적, 성서적, 역사적 전통에 대한 카프카의 수용(*Kritik und Revision. Kafkas Rezeption mythologischer, biblischer und historischer Traditionen*)』, Frankfurt a. M. 1986.

괴테, 요한 볼프강(Goethe, Johann Wolfgang): "나그네의 밤 노래(Ein Gleiches)", in: Band I der 'Hamburger Ausgabe' in 14 Bänden, textkritisch durchgesehen und kommentiert von Erich Trunz, München 1998, 142쪽.

김면수, 이남고: 『비트겐슈타인—철학적 탐구』, 주니어 김영사 2009.

나우만, 디트리히(Naumann, Dietrich): 『카프카 해석(*Kafkas Auslegungen*)』, in: Literatur und Geistesgeschichte. Festgabe für O. Burger, hrsg. von R. Grimm und C. Wiedemann, Berlin 1968, 280–307쪽.

니체, 프리드리히(Nietzsche, Friedrich Wilhelm): "도덕외적 의미에서의 참과 거짓에 관하여(Über Wahrheit und Lüge im außermoralischen Sinne)", in: Band I der Kritischen Studienausgabe in 15 Bänden, hrsg. von Giorgio Colli und Mazzino Montinari, München 1999, 873–890쪽.

－『음악의 정신으로부터 비극의 탄생(*Die Geburt der Tragödie aus dem Geiste der Musik*)』, in: Band I der Kritischen Studienausgabe in 15 Bänden, hrsg. von Giorgio Colli und Mazzino Montinari, München 1999, 9–156쪽.

데리다, 자크(Derrida, Jacques): 『그라마톨로지(*De la grammatologie*)』, Paris 1967.

－『산종(*La dissémination*)』, Paris 1972.

－『선입견(*Préjugés*)』, in: Spiegel und Gleichnis. Festschrift für Jacob Taubes, hrsg. von Norbert W. Bolz, Wolfgang Hübener, Würzburg 1983, 343–366쪽.

－『선입견: 법 앞에서(*Préjugés: Vor dem Gesetz*)』, hrsg. von Peter Engelmann, Wien 1992.

－『심리분석의 정신현황: 절대적 잔혹성 너머의 불가능성, 2000년 7월 10일 소르본 대학 강의(*Seelenstände der Psychoanalyse: Das Unmögliche jenseits einer souveränen Grausamkeit, Vortrag vor den États généraux de la Psychanalyse am 10. Juli 2000 im Grand Amphithéâtre der Sorbonne in Paris*)』, Frankfurt

a. M. 2002.

－『인간에 관한 학문의 토론에서 구조와 기호, 놀이(*Die Struktur, das Zeichen und das Spiel im Diskurs der Wissenschaften vom Menschen*)』, in: Die Schrift und die Differenz, Frankfurt a. M. 1972, 422－442쪽.

－『입장들(*Positionen. Gespräche mit Henri Ronse, Julia Kristeva, Jean-Louis Houdebine, Guy Scarpetta/Jacques Derrida*)』, Wien 1986.

－『철학의 여백(*Randgänge der Philosophie : Die différance. Ousia undgramme. Fines hominis. Signatur-Ereignis-Kontext*)』, Frankfurt a. M./Berlin/Wien 1976.

－『프로이트와 문자의 무대(*Freud und der Schauplatz der Schrift*)』, in: Die Schrift und die Differenz, Frankfurt a. M. 1972, 302－350쪽.

－『흔씨 : 니체의 문체(*Sporen: Die Stile Nietzsches*)』, in: Nietzsche aus Frankreich. Essays von Maurice Blanchot, Jacques Derrida, Pierre Klossowski, Phillippe Lacoue-Labarthe, Jean-Luc Nancy und Bernard Pautrat, Frankfurt a. M./Berlin 1986, 129－168쪽.

라캉, 자크(Lacan, Jacques): 『프로이트적 무의식에서 주체와 욕망의 전복(*Subversion des Subjekts und des Begehrens im Freudschen Unbewussten*)』, in: Schriften II, ausgewählt und herausgegeben von Norbert Haas, Olten 1975, 165－204쪽.

리스, 비브레히트(Ries, Wiebrecht): 『니체 입문(*Nietzsche zur Einführung*)』, 5. überarbeitete und erweiterte Auflage, Hamburg 1995.

메길, 앨런: 『극단의 예언자들: 니체, 하이데거, 푸코, 데리다』, 새물결 1996.

무질, 로베르트(Musil, Robert): 『특성 없는 남자(*Der Mann ohne Eigenschaften*)』, Reinbek 1952.

밀러, 힐리스(Miller, J. Hillis): 『현재와 과거의 이론(*Theory now and then*)』, New York/London 1991.

벤야민, 발터(Benjamin, Walter): 『카프카에 관하여(*Über Kafka*)』, in: Gesammelte Schriften Bd. 11. 1, Frankfurt a. M. 1980.

뷔히너, 게오르크(Büchner, Georg): 『보이첵(*Woyzeck*)』, in: Georg Büchner Werke und Briefe, Münchner Ausgabe, München 2001, 233－255쪽.

비트겐슈타인, 루트비히(Wittgenstein, Ludwig): "논리적 형식에 관한 몇 가지 의견들(Bemerkungen über die logische Form)", in: Vortrag über Ethik, Frankfurt a. M. 1995.

－『논리철학논고(*Tractatus logico-philosophicus — Logisch-philosophische Abhandlung*)』, Frankfurt a. M. 2003.

－『철학적 탐구(*Philosophische Untersuchungen*)』, Kritisch-genetische Edition, hrsg. von Joachim Schulte in Zusammenarbeit mit Heikki Nyman, Eike von

Savigny und Georg Henrik von Wright, Frankfurt a. M. 2001.

사르트르, 장 폴(Sartre, Jean-Paul): 『존재와 무(*Das Sein und das Nichts*)』, Reinbek 1993.

셸링, 프리드리히 빌헬름 요제프 리터 폰(Schelling, Friedrich Wilhelm Joseph Ritter von): 『자연철학에 대한 사유(*Ideen zu einer Philosophie der Natur*)』, Berlin 2013.

쇼펜하우어, 아르투어(Schopenhauer, Arthur): 『의지와 표상으로서의 세계(*Die Welt als Wille und Vorstellung*)』, Köln o.J.

슈타이너, 우베(Steiner, Uwe C.): 『괴테 시의 해석(*Interpretationen. Gedichte von Johann Wolfgang Goethe*)』, hrsg. von Bernd Witte, Stuttgart 1988.

슈트리히, 프리츠(Strich, Fritz): 『독일 고전주의와 낭만주의 또는 완결과 무한 (*Deutsche Klassik und Romantik oder Vollendung und Unendlichkeit*)』, Bern 1949.

『씨네21』, 235호, 2000.

아도르노, 테오도어(Adorno, Theodor W.): 『미니마 모랄리아, 손상된 삶으로부터 의 성찰(*Minima Moralia, Reflexionen aus dem beschädigten Leben*)』, Gesammelte Schriften, Band 4, hrsg. von Rolf Tiedemann, Frankfurt a. M. 1980.

— 『미학 이론(*Ästhetische Theorie*)』, Gesammelte Schriften, Band 7, hrsg. von Gretel Adorno und Rolf Tiedemann, Frankfurt a. M. 1970.

— 『부정 변증법(*Negative Dialektik*)』, Gesammelte Schriften, Band 6, hrsg. von Rolf Tiedemann, Frankfurt a. M. 1973.

아리스토텔레스(Aristoteles): 『시학(*Poetik*)』, Band 5, Berlin 2008.

아이헨도르프, 요제프 프라이헤르 폰(Eichendorff, Joseph Freiherr von): "동경 (Sehnsucht)", in: Band I der sämtlichen Werke, hrsg. von Hermann Kunisch und Helmut Koopmann, Stuttgart/Berlin/Köln 1993, 33-34쪽.

임선희, 최복기: 『하이데거―존재와 시간』, 주니어 김영사 2009.

지마, 페터(Zima, Peter V.): 『해체(*Die Dekonstuktion*)』, Tübingen und Basel 1994.

카뮈, 알베르(Camus, Albert): 『시지포스의 신화(*Der Mythos des Sisyphos*)』, Reinbek 2000.

카프카, 프란츠(Kafka, Franz): 『잠언(*Die Aphorismen*)』, in: Franz Kafka, Gesammelte Werke, Limassol 1998, 624-638쪽.

— 「포세이돈(Poseidon)」, in: Zur Frage der Gesetze und andere Schriften aus dem Nachlaß, Gesammelte Werke in zwölf Bänden, nach der kritischen Ausgabe, Band 7, hrsg. von Hans-Gerd Koch, Frankfurt a. M. 1994, 130-131쪽.

— 「프로메테우스(Prometheus)」, in: Beim Bau der chinesischen Mauer und andere Schriften aus dem Nachlaß, Gesammelte Werke in zwölf Bänden, nach der kritischen Ausgabe, Band 6, hrsg. von Hans-Gerd Koch, Frankfurt a. M. 2004, 192-193쪽.

칸트, 이마누엘(Kant, Immanuel): 『순수이성비판(*Kritik der reinen Vernunft*)』, Hamburg 1998.

케스팅, 마리안네(Kesting, Marianne): 『서사극(*Das epische Theater*)』, Stuttgart 1989.

클로츠, 폴커(Klotz, Volker): 『폐쇄극과 개방극(*Geschlossene und offene Form im Drama*)』, München 1985.

프로이트, 지그문트(Freud, Sigmund): 『꿈의 해석(*Die Traumdeutung*)』, Band II/III der gesammelten Werke, hrsg. von Anna Freud, E. Bibring, W. Hoffer, E. Kris, O. Isakower, Frankfurt a. M. 1999.

– 『소아 성욕(*Die infantile Sexualität*)』, in: Werke aus den Jahren 1904-1905, Band V der gesammelten Werke, hrsg. von Anna Freud, E. Bibring, W. Hoffer, E. Kris, O. Isakower, Frankfurt a. M. 1999, 73-107쪽.

– 『소아 신경증의 역사로부터(*Aus der Geschichte einer infantilen Neurose*)』, in: Werke aus den Jahren 1917-1920, Band XII der gesammelten Werke, hrsg. von Anna Freud, E. Bibring, W. Hoffer, E. Kris, O. Isakower, Frankfurt a. M. 1999, 27-157쪽.

– 『심리분석(*Psycho-Analysis*)』, in: Werke aus den Jahren 1925-1931, Band XIV der gesammelten Werke, hrsg. von Anna Freud, E. Bibring, W. Hoffer, E. Kris, O. Isakower, Frankfurt a. M. 1999, 297-308쪽.

하이데거, 마르틴(Heidegger, Martin): 『숲길(*Holzwege*)』, Band 5 der Gesamtausgabe, hrsg. von Friedrich-Wilhelm von Herrmann, Frankfurt a. M. 1977.

– 『예술 작품의 근원(*Der Ursprung des Kun- stwerkes*)』, Frankfurt a. M. 2012.

– 『존재와 시간(*Sein und Zeit*)』, Tübingen 2006.

허창운: 『독일 문예학』, 서울대학교 출판부 2000.

헤겔, 게오르크 빌헬름 프리드리히(Hegel, Georg Wilhelm Friedrich): 『미학 강의 I(*Vorlesungen über die Ästhetik I*)』, Werke in zwanzig Bänden, Bd. 13, Frankfurt a. M. 1970.

호르크하이머와 아도르노(Horkheimer, Max und Adorno, Theodor W.): 『계몽의 변증법(*Dialektik der Aufklärung*)』, Frankfurt a. M. 2002.

히벨, 한스 헬무트(Hiebel, Hans Helmut): 『프란츠 카프카: "나중에!"—전설 "문 앞에서"의 후기 구조주의적 강독(*Franz Kafka: "Später!"—Poststrukturalistische Lektüre der "Le-gende" Vor dem Gesetz*)』, in: Neue Literaturtheorien in der Praxis, hrsg. von Klaus-Michael Bogdal, Opladen 1993, 18-42쪽.

인명, 서명, 작품명 색인